Aljoscha A. Schwarz & Ronald P. Schweppe

Die Macht des Mondes
Sein Einfluß auf unser Leben

Aljoscha A. Schwarz &
Ronald P. Schweppe

Die Macht des Mondes

Sein Einfluß auf unser Leben

MOEWIG

Hinweis: Die Ratschläge und Empfehlungen dieses Buches wurden von Autor und Verlag nach bestem Wissen und Gewissen erarbeitet und sorgfältig geprüft. Dennoch kann eine Garantie nicht übernommen werden. Eine Haftung des Autors, des Verlags oder seiner Beauftragten für Personen-, Sach- oder Vermögensschäden ist ausgeschlossen. In allen medizinischen Fragen ist der Rat des Arztes maßgebend.

Umschlaggestaltung: Werbeagentur Zeuner, Ettlingen
Umschlagfoto: BAVARIA
Innenfotos: Wolfgang Pfau, Baldham
Satz: MPM, Wasserburg
Druck und Bindung: Graphische Großbetriebe Pösneck
Printed in Germany 1997
ISBN 3-8118-1337-4

Inhalt

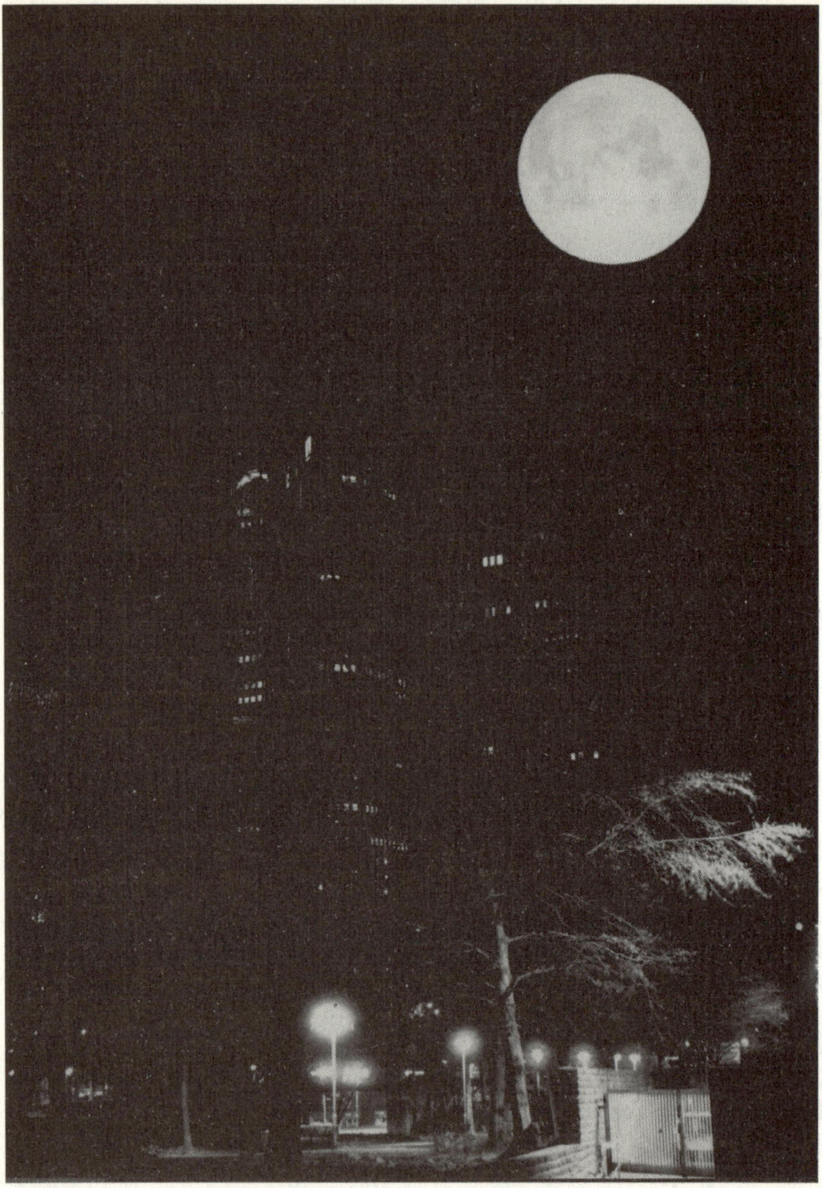

Vorwort

Dem Zauber, den der Mond auf uns ausübt, können wir uns nur schwer entziehen. Zwar machen wir die Nacht zum Tag, ziehen uns in Städte zurück, die nichts anderes sind als Bollwerke gegen die Natur, schließen nachts die Fensterläden und glauben, daß wir die Natur beherrschen. Und doch ist diese Natur so tief in uns verwurzelt, daß wir, sobald wir uns aus den Städten entfernen, die Lichter ausschalten und mit offenen Augen in die Welt sehen, die Kräfte der Natur wieder in uns spüren.

Die meisten von uns werden das schon selbst erfahren haben, beispielsweise im Urlaub, nachts am Strand oder in den Bergen. Selbst der nüchternste, intellektuellste Mensch wird wohl fasziniert bewundern, wie der helle Vollmond mit seinem geheimnisvollen Leuchten die Landschaft in eine märchenhafte, ganz andere Welt verwandelt; auch er wird das Unheimliche einer tief dunklen Neumondnacht spüren. Auch wenn er es sich ungern eingesteht – er *fühlt* etwas tief in sich, wenn er zum nächtlichen Himmel emporblickt und dort das doch scheinbar so vertraute Gesicht des Mondes sieht. Wenn er nun von seiner Nüchternheit ein wenig Abstand nimmt und dem Gefühl in seinem Inneren nachgeht, kann er noch mehr erfahren. Und wenn er damit beginnt, regelmäßig den Himmel zu betrachten, die Phasen des Mondes, das Wechselspiel der Jahreszeiten und seine Gefühle und Empfindungen zu beobachten, wird er erstaunliche Entdeckungen machen – Entdeckungen, die die Menschen schon vor Tausenden von Jahren machten, noch bevor sie sich von der Natur entfernten.

Wir haben vieles getan, um die Natur zu besiegen und aus unserem Leben zu verdrängen, doch mit sehr zweifelhaftem Erfolg. Unsere Bemühungen gleichen ein wenig dem Versuch, den Lauf eines Flusses umzukehren, indem man kräftig gegen den Strom rudert. Vielleicht bewegen wir uns dann ein Stück flußaufwärts, während wir unsere Kräfte verausgaben, doch der Fluß wird seine Fließrichtung nicht ändern.

Unsere Unabhängigkeit von der Natur ist nur eine scheinbare. Unser Körper ist ein Werk der Natur, und alle natürlichen Einflüsse, die wir verdrängen, verschwinden keineswegs, sondern wirken auf einer anderen Ebene, beispielsweise in unserem Unterbewußtsein, weiter. Doch was uns nicht bewußt ist, können wir nicht nutzen, was uns nicht bewußt ist, kann sich gegen uns richten.

Es geht ja nicht um irgendwelche abstrakten philosophischen Vorstellungen, wenn wir von einem Leben im Einklang mit der Natur sprechen: Es geht um unser alltägliches Leben. Leben wir nicht im Einklang mit der Natur, machen wir es uns unnötig schwer. Es ist ja im Grunde genommen so einfach. Wir würden nie auf die Idee kommen, unsere Einkaufstasche oder unseren Koffer am ausgestreckten Arm vor uns zu tragen; die Natur führt uns am eigenen Leib deutlich das Hebelgesetz vor – wir folgen der Natur, wenn wir der Schwerkraft so weit wie möglich ihren Lauf lassen und möglichst wenig eigene Kraft einsetzen, um gegen sie zu arbeiten.

Mit anderen, feineren, ein wenig schwerer wahrnehmbaren Kräften verhält es sich genauso. Wir sind ein Teil der Natur und können unsere Kräfte, unser Potential dann am besten nutzen, wenn wir *mit* der Natur statt *gegen* die Natur leben.

Der Tagesrhythmus, der Mondrhythmus, der Rhythmus der Jahreszeiten sind die wichtigsten Kräfte, die uns, das ganze Leben auf unserem Planeten, ja sogar den Planeten selbst geprägt haben und immer noch ständig weiterwirken. In diesem Buch werden wir über diese Kräfte sprechen; insbesondere aber über den Mond, der nicht nur über uns, sondern gewissermaßen auch in uns ist.

Die meisten Erkenntnisse, über die wir berichten werden, sind nicht neu. Lange bevor der Mensch zu schreiben begann, erkannte er, daß der Mond nicht nur unmittelbar mit dem Rhythmus der Gezeiten, sondern mit dem Rhythmus allen Lebens verbunden ist und seinen Einfluß geltend macht. Lange Zeit war dieses Wissen selbstverständlich, doch je mehr sich der Mensch von der Natur entfernte, desto mehr des alten Wissens ging verloren. Trotzdem hielt sich das Wissen über die Macht des Mondes lange – einfach deshalb, weil es notwendig, für manche sogar lebensnotwendig war.

Bis in dieses Jahrhundert hinein waren Mondkalender, die den Bauern die günstigsten Termine für Aussaat und Ernte angaben, ein häufig gebrauchtes, nützliches Werkzeug. Ältere Menschen, die auf dem Land aufgewachsen sind, kennen oft noch viele »Bauernregeln«, die direkt oder indirekt mit dem Mond zu tun haben. Doch die technische Explosion, die dieses Jahrhundert erlebte, nährte den Glauben an die Allmacht des Menschen – und wenn der Mensch allmächtig ist, warum sollte er dann auf die Natur achten? Wozu Apfelbäume pflanzen? Äpfel gibt es ja im Supermarkt!

Die meisten von uns kennen nur das Atom- und Computerzeitalter, denn wir haben ja unser ganzes Leben darin verbracht. So konnten wir über einige Jahrzehnte hinweg den Glauben in uns nähren, daß wir alles mit der Technik in den Griff bekommen werden, daß wir göttergleiche Beherrscher unserer Welt seien. Doch schon heute stellt sich heraus, daß wir einen Irrweg eingeschlagen haben. Dem Nutzen der Technologien, die wir entwickelten, stehen die unermeßlichen Schäden gegenüber, die sie mit sich gebracht haben. Wir müssen hier wohl nicht zum tausendsten Mal die Vernichtung und Vergiftung unserer natürlichen Umwelt erläutern – uns allen dürften die Probleme inzwischen einigermaßen klar sein.

Doch es ist nicht »nur« die Umwelt, der wir schaden. Wenn wir gegen die Natur leben, schaden wir ganz direkt auch uns selbst: Wir werden krank, wir werden unzufrieden, unflexibel, unglücklich. Immer mehr

Menschen spüren, daß sie in ihrem Leben etwas ändern müßten – aber wo sollen wir denn angesichts all der Probleme beginnen?

Wir müssen unser Leben nicht unbedingt völlig umkrempeln, alle Technik aus unserem Alltag verbannen oder gar der Zivilisation den Rücken kehren. Es ist ja nicht die Zivilisation oder die Technik an sich, die das Problem darstellt, sondern nur die Abkehr von der Natur – von der wir uns aber letztendlich überhaupt nicht abwenden *können*, da wir ja ein Teil von ihr sind.

Das ist ja das Erstaunliche: Kleinigkeiten genügen, um uns wieder in Harmonie mit der Natur und damit auch mit uns selbst zu bringen. Jeder Schichtarbeiter, jede Pilotin und jede Stewardeß weiß, daß es unangenehm für Körper, Seele und Geist ist, wenn der Tag-Nacht-Rhythmus durcheinandergebracht wird. Wird wieder der regelmäßige, natürliche Wechsel von Wachen und Schlafen eingehalten, ergibt sich ein Einklang mit diesem Rhythmus, der eben nicht nur »außen«, sondern auch *im* Menschen vorhanden ist – der Streß läßt nach, und man fühlt sich wohler.

Während uns der Tagesrhythmus auf einer ganz grundlegenden körperlichen Ebene beeinflußt, wirken die Rhythmen des Mondes subtiler. Doch auch der Rhythmus des Mondes ist in uns. Nicht nur die Menstruation steht mit dem Mondrhythmus in Verbindung. Unser gesamter Körper, aber auch unsere Seele, unser Gefühlsleben »schwingen« mit dem Mond. Wenn wir uns auf diesen Rhythmus wieder einstimmen, werden wir bald seine Bedeutung für uns selbst spüren können.

In diesem Buch wollen wir die Bedeutung des Mondes für unser Leben, sowohl für unseren Lebenslauf als auch für den »ganz normalen« Alltag darstellen.

Unser ganzes Leben ist mehr vom Mond bestimmt, als wir glauben. Schon bevor wir geboren werden, wirkt der Mond auf unsere Entwicklung; und wenn wir das Licht der Welt erblicken, läuft bereits eine innere »Monduhr« in uns. Die Kenntnis der Einstellung unserer Monduhr kann uns dabei helfen, uns selbst zu verstehen, unsere Entwicklung zu fördern und unsere Ziele zu erreichen. Dieses Thema werden wir im Laufe dieses Buches des öfteren ansprechen und Ihnen dabei auch ganz konkret zeigen, wie Sie dieses Wissen zu Ihrem Nutzen einsetzen können.

Es wird dabei darum gehen, wie Sie durch das Wissen um die Wirkung der Mondphasen Ihre Gesundheit festigen und verbessern, wie Sie am besten Ihre Ernährungsweise in Einklang mit dem Mond bringen können und welche gesundheitlichen Maßnahmen, Heilweisen oder Medikamente wann am sinnvollsten sind. Sie werden erfahren, wie Sie die günstigsten Zeitpunkte für alltägliche Tätigkeiten wie Wäsche waschen, Haare schneiden, Einkaufen, Putzen oder Einmachen ermitteln. Garten- und Bauarbeiten gelingen ebenfalls besser, wenn sie im Einklang mit dem Mond geschehen – natürlich werden wir auch darauf eingehen. Wir werden Ihnen zeigen, weshalb und wie Sie die Rhythmen des Mondes für berufliche und private Beziehungen beachten sollten, wie sich der Mond auf Ihre seelische

Entwicklung auswirkt und was Sie tun können, um in Harmonie mit sich selbst zu kommen – indem Sie Ihrer inneren »Monduhr« folgen.

Schließlich, falls Sie immer noch skeptisch sein sollten, werden wir Ihnen einige ganz einfache »Experimente« zeigen, die Ihnen ganz unmittelbar vor Augen führen, wie sich der Mond auf alltägliche Handlungen auswirken kann.

In diesem Buch finden Sie zahlreiche Ratschläge, Hinweise, Tips, Regeln und praktische Anwendungen, die mit dem Mond zusammenhängen. Doch wichtiger als alle diese »Rezepte« ist etwas, das nur Sie selbst tun können: Die Augen öffnen und mit wachem Blick hinsehen, der eigenen Intuition vertrauen und bereit bleiben, ständig hinzuzulernen. Die Welt ist weitaus wunderbarer, als wir sie darstellen können – und alle Regeln und Gesetze zeigen nur einen Teil des großen Ganzen. Doch wenn wir erkennen, daß wir selbst ein Teil dieses Ganzen sind und mit dieser Ganzheit in Harmonie leben, werden wir keine Regeln mehr benötigen.

TEIL I

Die Macht des Mondes

Wenn wir davon sprechen, daß der Mond große Wirkungen auf das Leben und auf den ganzen Planeten hat, bedarf das in der heutigen, »rationalen«, wissenschaftsorientierten Zeit einiger Erläuterungen. Daß der Mond Pflanzen, Tiere und auch uns Menschen beeinflußt, ist heute keineswegs mehr ein selbstverständlicher Teil des Allgemeinwissens, sondern geradezu eine Streitfrage geworden. Die möglichen Einflüsse des Mondes werden einerseits in Frage gestellt, doch auf der anderen Seite gibt es zahlreiche ganz unterschiedliche Erklärungsversuche dafür, *wie* der Mond Mensch und Natur beeinflussen könnte: biologische, physikalische, medizinische, anthropologische, psychologische, astrologische, esoterische ... Diese Vielzahl an Möglichkeiten, die unterschiedlich gut erforscht sind, die aber alle ihre Befürworter und Gegner haben, macht es auch nicht gerade leichter, sich seine Meinung zu bilden.

Es gibt Menschen, die steif und fest behaupten, daß der Mond keinerlei Einfluß auf sie habe, ja, daß schon die Vermutung, der Mond könne irgendwie auf unseren Körper, unsere Seele oder unseren Geist einwirken, ein übler Aberglaube, wenn nicht sogar gewissermaßen eine Art Geisteskrankheit sei. Der Mond ist für diese Menschen nichts als ein Gesteinsbrocken, der zufällig um die Erde kreist. Allenfalls lassen sie den Einfluß der Schwerkraft auf die Gezeiten und vielleicht noch den Einfluß des Mondlichtes auf bestimmte Tiere und Pflanzen zu. Eine Wirkung des Mondes auf den Menschen sehen sie höchstens in psychologischer Hinsicht – wobei sie mit »psychologische Faktoren« lediglich ausdrücken wollen, daß diejenigen, die sich durch den Mond berührt fühlen, nicht ganz bei Sinnen, leicht beeinflußbar, abergläubisch, eben ein wenig »gaga« sind.

Auf der anderen Seite finden sich jedoch ebenso Menschen, die Stein und Bein schwören, daß sie bei Vollmond nicht schlafen können, daß die Zahl von Gewaltverbrechen bei Vollmond ansteigt, daß Pflanzen, die sie in einer bestimmten Mondphase gesät haben, besser und stärker wachsen, daß ihre Haare, die sie bei zunehmendem Mond geschnitten haben, kräftiger wurden. Sie erklären die Wirkung des Mondes vielleicht mit seiner Anziehungskraft, die ja auch die Gezeiten bewirkt, mit seiner »Strahlung«, mit seiner astrologischen Bedeutung, mit Magnetismus oder mit geheimnisvollen, unerforschten Kräften. Skeptiker sind für sie Menschen, denen es an wahrer Einsicht mangelt, die »verkopft« und wissenschaftsgläubig sind.

Es ist schon ein interessantes Phänomen, wie erbittert sich Fanatiker beider Seiten streiten können, ohne damit auch nur im geringsten zu neuen Einsichten und Erkenntnissen zu kommen. Jeder ist fest davon überzeugt, die Wahrheit zu kennen, und nicht nur das: Jeder meint auch noch, sie dem anderen unbedingt aufdrängen zu müssen. Aber die Welt ist doch viel zu komplex und vielschichtig, als daß wir wirklich absolute Wahrheiten mit unserem begrenzten Verstand erfassen könnten!

Muß es denn auch immer eine *absolute* und *allgemeingültige* Wahrheit sein? Wir könnten doch einfach mit offenen Augen und experimentierfreudig durch die Welt gehen und ausprobieren, ob etwas für uns funktioniert, ohne gleich den Anspruch zu erheben, universelle Weisheiten ergründet zu haben. Wenn wir einsehen, daß Wissen in gewisser Weise immer nur eine Illusion ist, werden wir uns nicht mehr verzweifelt an Erklärungen und »Beweise« klammern und dadurch vielleicht sogar zu erstaunlichen Einsichten gelangen.

Da wir hier ein Buch über die Einflüsse des Mondes schreiben, sind wir natürlich davon überzeugt, daß es diese Einflüsse gibt. Doch andererseits sind wir auch davon überzeugt, daß weder das Universum noch der Mensch eine Maschine ist – wir meinen, daß der Mond nicht wie eine Zwangsjacke wirkt, daß er nicht das Wesen, die Handlungen und die Gesundheit des Menschen, nicht das Leben der Pflanzen und Tiere, ja, nicht einmal die Gezeiten bestimmt (auch die Anziehung der Sonne, Zentrifugalkräfte und die Beschaffenheit der Küste bestimmen mit, wie stark die Gezeiten ausfallen), sondern eben nur einen mehr oder weniger starken Einfluß (neben vielen anderen Einflüssen) ausübt. Je komplexer ein Vorgang ist, desto schwieriger wird es auch sein, einen *einzelnen* Grund für ein Ereignis zu finden. Wenn aber kein einzelner Grund für etwas zu finden ist, wenn viele verschiedene Einflüsse für etwas verantwortlich sind, wird es schwierig, ein logisches Gesamtbild zu erstellen, das wirklich alle Faktoren berücksichtigt.

Im folgenden wollen wir zeigen, wie der Mond seine Wirkungen entfalten *könnte*. Ein paar davon werden leicht nachvollziehbar und für jeden verständlich sein, andere sind schwieriger zu verstehen und anzunehmen.

Einige Naturerscheinungen sind nach unserem heutigen Wissen eindeutig auf den Mond zurückzuführen. Am bekanntesten dürften wohl die Gezeiten des Meeres sein. In regelmäßigen Abständen hebt und senkt sich das Meer. Ebbe und Flut stehen in einer ganz deutlichen Beziehung zu dem Lauf des Mondes (wenn dabei auch die Anziehungskraft der Sonne und Fliehkräfte eine Rolle spielen). Allgemein bekannt dürfte die Beziehung zwischen der Menstruation und dem Mond sein – der Zyklus der Frau und der Umlauf des Mondes um die Erde stehen in enger Korrelation (aber auch hier spielen natürlich mehrere Faktoren zusammen).

Da der Mensch den Drang in sich trägt, die Welt zu ordnen und vorhersagbarer zu machen, damit er für die Zukunft vor Überraschungen und Gefahren sicher ist, hat er schon seit jeher versucht, Ereignisse, die er beobachtete, zu erklären und Ursache-Wirkungs-Beziehungen herzustellen. Da diese Beziehungen aber nur in den seltensten Fällen eindeutig sind, wurden verständlicherweise auch oft unzutreffende Erklärungen gegeben.

Wann aber trifft eine Erklärung überhaupt zu? Die erste Antwort ist wohl: Wenn sie wahr ist. Doch können wir die Wahrheit überhaupt erkennen? Wir würden wohl sagen, es entspricht der Wahrheit, daß die Erde keine Scheibe, sondern eine Kugel ist. Doch immerhin war der größte Teil der Menschheit jahrtausendelang vom Gegenteil überzeugt. Wir meinen, daß es sinnvoller wäre zu sagen, eine Erklärung sei dann zutreffend, wenn sie *brauchbar* ist. Wenn also beispielsweise ein Naturvolk glaubt, große dunkle Wolken seien die Wagen des Donnergottes, der im Zorn Blitze herabschleudert, und deshalb die Menschen gut daran tun, sich beim Nahen der Wolken in Höhlen zurückzuziehen, so ist die Erklärung durchaus nützlich. Zur Konstruktion eines Blitzableiters braucht man dagegen andere Erklärungen. Es hängt also auch von unseren Bedürfnissen ab, welche Deutungen richtig sind!

Nur zu gern nehmen wir an, daß wir heute unseren Vorfahren überlegen sind und unsere Vorstellungen davon, wie die Welt beschaffen ist, die wirkliche Wahrheit beschreiben – doch das glaubten unsere Vorfahren ja auch schon. Wir wollen nun ein paar Möglichkeiten, die Wirkungen des Mondes zu verstehen, anbieten und erläutern – aber Sie auch dazu auffordern, sich selbst Gedanken zu machen.

Als die Menschen begannen, nach Erklärungen für die Ereignisse in der Natur zu suchen, sahen sie, daß die Naturkräfte den Kräften des Menschen überlegen waren, daß aber möglicherweise ein Sinn und eine Bedeutung und vor allem Zusammenhänge mit ihrem Leben bestünden. Sie personifizierten diese Kräfte als Götter.

Eine der ersten Göttinnen war wohl der Mond. (In den meisten Sprachen ist »der Mond« auch heute noch weiblich.) Sie war zunächst vor allem ein Symbol für die Fruchtbarkeit – schließlich waren der Zyklus der Frau und die Dauer der Schwangerschaft (9 Mondmonate) offensichtlich mit dem Mond verbunden. Die griechische Göttin Selene und die römische Göttin Luna sind nur zwei Beispiele für die Vielzahl der Mondgöttinnen, die die Menschheit kannte. Andere Völker nannten sie Hekate, Inanna, Ishtar, Astarte, Isis, Shakti oder Durga. Meist gab es sogar mehrere Mondgöttinnen – für jede Mondphase eine.

Indem die Menschen glaubten, daß dem Mond eine persönliche Kraft innewohnt, konnten sie bestimmte Ereignisse, die sie beobachteten, einem Wesen zuordnen, in das sie sich ein*fühlen* konnten. Wenn sie sich so verhielten, daß sie mit dem göttlichen Wesen in Harmonie lebten, gereichte ihnen das zum Nutzen. Daß dem so war, konnten sie beobachten – der Glaube an Götter war also keineswegs irrational, sondern durchaus vernünftig und sinnvoll!

Heute glauben wir nicht mehr, daß der Mond ein göttliches, mit Bewußtsein und Willen begabtes Wesen darstellt. Das wäre auch wenig hilfreich, denn im Gegensatz zum vorgeschichtlichen Menschen müssen wir ja weitaus mehr Tatsachen erklären, von denen viele nicht mit einer solchen Vorstellung in Einklang zu bringen wären. Aber um es noch einmal zu betonen: Die Personifizierung einer Naturkraft hatte (und hat!) durchaus auch Vorteile, und wir sollten uns davor hüten, solche Vorstellungen als »primitiv« oder gar dumm abzutun.

Als die Menschen begannen, sich niederzulassen, den Ackerbau und die Schrift zu erfinden, betrieben sie erstmals eine systematische Beobachtung der Natur. Sie betrachteten insbesondere auch die Bewegungen der Gestirne, der Sonne, der Sterne, der Planeten und – des Mondes.

Die Beobachtungen wurden lange Zeit mündlich überliefert und für praktische Zwecke, wie die Vorhersage der Jahreszeiten und damit der Aussaat- und Erntezeiten, eingesetzt. Schließlich wurden die Erkenntnisse schriftlich fixiert, und im Laufe der Zeit wuchs das Wissen über die Abläufe am Himmel enorm. Die Menschen, die den Himmel beobachteten, stellten immer mehr Zusammenhänge zwischen den Vorgängen am Himmel und den Vorgängen auf der Erde fest und versuchten Gesetzmäßigkeiten und Regeln zu erkennen.

Um den Stand der Planeten beschreiben zu können, nahmen die Menschen schon seit langem den vergleichsweise unbewegten Hintergrund der Sterne zu Hilfe. Wenn wir aber nun zum nächtlichen Sternenhimmel emporblicken, sehen wir Tausende von kleinen, leuchtenden Objekten – wie sollen wir uns da zurechtfinden? Ganz einfach: Wir bauen uns »Eselsbrücken«, indem wir Stern*bilder* in den Sternen sehen. Wohl ein jeder von uns erkennt auf Anhieb den »Großen Wagen«, und für Menschen, die den Himmel regelmäßig beobachten und nur ein bißchen Phantasie besitzen, zeigen sich noch viele andere Bilder. Die Sterne, die die Umrisse des »Sternbildes« ausmachen, haben dabei überhaupt nichts miteinander zu tun; nur für den Beobachter auf der Erde ergeben sie ein Bild.

Etwa um 500 v. Chr. erfanden die Babylonier (oder die Chaldäer – ganz genau weiß man das nicht) den Tierkreis: Zwölf hauptsächlich nach Tieren benannte Sternbilder, die Sonne und Mond regelmäßig durchlaufen. Zunächst war das einfach ein sehr praktischer Weg, die Zeit genauer zu messen, als es bisher möglich war. Doch im Laufe der Zeit konnten die Sterngucker beobachten, daß der Stand der Sonne und des Mondes und schließlich auch der Planeten mit bestimmten Vorgängen auf der Erde korrespondierten.

Die Sternbeobachter wurden zu Sterndeutern, zu Astrologen. Jedem der beweglichen Himmelskörper (Sonne, Mond und Planeten) und dem jeweiligen Stand auf dem Hintergrund des Tierkreises wurde ein bestimmter Einfluß auf den Menschen zugeschrieben. Der Mond war dabei der »Planet der Gefühle«.

In der Astrologie wurden – und werden – sämtliche Planeten, die Sonne und der Mond, ihr Stand am Himmel und ihre Beziehungen zueinander berücksichtigt. Das daraus entstandene System ist so unglaublich komplex, daß es mit analytisch-logischen Methoden kaum faßbar ist. Das wird der Astrologie in der Wissenschaft als Mangel angekreidet, ist aber auch durchaus ihre Stärke: Ein System, das dem Menschen und seiner Seele gerecht werden will, muß auch eine ähnliche Vielfalt bieten.

Astrologische Erklärungen für die Wirkung der Himmelskörper auf den Menschen, auf Tiere und Pflanzen, auf historische und geologische Ereignisse sind sehr unterschiedlich. Magische und religiöse Vorstellungen spielten vor allem früher eine Rolle. Heute vermuten Astrologen bislang unerforschte Energien, psychologische oder entwicklungsgeschichtliche Ursachen, mitunter auch Einflüsse der Schwerkraft oder rhythmologische Vorgänge.

Für dieses Buch werden wir insbesondere dann, wenn es um die Gesundheit und um die Gartenarbeit geht, den Stand des Mondes auf dem Hintergrund des Tierkreises berücksichtigen.

Heute leben wir in einer Zeit, in der die Naturwissenschaften die alten Glaubensvorstellungen abgelöst haben. Natürlich hat die Aufklärung die Menschheit von vielen irrationalen Ideen, Zwängen und Ängsten befreit, doch ist sie dabei, wie wir heute sehen, nicht selten weit über das Ziel hinausgeschossen und hat voreilig auch vieles von dem alten Wissen mit über Bord geworfen – unter anderem auch das alte Wissen über die Wirkungen des Mondes.

Die Wissenschaften gehören heute so fest zu unserer Vorstellungswelt, daß wir versuchen, mit ihrem Instrumentarium alles zu erklären – und was nicht erklärt werden kann, existiert nicht. Welche wissenschaftlichen Vorstellungen können nun aber dazu beitragen, die Macht des Mondes zu erklären?

Als erstes fällt dabei heute wohl den meisten Menschen die Schwerkraftwirkung ein. Immerhin hebt der Mond das Meer, bewirkt Ebbe und Flut – und wenn er so große Massen bewegen kann, ist es da nicht völlig klar, daß er dann auch im Menschen etwas bewegt? Das Argument wird oft verwendet und scheint zugegebenermaßen auch erst einmal vernünftig.

Doch so erstaunlich und unglaubwürdig das vielleicht zunächst klingt: Die Schwerkraftwirkung des Mondes auf den Menschen ist so unglaublich gering, daß jedes Auto, das in einigen Metern Entfernung an uns vorbeifährt, eine größere Gravitationskraft auf uns ausübt als der Mond!

Es ist also kaum sinnvoll denkbar, daß der Mond uns über seine Schwerkraft beeinflußt. Die Anziehung des Mondes ist übrigens in jeder Mondphase dieselbe, so daß keinesfalls die unterschiedlichen Zustände des Mondes über die Anziehungskraft unterschiedliche Wirkungen ausüben können.

Skeptiker und mathematisch-physikalisch Interessierte können die Schwerkraftwirkung zwischen zwei Körpern mit Hilfe des Newtonschen Gravitationsgesetzes und der Gravitationskonstante leicht selbst berechnen. Die Formel lautet:

$$K = f\, m_1\, m_2 / r^2$$

K ist die Gravitationskraft
f ist die Gravitationskonstante
m_1 und m_2 sind die Massen der beiden Körper
r ist der Abstand zwischen den beiden Körpern

Die Gravitationskraft zwischen dem Mond und einem Menschen (wir nehmen der Einfachheit halber 100kg an, doch wegen der viel größeren Masse des Mondes ist diese geringe Masse eigentlich vernachlässigbar) beträgt also:

$$\frac{6{,}673 \times 10^{-11}\ \mathrm{Nm^2kg^{-2}} \times 73{,}5 \times 10^{21}\ \mathrm{kg} \times 100\ \mathrm{kg}}{(3{,}6 \times 10^{8}\ \mathrm{m})^2} = 3{,}8 \times 10^{-3}\ \mathrm{N}$$

Um das Beispiel mit dem Auto (1000kg) in drei Meter Entfernung aufzugreifen:

$$\frac{6{,}673 \times 10^{-11}\ \mathrm{Nm2kg^{-2}} \times 1000\ \mathrm{kg} \times 100\mathrm{kg}}{(3\ \mathrm{m})^2} = 6{,}7 \times 10^{-3}\ \mathrm{N}$$

Diese Kraftwirkung ist schon fast doppelt so groß wie die Schwerkraftwirkung des Mondes!
Wie kommen dann die Gezeiten zustande? Ganz einfach: Die Masse des Meeres beträgt viele Millionen Tonnen, und entsprechend augenfällig summiert sich die geringe Schwerkraftwirkung zu einem für uns erkennbaren Phänomen.

Wenn es aber nicht die Schwerkraft ist, was könnte es dann sein? Von manchen Forschern wurde vorgeschlagen, daß das Licht des Mondes für die verschiedenen, kaum zu leugnenden Zusammenhänge zwischen den Mondphasen und dem pflanzlichen, tierischen und auch menschlichen Leben verantwortlich sein könnte. In der Tat dürften einige Phänomene, wie der gestörte Schlaf mancher Menschen, das veränderte Verhalten von Tieren bei Vollmond und anderes auf das Licht zurückzuführen sein.

Doch als alleinige Erklärung reicht das nicht aus. Auch Menschen, die in absolut verdunkelten Räumen schlafen, berichten mitunter von Schlafstörungen bei Vollmond – obwohl sie den Mond ja überhaupt nicht sehen können! Während man hier noch eine psychologische Komponente heranziehen könnte (die Menschen wissen, daß Vollmond ist und daß sie bei Vollmond schlecht schlafen – also schlafen sie tatsächlich schlecht), versagt diese Erklärung bei Tieren, Pflanzen oder Menschen, die überhaupt nicht wissen, daß Vollmond herrscht. Zudem sind die Wirkungen des Mondes auch dann zu beobachten, wenn der Himmel wolkenverhangen ist.

Wir können wohl annehmen, daß das wechselnde Mondlicht eine gewisse, sicherlich aber nicht die entscheidende Rolle spielt.

Möglicherweise beeinflußt der Mond auch das Magnetfeld der Erde, und es sind diese magnetischen Schwankungen, die dann wiederum für einige mit dem Mond assoziierte Erscheinungen verantwortlich sind. Immerhin wurde beobachtet, daß sich unter dem Einfluß von Magnetfeldern die durch das Elektroenzephalogramm (EEG) gemessenen Gehirnströme verändern können.

Doch auch dieser Erklärungsversuch hat viele Schwachpunkte. Zunächst einmal ist das natürliche Magnetfeld, das uns umgibt, relativ schwach – vor allem im Vergleich zu den vielen künstlichen Magnetfeldern, die wir uns geschaffen haben. Zum zweiten stellt sich dasselbe Problem wie bei der Schwerkraft: Die mögliche Wirkung des Mondes auf das Magnetfeld der Erde hängt ja nicht von den Mondphasen ab.

Wenn wir nach Erklärungen für die vielfältigen Einflüsse des Mondes suchen, stoßen wir auf die Erkenntnis, daß es sehr gut die *rhythmischen* Veränderungen sein könnten, die die beobachteten Phänomene hervorrufen. Die kleinen Schwankungen des Erdmagnetfeldes, die regelmäßigen Lichtveränderungen des Mondes, die minimalen Veränderungen in der Schwerkraftwirkung und mögliche andere, noch unbekannte, mit dem Mondlauf zusammenhängende Faktoren – sie haben eines gemeinsam: Sie laufen regelmäßig, rhythmisch, ab.

Wie aber kann eine rhythmische, minimale, kaum oder gar nicht meßbare Veränderung zu beobachtbaren Phänomenen führen?

Der Schlüssel zum Verständnis dieser Tatsache heißt *Resonanz.* Schwache rhythmische Impulse können Systeme, deren Eigenschwingung gleich ist oder in einem bestimmten Verhältnis zur Schwingung des rhythmischen Impulses steht, anregen, selbst stärker zu schwingen.

Eines der berühmtesten Beispiele für starke Resonanzphänomene ist wohl der aus der Bibel bekannte Fall der Mauern von Jericho – der durch Posaunenklänge herbeigeführt worden sein soll. Wenn uns eine solche »Resonanzkatastrophe« unglaubwürdig vorkommt, sollten wir an Beispiele aus neuerer Zeit denken, beispielsweise an die Fälle, wo im Gleichschritt über eine Brücke marschierende Menschen das Bauwerk durch die ausgelösten Resonanzphänomene zum Einsturz brachten.

Sie können Resonanzphänomene aber auch im Alltag erleben. Wenn Sie beispielsweise in der wassergefüllten Badewanne ganz leichte, aber gleichmäßige Bewegungen mit der Hand machen, werden Sie feststellen, daß schließlich das gesamte Wasser mitschwingt, sich an den Wänden der Badewanne emporschaukelt und schließlich, wenn Sie weitermachen, sogar überschwappt. Es kommt dabei nicht auf die Stärke der Handbewegung an, sondern lediglich auf den Rhythmus.

Es ist also durchaus vorstellbar, daß die für sich genommen unbedeutenden Kräfte, die der Mond auf das einzelne Lebewesen, aber auch auf unbelebte Strukturen ausübt, durch Resonanzphänomene enorm verstärkt werden.

Auch in unserem Körper laufen zahlreiche Rhythmen ab: der Rhythmus des Herzens, der Atmung, der Verdauung oder der Gehirnaktivität. Rhythmische Vorgänge sind aber nicht nur ein Zeichen für das Leben, sondern finden sich in der gesamten Natur, vom Kreisen der Milchstraße bis zum Schwingen der Atome.

Die Rhythmen der Sonne, des Mondes und der Erde existieren schon weitaus länger als das Leben auf dieser Erde. Sie begleiteten die Entstehung des Lebens und spiegeln sich im Leben wider – aber davon werden wir in einem späteren Kapitel noch ausführlicher sprechen.

Wenn wir uns all die Überlegungen betrachten, mit denen die Menschen versuchten, die Wirkungen des Mondes zu erklären, so müssen wir erkennen, daß wohl in jeder Erklärung ein Stückchen des großen Ganzen steckt. Vielleicht wirken auch die vielen kleinen Faktoren alle zusammen. Wir sollten uns jedoch stets bewußt sein, daß wir, wenn wir auch Millionen von Jahren weiterforschen und nachdenken wollten, niemals alles erkennen, niemals alles wissen werden. Unsere Erklärungen sind uns eine Hilfe dabei, uns in dieser Welt einzuordnen, uns in das Weltgeschehen hineindenken, vor allem aber hinein*fühlen* zu können – aber Erklärungen sollten niemals zum Selbstzweck werden.

Wenn wir bewußt und aufmerksam durch die Welt gehen, ohne alles, was wir bemerken, sofort mit einem Etikett zu bekleben und mit einer Erklärung versehen in einer Schublade unseres Denkens abzulegen, werden wir vielleicht sogar doch noch einige wichtige Erkenntnisse gewinnen.

Der Mond in der Astronomie

In diesem Kapitel wollen wir versuchen, die astronomischen Tatsachen, die den Mond betreffen, einigermaßen verständlich zu machen. Wenn Sie ausschließlich an den praktischen Aspekten, also der Anwendung der Kenntnisse über die Wirkung der Mondphasen, interessiert sind, können Sie dieses (und das folgende) Kapitel natürlich auch getrost überspringen.

Wir meinen jedoch, daß es sehr interessant sein kann, sich mit den astronomischen Gegebenheiten ein wenig vertraut zu machen. In Gesprächen mit Freunden und Bekannten konnten wir feststellen, daß erstaunlich wenig über den Mond, die Jahreszeiten, das Zustandekommen von Mond- und Sonnenfinsternissen, geschweige denn über die Ekliptik und die Mondknoten allgemein bekannt ist. Ja, die meisten wußten nicht einmal, welche Mondphase gerade herrschte, oder daß der Mond oft auch tagsüber am Himmel zu sehen ist!

Nun ist dieses Wissen sicherlich nicht lebensnotwendig, und es ist auch verständlich, daß die meisten Menschen sich nicht um die Geschehnisse am Himmel kümmern – es gibt ja genug Aufregendes hier unten auf der Erde. Wenn wir jedoch mit einigen astronomischen Kenntnissen ausgestattet sind, wird der Blick nach oben gleich interessanter, und wir sehen den Mond vielleicht mit neuen Augen.

Wir müssen heute nicht mehr, wie die Menschen früherer Zeiten, den Himmel jahrelang beobachten, um die grundlegendsten Tatsachen festzustellen. Das astronomische Wissen ist enorm gewachsen, und wir haben schon damit begonnen, unser Sonnensystem ausführlich mit Sonden zu erforschen. Menschen waren bereits auf dem Mond, haben ihn »in Besitz genommen«. Die phantastischen Vorstellungen über die Rückseite des Mondes sind heute gegenstandslos geworden, und man kann mittlerweile auch mit Gewißheit sagen, daß der Mond nicht aus grünem Käse besteht.

Apropos Rückseite des Mondes: Wußten Sie, daß der Mond uns stets dieselbe Seite zuwendet? Bis wir Raketen ins All schossen, wußte tatsächlich niemand, wie denn die Rückseite des Mondes beschaffen war! Wie ist das möglich? Der Mond dreht sich doch wie alle anderen Himmelskörper auch? Die Lösung ist die sogenannte »gebundene Rotation« – eine Umdrehung des Mondes um seine eigene Achse dauert genauso lang wie ein Umlauf des Mondes um die Erde.

Stellen Sie sich vor, Sie gingen um eine Litfaßsäule herum und betrachteten die Plakate. Stets ist Ihr Gesicht dabei der Säule zugewandt, und doch drehen Sie sich beim Umrunden einmal um die eigene Achse. Genauso verhält sich der Mond – als ob er stets die Erde im Auge behalten wollte!

Bevor wir uns nun dem Zustandekommen der Mondphasen, der Jahreszeiten, der Sonnen- und Mondfinsternisse zuwenden, wollen wir noch kurz ein paar ganz simple Tatsachen aufzeigen, die jedoch den meisten Menschen unbekannt sind. Haben Sie eine ungefähre Vorstellung von der Größe des Mondes im Vergleich zur Erde oder von seiner Entfernung? Bevor Sie weiterlesen, machen Sie doch einmal eine kleine Skizze, die die Größenverhältnisse und die Entfernung zeigt, so wie es Ihren Vorstellungen entspricht.

Für diejenigen, die es ganz genau wissen wollen, hier noch eine kleine Tabelle mit den wichtigsten Größen und Verhältnissen von Erde und Mond:

	Mond	**Erde**	**Verhältnis**
Durchmesser	3476 km	12740 km	1 : 3,7
Oberfläche	38 Mio. km^2	510 Mio. km^2	1: 13,4
Masse	$73{,}5 \times 10^{18}$ t	5973×10^{18} t	1 : 81,3
Äquatorumfang	10920 km	40075 km	1 : 3,7
mittlere Dichte	3,342 g/cm^3	5,515 g/cm^3	1 : 1,6
Fallbeschleunigung	1,619 m/s^2	9,81 m/s^2	1 : 6
kleinste Entfernung	356410 km	–	–
größte Entfernung	406740 km	–	–
mittlere Entfernung	384403 km	–	–

Zahlen sind leider wenig anschaulich. Bildlich können wir uns die Größenverhältnisse und die Entfernung aber sicherlich besser vorstellen (vgl. Abbildung auf Seite 25).

Ist es nicht überraschend, wie weit der Mond von der Erde entfernt ist? Sogar das Licht benötigt über eine Sekunde, um diese Entfernung zurückzulegen. Können Sie sich vorstellen, wie winzig Europa, Deutschland, München, oder gar ein einzelner Mensch in dem Maßstab der Zeichnung wäre? Auch mit einem der besten Mikroskope wäre er nicht mehr zu erkennen. Doch wenn wir nun auch noch das Größenverhältnis von der Erde zur Sonne und die Entfernung Erde-Sonne darstellen wollten, wäre die Erde gar nicht mehr zu sehen – der Mond natürlich erst recht nicht. Unsere Sonne ist aber nur einer von Milliarden Sternen in unserer Milchstraße und unsere Milchstraße nur eine von Milliarden Milchstraßen im Universum.

Um wieder auf die Erde hinunter zu kommen: Wir werden uns nun damit beschäftigen, wie sich der Mond, von der Erde aus betrachtet, wandelt, wie also die Mondphasen, die unterschiedlichen scheinbaren Größen des Mondes und andere Mondphänomene zustande kommen.

Um zunächst einmal eine Frage zu beantworten, die oft gestellt wird: Warum erscheint der Mond manchmal größer und manchmal kleiner? Wie schon in der obigen Tabelle zu sehen ist, befindet sich der Mond nicht immer in demselben Abstand zur Erde; seine Bewegung um die

Entfernung von Erde und Mond

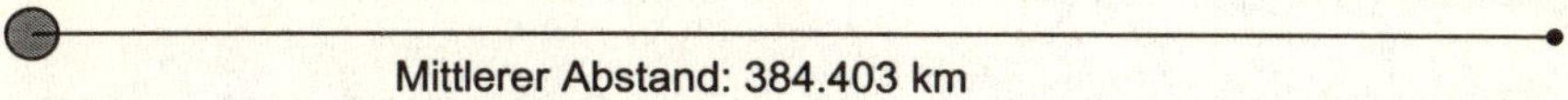

Mittlerer Abstand: 384.403 km

Größe von Erde und Mond

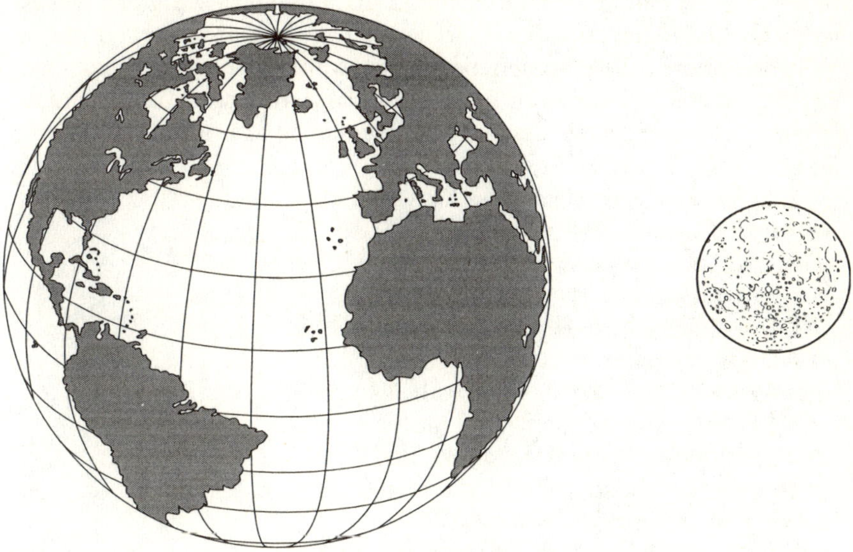

Durchmesser Erde: 12 740 km, Durchmesser Mond: 3 476 km
Größe und Entfernung von Erde und Mond, 1cm = 30000 km

Erde ist also kein Kreis, sondern eine Ellipse – der Mond »kreist« also nicht um die Erde, er »eiert« vielmehr. Wenn der Mond der Erde am nächsten ist, steht der Mond im *Perigäum,* steht er am erdfernsten, befindet er sich im *Apogäum*. Wenn der Mond im Perigäum steht, erscheint er natürlich größer – immerhin ist er uns dann mehr als einen Erddurchmesser näher als im Apogäum.

Doch stärker wirkt sich ein anderes Phänomen aus. Der Mond sieht nämlich vor allem dann besonders groß aus, wenn er nahe am Horizont steht. Doch interessanterweise ist er keineswegs größer. Es handelt sich um eine optische Täuschung! Wenn der Mond in der Nähe des Horizontes steht, können wir seine Größe mit anderen, kleineren Dingen vergleichen; steht er hoch am Himmel, vergleichen wir ihn mit dem gesamten Firmament.

Die Mondphasen

In diesem Buch interessieren uns die Mondphasen, von denen unserer Erfahrung nach die stärksten aller mit dem Mond in Verbindung gebrachten Wirkungen ausgehen, am meisten. Der regelmäßige Wechsel zwischen dem scheinbaren »Abnehmen« und »Zunehmen« des Mondes ist wohl das Phänomen, das die Menschen schon vor Tausenden von Jahren ganz besonders am Mond fasziniert hat. Heute wissen wir natürlich, daß der Mond keineswegs seine physische Form verändert, daß er nicht schrumpft und wieder wächst, aber wie genau die Mondphasen zustande kommen, wissen die wenigsten.

Der Mond hat kein eigenes Licht. Als »naiver« Beobachter des Himmels ist man natürlich versucht, anzunehmen, daß Sterne, Planeten und eben auch der Mond aus denselben Gründen leuchten. Doch während die Sterne ferne Sonnen sind (um die wahrscheinlich auch Planeten kreisen, die vielleicht ihrerseits Monde besitzen), leuchten die Planeten und auch der Mond nur durch unsere Sonne; sie reflektieren das Sonnenlicht. Das Mondlicht ist also in Wirklichkeit Sonnenlicht!

Die Mondphasen kommen nun durch die unterschiedliche Beleuchtung des Mondes zustande. Stets ist eine Hälfte des Mondes (und der Erde) von der Sonne beleuchtet – das geht ja bei einer Kugel gar nicht anders. Doch wenn die Rückseite des Mondes beleuchtet ist (die wir ja von der Erde aus nicht sehen können), reflektiert der Mond natürlich kein Sonnenlicht zur Erde – der Mond ist von der Erde aus gesehen dunkel: Es ist die Zeit des Neumondes. Wird der Mond von der Seite beleuchtet, sehen wir einen Teil der uns zugewandten Mondseite: eine Sichel oder einen Halbmond. Wenn die uns zugewandte Seite des Mondes voll von der Sonne beleuchtet ist, haben wir Vollmond. Dieser Wechsel erfolgt, wie wir ja nun

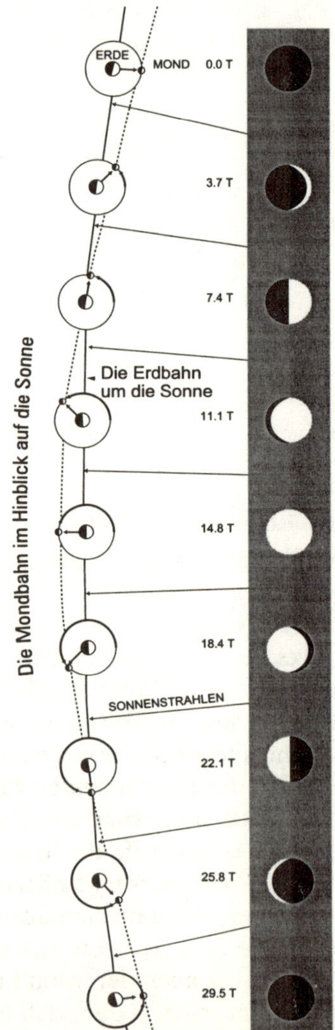

wissen, in schöner Regelmäßigkeit alle 29,5 Tage – so lange dauert ein Mondmonat von Neumond bis Neumond; ein sogenannter *synodischer Monat* oder eine *Lunation*.

Anhand der Abbildung auf Seite 26 können wir uns die Vorgänge vielleicht etwas besser vorstellen:

Neumond

Bei Neumond steht der Mond in Konjunktion zur Sonne, d. h. die Sonne beleuchtet die von der Erde aus nicht sichtbare Rückseite.

Der Neumond ist ja eigentlich ein Wendepunkt; der Punkt, an dem der Winkel zwischen Sonne und Mond 0 Grad beträgt. Wenn wir in diesem Buch von »Neumond« sprechen, meinen wir jedoch eine Phase, die Zeit, in der der Winkel zwischen Sonne und Mond $0–90^0$ beträgt – vom nicht sichtbaren Mond bis zum Halbmond. Genauer wäre es, vom 1. Quartal zu sprechen (was soviel wie 1. Viertel bedeutet; verwirrenderweise hat sich jedoch eingebürgert, die zweite Mondphase, das 2. Quartal bis zum Vollmond, als 1. Viertel zu bezeichnen).

Im Kalender wird der Neumond meist als schwarzer Kreis eingezeichnet.

Der Mond läuft zunächst etwa mit der Sonne mit, d. h. Sonne und Mond stehen zur gleichen Zeit am Himmel – aber der Mond ist unsichtbar, weil die Sonne nur seine Rückseite erhellt. (Weil der Mond bei Neumond ungefähr an derselben Stelle am Himmel steht wie die Sonne, steht er auch im selben Sternzeichen – doch davon später.) Mondaufgang ist um Sonnenaufgang, der Monduntergang um Sonnenuntergang. Das bedeutet, daß der Mond einige Tage lang nicht zu sehen ist – außer bei einer Sonnenfinsternis, bei der sich der Mond vor die Sonne schiebt und als dunkler Kreis erscheint, der die Sonne »auffrißt«.

Nach 3,7 Tagen erscheint dann eine schmale Mondsichel. Beim hellen Tageslicht ist sie kaum zu erkennen, doch am Abendhimmel wird sie sichtbar und ist noch einige Stunden nach Sonnenuntergang zu beobachten.

Wenn wir die Mondsichel am Himmel sehen und nicht wissen, in welcher Phase er sich befindet – wie können wir dann erkennen, ob er zu- oder abnimmt? Es ist ganz einfach, und es gibt eine ganze Reihe von Eselsbrücken, um es sich zu merken.

Eine alte Regel verwendet die Buchstaben a und z, die ungefähr die Form des abnehmenden bzw. zunehmenden Mondes haben. Wenn Sie sich nun wundern: Es funktioniert leider nur mit der alten deutschen Schrift, die heute nur noch wenige kennen.

Uns erscheint es einfacher, es sich so zu merken: Wir stellen uns vor, daß der Mond nach rechts blickt. (Wir sind es ja gewohnt, von links nach rechts zu lesen; genauso betrachten wir auch Bilder, und so sehen wir auch den Mond an.) Den zunehmenden Mond erkennen wir nun leicht daran, daß er einen dicken Bauch hat. Beim abnehmenden Mond schrumpft der Bauch von rechts.

Erstes Viertel

Das erste Viertel (das, wie wir ja bereits erwähnt haben, besser 2. Quartal heißen sollte) beginnt 7,4 Tage (7 Tage 9 Stunden 36 Minuten) nach Neumond. Im Kalender wird es als rechtsläufige Sichel eingezeichnet.

Sichtbar ist im ersten Viertel jedoch keine Sichel mehr, sondern mindestens ein Halbmond – der immer weiter wächst.

In der Phase des ersten Viertels (2. Quartal) beträgt der Winkel zwischen Sonne und Mond zwischen 90 und 180^0.

Der Mond geht in dieser Zeit gegen Mittag auf und ist auch tagsüber zu sehen. Monduntergang ist etwa um Mitternacht – diejenigen, die erst weit nach Mitternacht von der Kneipe nach Hause torkeln, können also nicht darauf hoffen, daß ihnen der Mond den Weg erhellt.

Vollmond

Der Vollmond oder das 3. Quartal erscheint 14,8 Tage (14 Tage 19 Stunden 12 Minuten) nach Neumond. Der Mond steht nun im Winkel von 180^0 zur Sonne, also genau gegenüber der Sonne. Auch der Vollmond ist eigentlich – wie der Neumond – ein punktuelles Ereignis. Wir meinen hier mit Vollmond jedoch das 3. Quartal, also die Phase vom runden Vollmond bis zum abnehmenden Halbmond. Im Kalender erscheint der Vollmond als leerer Kreis.

Da der Mond bei Vollmond der Sonne gegenübersteht, geht er logischerweise etwa bei Sonnenuntergang auf, scheint die ganze Nacht und geht bei Sonnenaufgang wieder unter. Falls Ihnen dieser Zusammenhang noch nicht völlig einleuchtet, stellen Sie sich doch einmal in die Mitte Ihres Zimmers, so daß sich vor und hinter Ihnen zwei markante Punkte befinden (beispielsweise das Fenster und ein Bild an der Wand). Stellen Sie sich nun vor, das Fenster sei die Sonne, das Bild der Mond und Sie selbst die Erde. Drehen Sie sich nun langsam um die eigene Achse – Sie werden feststellen, daß immer dann, wenn das Fenster auf der einen Seite in Ihr Gesichtsfeld gelangt, das Bild aus Ihrem Gesichtsfeld (das ja dem Horizont entspricht) verschwindet – genauso verhält es sich auf astronomischer Ebene!

Letztes Viertel

Im letzten Viertel oder 4. Quartal nimmt der Halbmond weiter ab. Die Phase dauert also vom (abnehmenden) Halbmond bis zum nicht mehr sichtbaren Neumond. Die Phase beginnt 22,1 Tage nach Neumond bzw. 7,4 Tage nach Vollmond. Im Kalender erscheint das letzte Viertel als linksläufige, meist dunkle Sichel.

Der Mond geht nun erst nach Mitternacht auf und etwa um Mittag herum wieder unter; dabei schrumpft er von Tag zu Tag immer weiter, bis dann, drei Tage vor Neumond, die schmale Sichel zum letztenmal sichtbar ist.

Die Mondphasen haben, wie wir gesehen haben, Bezeichnungen, die mitunter ein wenig in die Irre führen: Vor allem das erste Viertel ist ja eigentlich die zweite Phase oder das 2. Quartal. Neumond und Vollmond sind einerseits punktuelle Phänomene, andererseits werden sie aber auch als erste bzw. dritte Mondphase angesehen. Wir wollen deshalb die Bezeichnungen der Phasen noch einmal in einer Tabelle zusammenfassen:

Traditionell	**Quartale**	**abnehmend/ zunehmend**	**Winkel Sonne/Mond**
Neumond	1. Quartal	zunehmend	0–90
Erstes Viertel	2. Quartal	zunehmend	90–180°
Vollmond	3. Quartal	abnehmend	180–270°
Letztes Viertel	4. Quartal	abnehmend	270–360°

Mondstände

Der Mond verändert aber nicht nur seine (sichtbare) Größe, sondern geht auch an unterschiedlichen Stellen auf und unter.

Der Mond ändert nämlich auch seine Höhe am Himmel – wie die Sonnc. Die Höhenänderung verläuft ähnlich wie bei der Sonne, die ja am Winteranfang am tiefsten steht und am Sommeranfang am höchsten: Der Mond verändert jedoch seine Höhe am Himmel nicht in einem (Sonnen-)Jahr, sondern in einem (Mond-) Monat – es gibt also nicht nur Jahreszeiten, sondern auch »Monatszeiten«. Man könnte fast sagen, daß der Mond sozusagen ein kleines Jahr durchläuft.

Der Neumond läuft so wie der Sonnenbogen (die Bahn, die die Sonne scheinbar am Himmel zurücklegt); zu Sommerbeginn am höchsten, zu

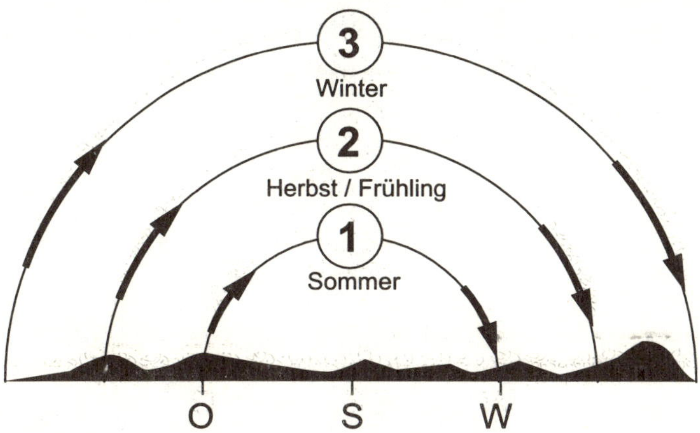

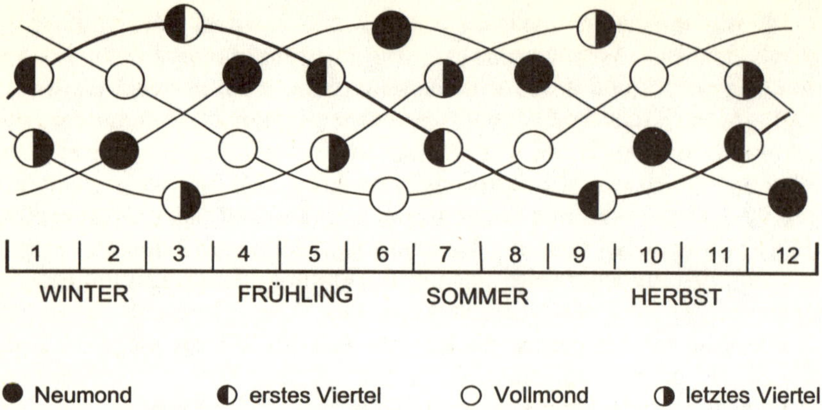

Winterbeginn am niedrigsten. Beim Bogen des Vollmondes verhält es sich genau umgekehrt – zu Beginn des Winters steht der Vollmond am höchsten am Himmel.

Die Jahreszeiten

Die Jahreszeiten hängen natürlich nicht vom Stand des Mondes ab; doch die Mondbögen verlaufen, wie wir ja oben gesehen haben, in jeder Jahreszeit anders. Dadurch ändert sich auch der Verlauf der sogenannten »Mondknoten«, von denen wir weiter unter noch sprechen werden.

Doch da wir uns auch mit dem Rhythmus der Jahreszeiten im Zusammenhang mit dem Mond befassen, wollen wir hier kurz darstellen, wie die Jahreszeiten zustande kommen.

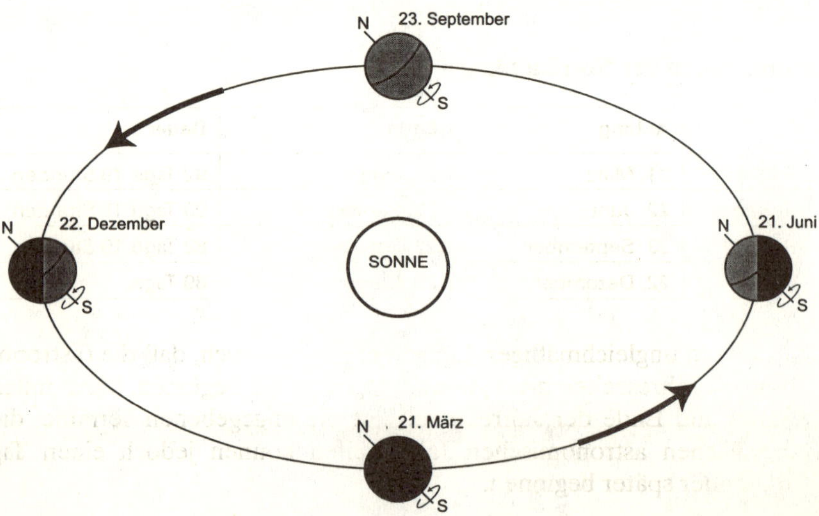

Oft wird angenommen, die Entfernung zwischen Erde und Sonne sei für die Jahreszeiten verantwortlich. In der Tat verändert sich ja die Entfernung von der Sonne zur Erde im Verlauf eines Jahres beträchtlich, da die Erde keinen Kreis, sondern eine deutlich ausgeprägte Ellipse um die Sonne beschreibt. Im *Perihel,* der größten Sonnennähe, die am 3. Januar erreicht wird, beträgt die Entfernung Erde–Sonne 147,1 Millionen Kilometer, im *Aphel,* der größten Sonnenferne, am 4. Juli, beträgt die Entfernung 152,1 Millionen Kilometer – also immerhin 5 Millionen Kilometer mehr!

Doch erstaunlicherweise hat die Entfernung keinen Einfluß auf die Jahreszeiten: Auf der Nordhalbkugel der Erde (also auch bei uns in Europa) herrscht ja gerade die kälteste Zeit des Winters, wenn die Erde der Sonne am nächsten steht!

Die wechselnden Temperaturen in den Jahreszeiten hängen also nicht von der Entfernung zwischen Sonne und Erde ab, sondern von dem Winkel, in dem die Sonnenstrahlen auf die Erde treffen. Im Winter fällt das Sonnenlicht auf der Nordhalbkugel (also auch bei uns in Europa) ziemlich schräg ein; das Licht muß also eine wesentlich längere Strecke durch die Atmosphäre zurücklegen als im Sommer. Die Wärme wird dabei »verschluckt« – es ist kalt auf der Erde. Außerdem ist der Tag kürzer, so daß die Sonne nicht so viel Zeit hat, die Erde aufzuwärmen. Um so länger sind die Nächte, in denen sich die Erde abkühlt.

Die Jahreszeiten sind nicht willkürlich gesetzt, sondern bezeichnen bestimmte Wendepunkte der scheinbaren Sonnenbahn. Herbst- und Frühlingsbeginn sind die Punkte der Tagundnachtgleiche; an diesen Tagen sind Tag und Nacht am ehesten gleich lang. Zu Beginn des Sommers und Winters steht die Sommer- bzw. Wintersonnwende; an diesen Daten ist der Unterschied zwischen Tag und Nacht am größten – am 21. Juni ist (bei uns) der Tag am längsten und die Nacht am kürzesten; am 21. Dezember verhält es sich umgekehrt.

Die Jahreszeiten sind übrigens nicht genau gleich lang:

Jahreszeiten der Nordhalbkugel

	Anfang	Ende	Dauer
Frühling	21. März	22. Juni	92 Tage 19 Stunden
Sommer	22. Juni	23. September	93 Tage 15 Stunden
Herbst	23. September	22. Dezember	89 Tage 19 Stunden
Winter	22. Dezember	21. März	89 Tage

Aus diesen ungleichmäßigen Längen ergibt sich auch, daß die (astronomischen) Jahreszeiten nicht stets am gleichen Tag beginnen. Meist fallen Beginn und Ende der Jahreszeiten auf die angegebenen Termine; die tatsächlichen astronomischen Jahreszeiten können jedoch einen Tag früher oder später beginnen.

Der siderische Mondmonat

Der Wechsel von einem Neumond zum nächsten dauert etwa 29,5 Tage. Doch während der Mond um die Erde herumläuft, läuft ja die Erde um die Sonne. Wenn man nun nicht die Erde, sondern den Sternenhintergrund mit den Tierkreiszeichen als Orientierungspunkt nimmt, befindet sich der Mond bereits nach etwa 27,3 Tagen an der gleichen Stelle. Dieser Zyklus heißt *siderischer Monat.* Das klingt nun ziemlich kompliziert – und ist es leider auch.

Doch für die Mondphasen, die wir ja ohnehin direkt am Himmel ablesen können (wenn nicht gerade Wolken den Mond verdecken), ist der *siderische* Zyklus unwichtig. Wir benötigen ihn jedoch, um die Tierkreiszeichen herauszufinden, die der Mond in einem *siderischen* Monat durchläuft. Mit den Tierkreiszeichen hängen auch die sogenannten *Mondknoten* zusammen, über die wir nun sprechen wollen.

Die Mondknoten

Die Bahn der Erde um die Sonne heißt *Ekliptik.* Die Mondbahn schneidet die Ekliptik – zweimal innerhalb eines *siderischen* Mondmonats. Die Punkte, an denen der Mond die Ekliptik schneidet, sind die sogenannten *Mondknoten.*

Wenn der Mond unterhalb der Ekliptik liegt, heißt er *absteigender Mond,* liegt er über der Ekliptik, heißt er *aufsteigender Mond.* Der Bogen, den der Mond scheinbar am Himmel beschreibt, verläuft bei absteigendem Mond nördlich des Sonnenbogens, bei aufsteigendem Mond südlich der scheinbaren Bahn der Sonne. Zu beobachten ist das allerdings nicht so leicht, da die Abweichung lediglich 5 Grad beträgt.

Um Mißverständnisse zu vermeiden: Der aufsteigende und der absteigende Mond haben nichts mit den Mondphasen zu tun und dürfen nicht mit zunehmendem und abnehmendem Mond verwechselt werden! Jede Mondphase kann im absteigenden oder aufsteigenden Mond stattfinden.

Da der aufsteigende und absteigende Mond nicht ohne weiteres am Himmel zu erkennen sind, haben wir im Anhang eine Tabelle mit den entsprechenden Daten angefügt, in der Sie bei Bedarf nachsehen können.

Auch die Sonne hat den Mondknoten vergleichbare Wendepunkte: die Sommer- und die Wintersonnwende. Von der Wintersonnwende am 21. Dezember bis zur Sommersonnwende am 21. Juni (also im Winter und Frühling) durchläuft die Sonne die Tierkreiszeichen Steinbock, Wassermann, Fische, Widder, Stier und Zwillinge, die »aufsteigenden Zeichen«; vom 21. Juni bis zum 21. Dezember (Sommer und Herbst)

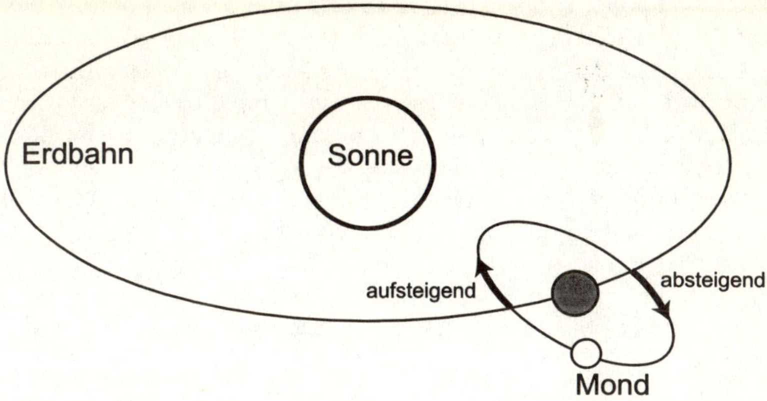

durchläuft die Sonne die Zeichen Krebs, Löwe, Jungfrau, Waage und Skorpion, die »absteigenden Zeichen«.

Wie gesagt, durchläuft der Mond innerhalb eines siderischen Monats (27,3 Tage) diesen Zyklus. Wir können den Tierkreis mit den Ziffern einer Uhr vergleichen; der Zeiger ist der Mond.

In welchem Tierkreiszeichen der Mond gerade steht, können wir leicht herausfinden, selbst wenn wir uns am Sternenhimmel nicht auskennen.

Bei Neumond steht der Mond nämlich im selben Tierkreiszeichen wie die Sonne (wir wissen ja, daß der Winkel zwischen Sonne und Mond bei Neumond 0 Grad beträgt). Die Sonnenzeichen kennen wir aus der populären Astrologie:

Sonne im Zeichen	Zeitraum	Mondknoten bei Neumond
Krebs	22. 6.–22. 7.	absteigend
Löwe	23. 7.–22. 8.	absteigend
Jungfrau	23. 8.–22. 9.	absteigend
Waage	23. 9.–23. 10.	absteigend
Skorpion	24. 10.–21. 11	absteigend
Schütze	22. 11.–21. 12	absteigend
Steinbock	22. 12.–19. 1	aufsteigend
Wassermann	20. 1.–11. 2	aufsteigend
Fische	12. 2.–20. 3	aufsteigend
Widder	21. 3.–17. 4	aufsteigend
Stier	20. 4.–20. 5	aufsteigend
Zwillinge	21. 5.–21. 6.	aufsteigend

Der Mond hält sich ungefähr 2,3 Tage in einem Zeichen auf. Bei Neumond wissen wir ja nun, daß der Mond in demselben Zeichen wie die Sonne steht. 2,3 Tage später steht er im nächsten Zeichen, 4,6 Tage später im übernächsten usw.

Zum Beispiel: In diesem Moment (am 12. Oktober 1996) haben wir gerade Neumond. Die Sonne (und damit auch der Neumond) stehen im (absteigenden) Zeichen Waage. Wenn wir nun wissen möchten, in welchem Zeichen der Mond eine Woche später, am 19. Oktober steht, können wir uns das annäherungsweise ausrechnen. 7 Tage später ist der Mond etwa drei Zeichen weiter gerückt, also befindet er sich im Zeichen Steinbock, einem aufsteigenden Zeichen. Wenn wir wissen, in welchem Zeichen der Mond steht, wissen wir also automatisch auch, ob er sich im absteigenden oder aufsteigenden Knoten befindet.

Nun wäre es natürlich zu mühsam, für jeden Termin diese Berechnungen auszuführen. In den Tabellen im Anhang finden Sie jedoch alle Daten. Es gibt auch spezielle Mondkalender, in denen alle Sternzeichen eingetragen sind.

Mond- und Sonnenfinsternisse

Der Mond ist auch an zwei Ereignissen beteiligt, die die Menschen früherer Zeiten nicht selten in große Verwirrung stürzten: Sonnen- und Mondfinsternisse. Als wir dieses Buch schrieben, hatten wir das Glück, beide Ereignisse beobachten zu können: Am 27. September 1996 war eine Mondfinsternis, und zwei Wochen später, am 12. Oktober 1996, fand eine (partielle) Sonnenfinsternis statt.

Aber wie kommen nun Sonnen- und Mondfinsternisse zustande?

Immer dann, wenn Sonne, Erde und Mond auf einer Linie liegen – dann verdeckt nämlich entweder die Erde die Sonne (und verdunkelt den Mond), oder der Mond verdeckt die Sonne. Eine Sonnenfinsternis kann demnach nur bei Neumond, eine Mondfinsternis nur bei Vollmond stattfinden.

Es gibt verschiedene Typen von Sonnen- und Mondfinsternissen. Nicht immer wird die Sonne oder der Mond vollständig verdeckt; in diesen

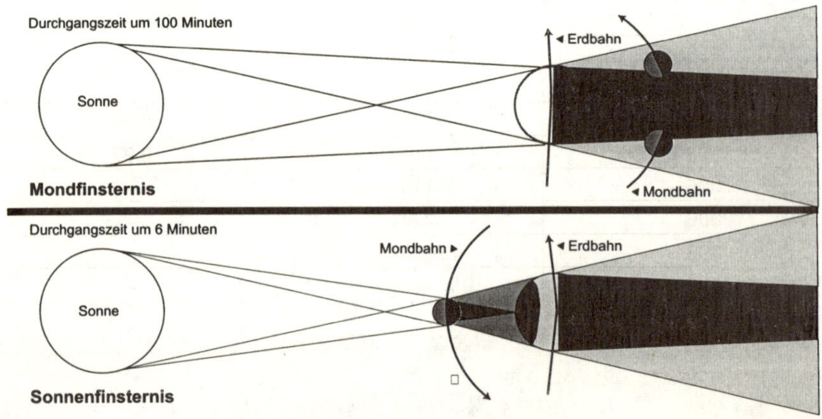

Fällen sprechen wir von *partiellen* Finsternissen. Werden Sonne oder Mond ganz verdeckt, handelt es sich um *totale* Finsternisse. Bei einer Sonnenfinsternis gibt es noch eine dritte Möglichkeit: die *ringförmige* (annulare) Finsternis. Dabei schiebt sich der Mond zwar vollständig vor die Sonne, befindet sich jedoch gerade in seinem erdfernsten Punkt, so daß von der Sonne noch ein Ring zu sehen ist.

Partielle Finsternisse sind meist schwierig zu beobachten; bei der partiellen Sonnenfinsternis am 12. Oktober 1996 war immerhin über die Hälfte der Sonne bedeckt, doch ohne starke Sonnenbrille war sie nicht zu beobachten. Viele Menschen bemerkten nicht einmal, daß eine Finsternis stattfand. Besonders finster war es in der Tat nicht. Ganz anders bei einer totalen Sonnenfinsternis, bei der es wirklich dunkel wird und die Menschen in früheren Zeiten mitunter regelrecht in Panik gerieten.

Auch Mondfinsternisse können recht spektakulär sein. Es gibt viel häufiger eine totale Mondfinsternis als eine totale Sonnenfinsternis, da die Erde ja einen viel größeren Schatten wirft und der Mond kleiner ist (vgl. Abb. 7). Was viele Menschen erstaunt und was ja tatsächlich ein wenig paradox erscheint, ist, daß der Mond auch bei einer totalen Mondfinsternis gesehen werden kann – selbst wenn er sich im Kernschatten der Erde befindet. Durch die Erdatmosphäre wird das Sonnenlicht nämlich gestreut und erreicht auf diese Weise sogar den Kernschatten. Je nach dem Zustand der Atmosphäre (Staub, Bewölkung usw.) ist der Mond bei einer Mondfinsternis als dunkelgraue, bräunliche, dunkel- oder kupferrote Scheibe zu sehen.

In den beiden folgenden Tabellen haben wir die nächsten Sonnen- und Mondfinsternisse, die in Teilen von Europa zu beobachten sind, aufgeführt.

Sonnenfinsternisse in der nördlichen Hemisphäre

Datum	Art	maximale Größe
26. 2. 1998	total	–
11. 8. 1999	total	–
31. 7. 2000	partiell	0,60
31. 5. 2003	partiell	0,97
3. 10. 2005	ringförmig	–
29. 3. 2006	total	–
22. 9. 2006	ringförmig	–
1. 8. 2008	total	–

Mondfinsternisse in der nördlichen Hemisphäre

Datum	Art	Größe
16. 9. 1997	total	1,19
21. 1. 2000	total	1,33
9. 1. 2001	total	1,18
16. 5. 2003	total	1,13
9. 11. 2003	total	1,02
4. 5. 2004	total	1,30
28. 10. 2004	total	1,31
17. 10. 2005	partiell	0,06
7. 9. 2006	partiell	0,18
3. 3. 2007	total	1,23

Die Größe der Sonnenfinsternisse gibt an, welcher Teil der Sonne maximal verdeckt wird. Bei den Mondfinsternissen wird die Größe in Monddurchmessereinheiten angegeben; ist die Größe über 1 (die größtmögliche Zahl ist 1,888), so ist die Finsternis total. Je größer die Zahl ist, desto länger dauert die Finsternis.

Die Größen verändern sich abhängig vom Standpunkt des Beobachters. Die angegebenen Maximalgrößen beziehen sich immer auf den optimalen Standpunkt. Alle angegebenen Finsternisse sind jedoch in Europa zu sehen.

Der Saros-Zyklus

Der Saros-Zyklus oder die chaldäische Periode ist ein Zeitraum von 18 Jahren und 11 Tagen. Wenn wir eine Sonnen- oder Mondfinsternis beobachten, wissen wir, daß nach einem Saros-Zyklus an derselben Stelle wieder eine solche Finsternis zu beobachten sein wird.

Wie die Gezeiten zustande kommen

Wir haben ja schon einmal über die Gezeiten gesprochen. Aber wie kommen sie eigentlich zustande? Wann können wir Ebbe und Flut erwarten? Können wir voraussagen, wann besonders große Gezeiten – oder Tiden – zu erwarten sind?

Wahrscheinlich wissen die meisten, daß die Gezeiten irgendwie mit dem Mond zusammenhängen. Viele »wissen« auch, daß Ebbe und Flut bei Vollmond besonders stark ausgeprägt sind.

Es wirken drei Kräfte zusammen, die die Gezeiten verursachen: die Anziehungskraft des Mondes und der Sonne sowie Fliehkräfte, die durch den Umlauf der Erde um die Sonne und die Drehung der Erde

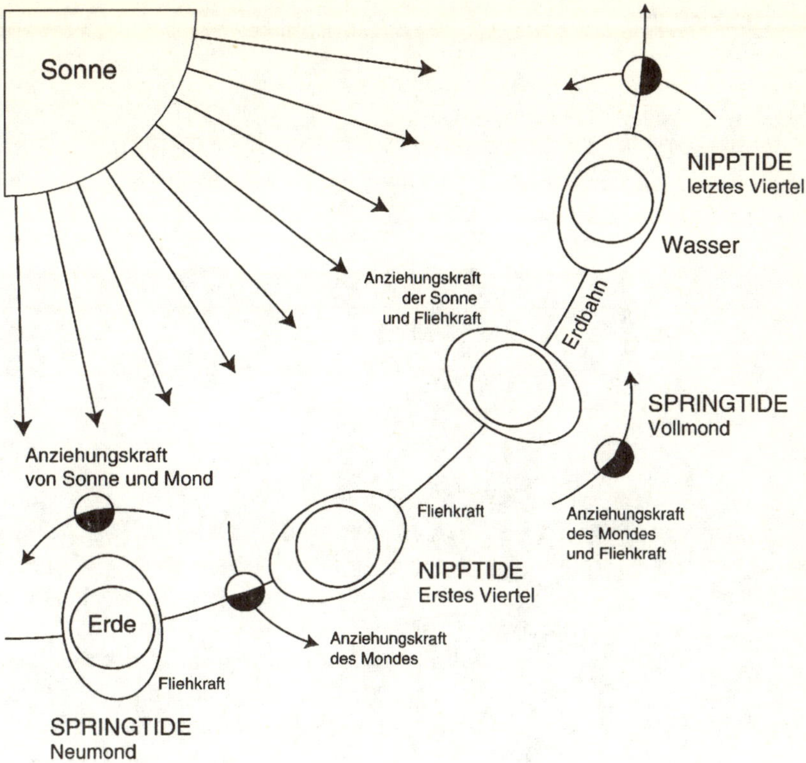

zustande kommen. Je mehr Kräfte zusammenwirken, desto stärker werden die Gezeiten ausfallen. Das ist sowohl bei Neumond der Fall, wo Mond und Sonne in die gleiche Richtung »ziehen«, als auch bei Vollmond, wo Mond und Fliehkraft zusammenwirken – allerdings stimmt es nicht ganz genau, daß, wenn Neu- oder Vollmond am Himmel stehen, die stärksten Gezeiten zu erwarten sind, denn das ist erst ein bis zwei Tage später der Fall. Die besonders starken Gezeiten heißen *Springtiden,* die besonders schwachen *Nipptiden*, die dann zu erwarten sind, wenn die Kräfte gegeneinander wirken (das ist im ersten und im letzten Viertel, also 7,5 Tage nach den Springtiden des Neu- bzw. Vollmondes, der Fall).

Übrigens gibt es nicht nur die Gezeiten des Meeres, sondern auch der Atmosphäre. In den Tropen beträgt die regelmäßige Luftdruckschwankung immerhin 1,5 mbar.

Was vielleicht noch überraschender ist: Sogar die Erde selbst ist Gezeiten, die durch die Gravitation von Sonne und Mond zustande kommen, ausgesetzt. In Äquatornähe wird der Erdkörper beinahe um einen halben Meter deformiert.

Nun wissen wir schon einiges über die Dinge, die die Wissenschaft herausgefunden hat. Sicherlich sind diese Tatsachen recht interessant und helfen uns dabei, ein Verständnis für die Zusammenhänge zu bekommen. Doch wie können diese kosmischen Vorgänge sich auf unser Leben auswirken? Warum ist der Mond so wichtig für uns? Darüber werden wir noch zu sprechen haben.

Vorher jedoch wollen wir noch ein Thema behandeln, das mit den widerstreitenden Rhythmen von Mond und Sonne zusammenhängt und das die Menschen schon seit langer Zeit beschäftigt.

Mond- und Sonnenkalender

Als die Menschen noch als Jäger und Sammler durch die Welt zogen, war der Wechsel der Jahreszeiten längst nicht so wichtig wie andere Rhythmen, vor allem der Rhythmus des Mondes.

Wie lange sich die Menschheit schon mit dem Mond befaßt hat und wie lange sie schon um die Regelmäßigkeit des Mondlaufs wußte, belegen archäologische, bis zu 40000 Jahre alte Funde – Mondkalender, die in Steine oder Knochen geritzt wurden. Für die Menschen dieser Zeit war ihre Fruchtbarkeit die wichtigste Kraft, und der Mond war das Symbol dafür – es war die Zeit des Matriarchats. Die Mondkalender waren nicht selten Menstruationskalender, die über die fruchtbaren Tage Auskunft gaben.

Lange lebte die Menschheit im Einklang mit dem Mond, bis sie dann, vor ungefähr 10000 Jahren, seßhaft wurde und damit begann, Ackerbau und Viehzucht zu betreiben. Die Menschen sahen sich nun nicht mehr als Teil der Natur, sondern als ihre Herren – der Wechsel vom Matriarchat zum Patriarchat fand allmählich statt.

Andere Rhythmen als der Mondrhythmus wurden nun wichtiger, insbesondere der genaue Rhythmus der Jahreszeiten, die Zeiten der Aussaat und der Ernte. Doch die Menschen wußten damals noch sehr gut, daß für die besten Zeitpunkte der Mond durchaus auch wichtig war. Zwar war für die Landwirtschaft die genaue Vorhersage der Jahreszeiten von größerer Bedeutung – doch für die »Feinabstimmung« der günstigsten Zeiten mußte der Mond berücksichtigt werden.

Die Menschen versuchten also, eine Vereinigung von Mond- und Sonnenkalender zustande zu bringen. Frühe Hochkulturen schufen gewaltige, geheimnisvolle Konstruktionen, um Sonne- und Mondrhythmen, die Daten der Tagundnachtgleiche, Sommer- und Wintersonnwende, Sonnen- und Mondfinsternisse vorherzusagen und genau zu bestimmen. Einige dieser Bauwerke sind heute noch ganz oder teilweise erhalten, und wir können über das gewaltige Wissen, über das unsere Vorfahren verfügt haben müssen, nur staunen. Einige der berühmtesten dieser alten Anlagen sind Stonehenge, Carnac, aber möglicherweise auch die Pyramiden.

Das schwer zu lösende Problem bei der Entwicklung eines Kalenders, der sowohl Sonne als auch Mond berücksichtigt, ist, daß Sonnen- und Mondrhythmen nicht leicht in Einklang zu bringen sind.

Das Sonnenjahr dauert 365,2422 Tage, während ein Mondjahr aus 12 Mondmonaten nur 354,4367 Tage hat, also etwa 11 Tage kürzer als das Sonnenjahr ist. Ein reiner Mondkalender führt nun dazu, daß ein Monat innerhalb von 33 Mondjahren durch alle Jahreszeiten läuft. Für die Bedürfnisse der seßhaften Menschen, die sich mehr an dem Sonnenlauf, also an den Jahreszeiten, orientierten, war das natürlich nicht akzeptabel. Und so geriet der Mond immer mehr in Vergessenheit.

Die Bemühungen, Mond und Sonnenkalender in Einklang zu bringen, hielten allerdings noch lange Zeit an.

Die alten Griechen waren bekanntermaßen hervorragende Mathematiker. Um 500 v.Chr. verwendeten sie einen Zyklus von 8 Jahren, wobei 5 Jahre 12 Mondmonate und 3 Jahre 13 Mondmonate umfaßten. Für uns heute klingt ein solches System verhältnismäßig kompliziert – doch es hatte den Vorteil, daß auch der Mond noch berücksichtigt wurde. Und das System der Griechen wurde noch weiter verfeinert.

70 Jahre später lebte nämlich in Athen ein begabter Mathematiker und Astronom, Meton. Ihm gelang es, einen Zyklus zu finden, bei dem nicht nur der Mond eine Rolle spielte, sondern der den Sonnenlauf ebenfalls relativ genau berücksichtigte – den sogenannten Metonischen Zyklus. Dieser Zyklus dauert 19 Jahre. 12 Jahre hatten 12 Mondmonate und 7 Jahre 13 Mondmonate; insgesamt also 235 Monate. Dabei gab es »volle« Monate zu je 30 Tagen und »hohle« Monate zu je 29 Tagen.

Das wirkt nun nicht gerade besonders einfach, und man mag sich fragen, wo der Nutzen liegen soll. Wenn wir jedoch einmal die Dauer von 19 Sonnenjahren, 235 Mondmonaten mit dem Metonischen Zyklus berechnen, wird deutlich, daß der Metonische Zyklus wirklich schon sehr exakt ist:

Dauer in Tagen

Metonischer Zyklus	6940
235 Mondmonate	6939,688
19 Sonnenjahre	6939,602

Tatsächlich ist der Metonische Zyklus so genau, daß er heute noch verwendet wird – nämlich zur Berechnung des Osterdatums!

Ostern

Ostern wird von den Christen als das Fest der Auferstehung des Erlösers gefeiert. Das Osterdatum hängt dabei vom Mond ab – eine Erinnerung an die alten Zeiten des Matriarchats, als der Mond noch eine wichtigere Rolle spielte. Die meisten Osterbräuche – wie beispielsweise die Osterfeuer – stammen ebenfalls noch aus heidnischen Zeiten.

Das Fest wird am ersten Sonntag nach dem ersten Frühlingsvollmond begangen. Indirekt wird dadurch auch das Pfingstfest bestimmt, das 50 Tage nach Ostern stattfindet.

Die Römer übernahmen vieles von den Griechen – unter anderem die Götter und die Philosophie –, doch in ihrer durch und durch patriarchalischen Kultur wurde der Mond immer unwichtiger.

Die Monate des römischen Kalenders dienten nur noch zur Unterteilung des Sonnenjahres und hatten (und haben) nichts mehr mit dem Mondzyklus zu tun.

Das Sonnenjahr war aber auch nicht so leicht in einen Kalender zu fassen, wie man vielleicht meint. Wir haben schon einmal die tatsächliche Länge eines Sonnenjahres genannt: 365,2422 Tage. In den frühen Sonnenkalendern wurde aber natürlich mit geraden Zahlen gerechnet. Doch die Fehltage summierten sich relativ schnell, so daß der Kalender immer ungenauer wurde.

Doch dann führte Cäsar (100 v.Chr. – 44 v. Chr.) eine wichtige Neuerung ein (die er allerdings aus dem ägyptischen Kalender übernommen hatte): Er fügte Schaltjahre ein, um den Kalender mit dem Sonnenjahr exakter abzugleichen.

Dieser *Julianische* Kalender (nach Julius Cäsar) rechnete also letztlich mit einem Jahr von 365,25 Tagen. Er war schon so genau, daß er die folgenden eineinhalb Jahrtausende in Europa gültig blieb. Das julianische Jahr war nur noch minimal zu lang; 0,0078 Tage, um genau zu sein.

Das bewirkt natürlich nicht viel, doch im Lauf der Jahrhunderte, bis zum Ende des 16. Jahrhunderts, hatten sich die kleinen Abweichungen immerhin schon zu 10 ganzen Tagen addiert. Der Kalender war also schon zu ungenau für landwirtschaftliche Zwecke.

Papst Gregor XIII. (1502–1585) schaffte schließlich Abhilfe. Er verfügte, daß die Schaltjahrregel verändert wurde: Jahre zum Jahrhundertanfang sollten nur noch dann Schaltjahre sein, wenn sie durch 4 teilbar waren. Ein Jahr hatte nun also 365,2425 Tage. Das bedeutet, daß die Abweichung in 3000 Jahren lediglich einen Tag beträgt. Doch was sollte mit den zehn Tagen geschehen, die dem Kalender bereits fehlten? Die bestehende Abweichung wurde ja durch die neue Regel noch nicht ausgeglichen. Aber auch hier fand Gregor schnell Abhilfe – er ließ einfach auf den 4. Oktober gleich den 15. Oktober folgen. Deshalb gibt es keinen 5. bis 14. Oktober 1582.

Der Mond spielt für unseren heutigen Kalender keine Rolle mehr – ob das wirklich ein Fortschritt ist?

Heute beginnen die Menschen wieder, sich für das fast schon verlorengegangene Wissen um die Mondrhythmen zu interessieren. Wie kommt es, daß der Mond so tief in uns und in allem Lebendigen verwurzelt ist, daß wir immer noch, trotz aller Bemühungen der Zivilisation, die subtilen Kräfte intuitiv spüren? Wie kommt der Mond in unseren Körper, in unser Unterbewußtsein, in unsere Seele? Davon wird das folgende Kapitel handeln.

Mit dem Mond leben

Fünf Milliarden Jahre vor unserer Zeit war die Erde nichts als eine flüssigglühende Masse Gestein, die um eine kleine Sonne kreiste. Auch noch einige weitere Körper rasten um das Zentralgestirn. Das Sonnensystem entstand.*

Die Erde war der dritte Planet, der um die Sonne kreiste. Dieser Planet wies einige Besonderheiten auf. Unter anderem hatte er einen Mond – aber was für einen! Die meisten Planeten haben zwar Monde, nicht nur einen, sondern mehrere. Aber der Trabant der Erde ist im Verhältnis zu dem Planeten, den er begleitet, der größte im Sonnensystem.

Hunderte Millionen von Jahren kreiste der Mond um die heiße Erde, die allmählich abkühlte. Das Wasser sammelte sich und floß zu Meeren zusammen. Eine dünne Gasschicht wurde von der Schwerkraft der Erde festgehalten, und es entstand eine Atmosphäre – eine Atmosphäre ohne Sauerstoff.

Die Ozeane waren eine Lösung der verschiedensten Moleküle, die miteinander reagierten. Immer wieder entstanden neue Moleküle und zerfielen kurz darauf. Darunter waren auch organische Verbindungen, die Grundbausteine des Lebens. In den flachen Gewässern am Rande der Meere, wo die entstehenden neuen Verbindungen nicht sofort wieder auseinandergerissen wurden, entstand schließlich das erste einfache Leben.

Und immer noch kreiste der Mond um die Erde, hob und senkte die Meere im Rhythmus der Gezeiten, wie er es schon seit Äonen getan hatte. An den Gestaden der Meere wechselte rhythmisch der Wasserstand, und das neue Leben mußte sich diesem Wechsel anpassen. Noch gab es keine Pflanzen oder Tiere, sondern nur die einfachsten Formen von einzelligen Lebewesen.

Von Anfang an stand also das Leben unter dem Einfluß des Mondes. Das Leben entwickelte sich weiter und verbreitete sich über alle Meere und schließlich auch über das Land. Aber der Rhythmus des Mondes steckte bereits in den Trägern der Erbsubstanz, den Genen. Dem Leben wurde eine »Monduhr« von Anfang an einprogrammiert – der Mond ist sozusagen in uns.

Die ganze Natur folgt den Rhythmen des Mondes. Wenn wir daran denken, daß diese Rhythmen schon bestanden, als es noch kein Leben

* Manche Menschen lehnen die von uns beschriebene Vorstellung der Entstehung der Erde und des Lebens aus religiösen Gründen ab. Wir müssen unsere kurze Geschichte des Lebens mit dem Mond aber auch gar nicht als vollkommene Wahrheit, sondern einfach als einen von vielen Schöpfungsmythen betrachten – aber immerhin einen, bei dem der Mond eine Rolle spielt.

auf der Erde gab und daß der Mond die Entstehung des Lebens begleitete und er auch auf die Wiege der Menschheit hinabblickte, so wird verständlich, daß er mehr Einfluß auf die belebte und unbelebte Natur hat, als es vielleicht auf den ersten Blick den Anschein hat.

Wenn aber die Natur bestimmten Rhythmen folgt, heißt das auch, daß es für die verschiedensten Tätigkeiten Zeiten gibt, in denen sie mit den natürlichen Rhythmen harmonieren und andere Zeiten, in denen sie gegen ihren Rhythmus gehen. Es gibt also gute und schlechte Momente für jedes Tun.

Im Einklang mit der Natur leben heißt, im Einklang mit ihren Rhythmen zu leben. Einer der wichtigsten dieser Rhythmen ist der Mondzyklus.

Seit die Menschen Ackerbau betreiben, achten sie darauf, welche Zeitpunkte günstig und welche ungünstig sind. Schließlich hängt vom richtigen Umgang mit den natürlichen Rhythmen ab, ob die Ernten gut oder schlecht ausfallen, ob die Ernte verdirbt oder haltbar bleibt. Als die Menschen noch keine chemische Industrie, keine künstlichen Dünger und keine Schädlingsbekämpfung mit tödlichen Giften kannten, waren sie besonders darauf angewiesen, genau zu beobachten. Warum gedeihen manche Pflanzen besonders gut, wenn man sie an Tagen pflanzt, die durch einen besonderen Stand des Mondes gekennzeichnet sind? Die Frage »warum« war jedoch für die Praxis nicht so wichtig wie die Tatsachen selbst. Und so sammelte sich allmählich ein umfangreiches Wissen an.

In Form von »Bauernregeln« für Aussaat, Ernte, Wetter usw. überlebten die alten Kenntnisse bis heute.

Wir können die Rhythmen der Natur aber nicht nur in der Landwirtschaft nutzen, sondern auch bei der Gartenarbeit, in unserem Alltag oder auch bei der Hausarbeit.

Ganz besonders wichtig sind aber gerade die Rhythmen des Mondes für unsere Gesundheit und unsere persönliche Entwicklung. Auf diese beiden Bereiche werden wir deshalb in unserem Buch auch ganz besonders eingehen. Warum gerade unsere Gesundheit und unsere Seele so stark mit dem Mond verbunden sind, darüber werden wir in späteren Kapiteln noch ausführlicher sprechen.

Es hat vielfältige Vorteile, wenn wir mit den Rhythmen des Mondes und der Erde leben statt dagegen: Wir werden gesünder, leichter, zufriedener, glücklicher, erfüllter leben können, wenn wir die Kraft der natürlichen Rhythmen für uns arbeiten lassen.

Wir können es uns ganz einfach so vorstellen, daß uns der Mond in einer bestimmten Phase bei bestimmten Tätigkeiten »anschiebt«, während er an anderen Tagen seine Kraft gegen diese Tätigkeiten richtet. Nehmen wir ein Beispiel: Wir wollen unser Gewicht reduzieren. Bei zunehmendem Mond wirken alle Kräfte aufbauend und zuführend. Beginnen wir nun mit einer Diät bei zunehmendem Mond, so arbeiten wir gegen den natürlichen Rhythmus, und es wird uns viel schwerer fallen, abzunehmen. Nutzen wir jedoch die Kraft des abnehmenden Mondes, werden wir mit weitaus weniger Anstrengung unser Ziel erreichen.

Natürlich gibt es viele Rhythmen in der Natur, nicht nur den Rhythmus des Mondes, sondern auch den Rhythmus des Tageslaufes, der Erddrehung, der Jahreszeiten, des Laufes der Sonne und des Mondes durch den Tierkreis und viele weitere Rhythmen; vielleicht auch einige, von denen wir überhaupt nichts ahnen. Alle diese Rhythmen beeinflussen sich gegenseitig.

Aufmerksamkeit, Beobachtung und Bewußtheit sind wichtig: Die Welt ist keine Maschine, sondern ein Organismus. Indem wir uns in diesen lebendigen Organismus einfühlen, können wir erkennen, wie wir in Harmonie mit dem Ganzen leben können. Nicht durch feste Regeln, sondern vor allem durch unsere Intuition können wir in Einklang mit den Rhythmen der Natur leben. Wir benötigen wieder etwas mehr Mut zur Langsamkeit; nicht nur um Nutzen aus den Rhythmen zu ziehen, sondern überhaupt um uns selbst zu finden, um unser Leben zu genießen.

Aber auch die Intuition kann nicht ohne Anhaltspunkte auskommen. In diesem Buch wollen wir uns auf besonders starke Rhythmen konzentrieren: Das sind zunächst einmal die vier Mondphasen und die vier »Sonnenphasen«, also die Jahreszeiten.

Die stärksten Impulse gehen von den Mondphasen aus; und diese Impulse werden von den längeren, aber ebenfalls starken Kräften der Jahreszeiten beeinflußt oder, wie man auch sagt, »moduliert«.

Zusätzlich wollen wir den Mondstand oberhalb oder unterhalb der Sonnenbahn (Ekliptik), den aufsteigenden und absteigenden Mond, berücksichtigen. Mitunter werden wir den Stand des Mondes noch genauer fassen, indem wir von seiner Position im Tierkreis ausgehen. Diese Impulse sind jedoch schon deutlich schwächer als die Mondphasen und die Jahreszeiten – doch im konkreten Fall können gerade diese schwachen Impulse den Ausschlag geben. Besonders wichtig wird der genaue Stand des Mondes, wenn wir über die Gesundheit sprechen werden.

Welche Einflüsse die Mondphasen, der Lauf des Mondes durch die Ekliptik und die Jahreszeiten ausüben, wollen wir nun im Überblick darstellen.

Die Mondphasen

Neumond

In der Neumondphase, der ersten Phase des zunehmenden Mondes, setzt ein Umschwung ein – ein starker Impuls geht von diesem Wandel aus.

Dabei unterscheiden sich die Zeiten, die kurz vor bzw. nach dem Neumondtermin liegen, beträchtlich. Da es nicht leicht ist, die genaue Zeit des Wechsels festzustellen, sollte man wichtige Entscheidungen nicht genau auf den Neumondwechsel legen. Sollen die besonders starken energiereduzierenden Aspekte des letzten Viertels genutzt werden (die zum Zeitpunkt des Wechsels, also zum Ereignis »Neumond«, am stärksten sind), so ist die sicherste Zeit ein Tag vor Neumond.

Im folgenden meinen wir jedoch, wenn wir von Neumond sprechen, immer das erste Quartal – die Zeit vom zunehmenden Mond bis zum Halbmond.

Diese Zeit hat die Qualitäten, die auch dem Frühling zukommen – allerdings wirken sie kurzfristig intensiver: Es ist die Zeit des ersten, starken Wachstums. In dieser Zeit können besonders gut neue Energien mobilisiert werden – es ist also ein guter Zeitpunkt, Neues zu beginnen.

Erstes Viertel

Im ersten Viertel, der Zeit vom zunehmenden Halbmond bis zum Vollmond, setzt sich der Wachstumsimpuls fort. Es ist nun aber eher die Kraft des reifen Wachstums, ähnlich der Kraft, die den Jugendlichen zum Erwachsenen heranreifen läßt. Die energiegebende Wirkung des ersten Viertels wirkt subtiler als die des Neumondes.

In dieser Phase wirkt alles Aufbauende und Nährende besonders positiv. Es ist beispielsweise die Zeit, in der sanfte Heilmethoden in der Regel am besten anschlagen. Diese Mondphase entspricht im Sonnenlauf dem Sommer – es ist nicht mehr das rasante Wachstum und die Energie des Frühlings zu erwarten, doch gerade jetzt tanken alle Lebewesen innere Kraft.

Vollmond

Der Vollmond ist der Gegenpol zum Neumond. Auch bei Vollmond findet ein Wechsel der Energien statt, der mit einem starken Impuls zur Neuorientierung einhergeht – das Wachstum des Mondes hat seinen Höhepunkt erreicht, und nun beginnt er wieder abzunehmen.

Es gilt das gleiche, was wir schon zum Neumond gesagt haben: Da sich die Kräfte, die kurz vor und kurz nach Vollmond wirken, beträchtlich voneinander unterscheiden, ist etwas Aufmerksamkeit geboten und notfalls ein »Sicherheitsabstand« von einem Tag einzuhalten, insbesondere dann, wenn es um wichtige Dinge geht. Ein bekanntes Beispiel sind Operationen, die möglichst nicht in der Zeit um den Vollmond durchgeführt werden sollten.

Wir meinen hier, wenn wir vom Vollmond sprechen, nicht den kurzen Impuls, der vom Wechsel ausgeht, sondern das 3. Quartal, die Phase vom Vollmond bis zum (abnehmenden) Halbmond.

Diese Zeit entspricht im Sonnenlauf dem Herbst. In dieser Phase gehen keine Wachstumsimpulse mehr vom Mond aus, aber auch die energiereduzierende Tendenz, die später deutlicher wird, ist vor allem in den ersten vier Tagen der Vollmondphase noch wenig ausgeprägt. Es ist vor allem eine Zeit der Reife; die angesammelten Kräfte können nun angemessen angewendet werden. Heilkräftige Pflanzen und Kräuter, die in dieser Zeit gesammelt werden, wirken besonders stark.

Letztes Viertel

Im letzten Viertel, der Zeit vom abnehmenden Halbmond bis zum »Dunkelmond«, sind die energiereduzierenden Wirkungen des Mondes viel deutlicher zu spüren als in der Vollmondphase.

Im Sonnenlauf entspricht das letzte Viertel dem Winter. Die Kräfte sammeln sich nun im Inneren, und Ballast wird abgeworfen, um auf einen Neubeginn vorzubereiten. In dieser Zeit wirken alle Maßnahmen, die der Entgiftung oder Reinigung dienen, am günstigsten.

Die Mondknoten

Die vier Mondphasen werden überlagert von dem Wandern des Mondes durch den Tierkreis. Der Impuls, der vom absteigenden und aufsteigenden Mond ausgeht, ist wesentlich schwächer als der der Mondphasen. Dennoch gibt oft gerade die geringere, subtile Energie, die von den Mondknoten ausgeht, die Richtung an. Vor allem dann, wenn innerhalb einer einzigen Mondphase ein besonders günstiger Termin gefunden werden soll, ist das Einbeziehen des Mondstandes (in manchen Fällen auch die feinere Unterscheidung nach dem Stand im Tierkreis) durchaus wichtig.

Absteigend

Beim absteigenden Mond durchläuft der Mond die Zeichen Zwillinge, Krebs, Löwe, Jungfrau, Waage und Skorpion innerhalb von etwa 14 Tagen.

Von der Zeit des absteigenden Mondes, die auch die »Pflanzzeit« genannt wird, gehen nach innen orientierende Kräfte aus. Energie sammelt sich im Inneren und festigt.

Aufsteigend

Beim aufsteigenden Mond durchwandert der Mond die Tierkreiszeichen Schütze, Steinbock, Wassermann, Fische, Widder und Stier.

In der Zeit des aufsteigenden Mondes, der »Erntezeit«, wirkt eine nach außen strebende Kraft. Deshalb sind auch Obst und Gemüse, die zur Zeit des aufsteigenden Mondes geerntet werden, besonders saftig und gut verdaulich.

Die Energie des aufsteigenden Mondes ist eine Wachstumsenergie, die aufbauenden Veränderungen zuträglich ist.

Die Jahreszeiten

Die Impulse der Jahreszeiten entsprechen denen der Mondphasen. Allerdings wirken sie gröber und sind über einen längeren Zeitraum verteilt. Diese Kräfte überlagern jedoch die Impulse der Mondphasen, so daß beispielsweise der Neumond im Frühling intensiver und positiver wirkt als im Winter.

Frühling

Der Frühling entspricht im Mondlauf dem Neumond. Wir alle sind mit der offensichtlichen Demonstration der neu erwachenden, emporstrebenden Lebenskraft des Frühlings vertraut. Innerhalb kurzer Zeit explodiert das Leben, die Welt wird grün und von Leben erfüllt.

Die Hauptenergie des Frühlings könnte man wohl am besten mit »ausdehnend«, »impulsiv« und »durchdringend« beschreiben.

Sommer

Der Sommer entspricht dem 2. Quartal des Mondlaufes, dem ersten Viertel. Immer noch nimmt die Kraft in der Natur zu. Das äußere Wachstum erfolgt nun etwas langsamer, dafür ist das innere Wachstum auf seinem Höhepunkt.

Die Energie des Sommers können wir mit »zielstrebig«, »kraftvoll« und »stabil« charakterisieren.

Herbst

Wenn wir den Sonnenlauf mit dem Mondlauf vergleichen wollen, so entspricht dem Herbst das 3. Quartal, die Zeit des Vollmondes bis zum Halbmond. Ähnlich wie beim Mond, nur auf einer gröberen Ebene, ist diese Zeit die Zeit der Reife und der Ernte.

Die Haupteigenschaften der Herbstenergie sind »Reife«, »Konzentration« und »Vollendung«.

Winter

Der Winter, die Zeit, die im Sonnenlauf in etwa dem letzten Viertel des Mondlaufes entspricht, ist die Zeit des Rückzuges und der Verinnerlichung. Die größten Veränderungen finden nun im verborgenen statt: In der Natur ist das besonders deutlich. Die Bäume wirken fast wie tot, ohne Laub und Blüten. Das meiste Grün ist verschwunden, und die Reste werden unter der Schneedecke begraben.

Doch das Leben ist keineswegs verschwunden, sondern zieht sich nur auf das Wesentliche zurück, um für den Neubeginn bereit zu sein.

Der Energie des Winters entspricht »Ruhe«, »Stille«, »Schlaf«, »Traum« und »Innerlichkeit«.

Die 16 Mondzustände

Der Neumond, der auf die Wintersonnwende folgt, wird Brachmond genannt und ist Gegenpol zu den Mondtagen und dem Langtanz des Sommers. Während des Brachmonds findet keine Namensgebung statt, Schwerter und Schnittwerkzeuge werden nicht geschliffen, Eide werden nicht geleistet.

Ursula leGuin, Erdsee

Aus der Kombination der vier Mondphasen mit den vier Jahreszeiten ergeben sich sechzehn verschiedene »Mondzustände«, vom »Frühlingsneumond« bis zum »Wintervollmond«.

Diese Mondzustände, die zwei Rhythmen, nämlich die Mondphase und die Jahreszeit, berücksichtigen, wollen wir nun kurz in einer Tabelle vorstellen. Im Kapitel über die »Mondgeburt« werden wir diese Mondzustände für eine Persönlichkeitstypologie nutzen und dabei ausführlich auf die Bedeutung jedes dieser Zustände für die Entwicklung der Persönlichkeit zu sprechen kommen. In der folgenden Tabelle werden die Wirkungen nur allgemein beschrieben; oft haben wir Begriffe gewählt, die eine psychologische Bedeutung besitzen – aber sie gelten im übertragenen Sinne auch für Pflanzen, Garten und Hausarbeit. Die Tabelle ist vor allem dazu gedacht, Ihnen ein intuitives Bild von dem Zusammenspiel der verschiedenen Faktoren näherzubringen. Für konkrete Fälle finden Sie aber in den entsprechenden Kapiteln natürlich genaue Hinweise.

Mondzustand	Wirkung
Frühlingsneumond	stark nach außen drängend, schnell aufbauend, machtvoll expandierend
Erstes Frühlingsviertel	wachstumsfördernd, aufbauend, auch nach innen orientiert
Frühlingsvollmond	kraftvolles, aber langsameres Wachstum, guter Zeitpunkt für positive seelische Veränderungen
Letztes Frühlingsviertel	verlangsamtes Wachstum, Mobilisierung innerer Energien
Sommerneumond	aufbauende und starke Kraft, harmonisches Wachstum
Erstes Sommerviertel	Wachstums- und Krafthöhepunkt, Heilmittel wirken besonders stark
Sommervollmond	starker Harmonieimpuls, besonders für den Beginn einer Heilbehandlung geeignet
Letztes Sommerviertel	Wachstum und Rückzugstendenzen halten sich die Waage oder wechseln einander ab
Herbstneumond	Sammlung innerer Kräfte und Wirken dieser Kräfte nach außen, noch aufbaufähig
Erstes Herbstviertel	ruhiger Aufbau innerer Energie, Ausdruck der Reife
Herbstvollmond	Höhepunkt der gereiften Kräfte, gleichermaßen nach innen und außen wirksam
Letztes Herbstviertel	starke Ruheimpulse, eine der besten Zeiten für Meditationen und Fasten
Winterneumond	die Stille als Neubeginn, Energiezuwachs durch bewußte Stille
Erstes Winterviertel	Neubeginn, kraftvolle Erfahrungen mit Ruhe und Innerlichkeit
Wintervollmond	die durch Stille gewonnene Reife wird durch äußerliche Energien gefördert, stark auf das

	Ablegen negativer Energien konzentriert, Kraft der Ruhe
Letztes Winterviertel	die Phase des stärksten Impulses nach innen, das Alte wird zum Abschluß gebracht, um das Neue hervorzubringen

TEIL II

Der Planet der Gefühle

Die Astrologie schreibt den beweglichen Himmelskörpern bestimmte Wirkungen auf den Menschen, auf Ereignisse und Dispositionen zu. Dabei sind sich die verschiedenen Astrologien nicht immer ganz einig – auch bei anderen Völkern gibt es Astrologien, die sich aber zum Teil deutlich von der unseren unterscheiden.

In einem sind sie sich jedoch einig: Der Mond wird stets mit den Gefühlen in Verbindung gebracht. Menschen, Tiere und selbst Pflanzen zeigen in ihrem Verhalten, daß ihr »Gefühlsleben« (bzw. das, was bei Tieren oder Pflanzen unserem Gefühlsleben entspricht) durchaus periodischen Schwankungen unterliegt, die mit den Mondphasen und auch dem Stand des Mondes im Tierkreis zusammenhängen.

Die deutlichsten Beobachtungen sind bei den Impulsen zu machen, die vom Wechsel vom abnehmenden zum zunehmenden Mond (Neumond) und insbesondere vom Wechsel vom zunehmenden zum abnehmenden Mond (Vollmond) ausgehen.

Ist es wirklich nur Aberglauben, daß es bei Vollmond mehr Schlafwandler, Verrückte und Gewalttaten gibt?

Wenn man den Aussagen von Polizisten, Feuerwehrleuten, Rettungssanitätern und psychologischen Beratungsstellen glauben will, sind die Zusammenhänge sogar ziemlich deutlich. Gerade was Gewalttaten angeht, ist der Einfluß des Mondes nahezu unbestritten. Attentate, Amokläufe und Vergewaltigungen haben laut Polizeiberichten zu Vollmondzeiten einen absoluten Höhepunkt.

Psychische Krisen wurden früher ganz klar dem Mond zugeschrieben, und diese Vorstellungen haben sich auch in vielen Sprachen niedergeschlagen. Die Worte *lunatic* (engl.), *lunatico* (ital.) oder *avoir des lunes* (frz.) tragen alle den Namen der römischen Mondgöttin Luna in sich und bedeuten alle dasselbe – verrückt sein.

Einige Religionen warnen vor dem schlechten Einfluß des Vollmondes; im jüdischen Talmud und im christlichen Neuen Testament finden sich diesbezüglich eindeutige Stellen. Auch der griechische Arzt Hippokrates schrieb bestimmte seelische Erkrankungen dem Mond zu.

In psychiatrischen Kliniken ist das Phänomen der »Mondsüchtigen« durchaus bekannt. Menschen, die psychisch labil sind, tendieren dazu, an Vollmondtagen (oder besser in Vollmondnächten) einen Höhepunkt ihrer Krise zu erleben. Es geschieht in Vollmondnächten auch regelmäßig, daß jemand »durchdreht« und dabei sich oder andere gefährdet. In dieser Zeit gibt es mehr Zwangseinweisungen als zu anderen Zeiten.

Wenn man mit Fachleuten über dieses Thema spricht, so bekommt man ganz Unterschiedliches zu hören. Viele Schulmediziner lehnen einen Zusammenhang psychischer Krisen mit dem Mond gemäß ihrer naturwissenschaftlichen Ausbildung natürlich ganz ab – aber keineswegs alle.

Dr. Arnold Lieber, ein amerikanischer Psychiater, hat sich vorurteilsfrei mit diesem Thema in seinem Buch »The Lunar Effect« befaßt und dabei im großen und ganzen bestätigt, was Menschen, die sich mit dem Mond näher befassen, schon immer gewußt haben.

Wir sprachen auch mit einigen Psychiatern, Neurologen und klinischen Psychologen, die durchaus nicht ausschließen wollten, daß es die Vollmondnächte tatsächlich »in sich« hätten. Einige waren fest davon überzeugt und konnten sogar genauere Informationen geben: Besonders bei seelischen Störungen, bei denen die Wahrnehmung übermäßig sensibel wird, scheint der Mond eine Rolle zu spielen. Besonders schlimm sei es bei schweren Störungen des Gefühlslebens wie der Schizophrenie. Bei schwer depressiven Menschen scheint es wohl eher so zu sein, daß eine Reaktion in beide Richtungen möglich ist: Entweder bessert sich die Depression deutlich (wenn leider auch nur kurzfristig) oder sie erlebt einen Tiefpunkt.

Gerade letztere Beobachtung hat sich für uns als sehr fruchtbar erwiesen. Wir haben eine kleine Untersuchung zum Thema Mond und psychische Krisen durchgeführt. Es wurden ja schon einige statistische Erhebungen über den Einfluß des Mondes auf die Psyche erstellt – die Ergebnisse waren jedoch selten einheitlich. Während eine Untersuchung deutliche Zusammenhänge erkennen lassen konnte, zeigten sich bei anderen Untersuchungen überhaupt keine statistisch signifikanten Ergebnisse.

Unsere Erhebung beruht nicht auf Reihenuntersuchungen von Tausenden von Menschen und kann daher auch keine statistische Beweiskraft beanspruchen. Doch die Ergebnisse sind durchaus interessant: Der Einfluß des Mondes wird viel deutlicher, wenn man die Persönlichkeit mit einbezieht – tatsächlich reagieren manche Menschen viel weniger auf den Mond als andere. Soweit ist das noch nicht besonders neu oder aufregend. Doch wir fanden, daß die Bereitschaft, auf den Mond zu reagieren, sehr deutlich mit dem Stand des Mondes zum Zeitpunkt der Geburt zusammenhängt – wie übrigens auch der Arzt Dr. Jonas, der in den sechziger Jahren eine natürliche, auf den Mond bezogene Methode der Geburtenkontrolle entwickelte. Menschen, die etwa um Neumond herum geboren wurden, reagieren beispielsweise besonders stark auf den Vollmond. Bei Vollmondgeborenen zeigt sich ebenfalls ein interessantes Muster: Die meisten von ihnen reagieren sehr wenig auf die Einflüsse des Mondes – aber wenn sie reagieren, dann sehr wechselhaft und stark. Es scheint wohl so zu sein, daß sich die »innere Monduhr« mit dem tatsächlichen Lauf des Mondes überlagert. So ist das Auf und Ab der emotionalen Kräfte bei Vollmondgeborenen genau dem Phasenverlauf des Mondes entgegengesetzt – wenn man das Mittel aus diesen beiden Kurven nimmt, ergibt sich eine ausgeglichene, gerade Linie; doch manche finden eben nicht die Mitte, sondern schwanken zwischen den Extremen hin und her.

Die folgende Grafik verdeutlicht vielleicht, wie die Verhältnisse bei Vollmondgeborenen liegen:

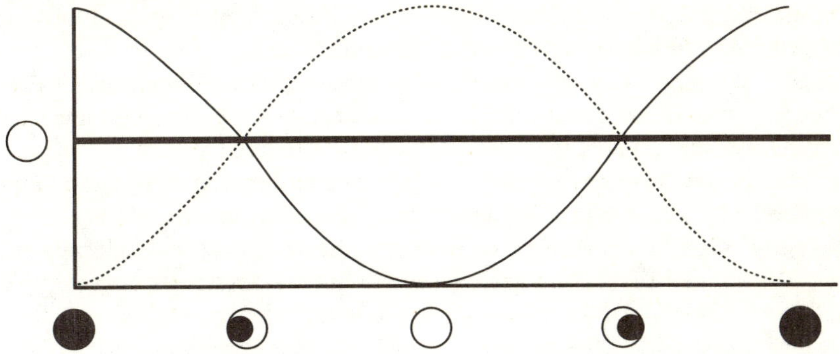

Die gestrichelte Linie zeigt die »innere Monduhr«, die immer im gleichen, in Urzeiten eingeprägten Rhythmus des Mondes schwingt; die andere Welle zeigt den tatsächlichen Lauf des Mondes bei jemandem, der in einer Vollmondnacht geboren wurde: Die beiden Wellen überlagern sich so, daß das typische Beeinflussungsmuster in diesem Fall eine Gerade ist – der Mond hat also in der Regel wenig Einfluß auf solche Menschen.

Über diese interessanten Zusammenhänge werden wir in aller Ausführlichkeit noch im nächsten Kapitel sprechen, in dem wir 16 grundlegende Persönlichkeitsmuster vorstellen wollen, die mit dem Stand des Mondes zum Zeitpunkt der Geburt zusammenhängen.

Die »gefühlsverstärkende Wirkung« des Vollmondes führt aber glücklicherweise nicht nur dazu, daß Geisteskranke »ausrasten«, sich Selbstmörder vor den Zug werfen oder von der Brücke stürzen, daß blutgierige Mörder auf der Suche nach Opfern sind oder Brandstifter ihr Unwesen treiben.

Die Menschen spielen auch auf andere Art und Weise bei Vollmond »verrückt« – nämlich was die Liebe (oder zumindest den Sex) angeht. Unseren Vorfahren war das völlig klar. Die Fruchtbarkeit spielte eine so wichtige Rolle, daß man schon genau hinsah und sich nicht mit haltlosem Aberglauben zufriedengab. Der Vollmond, insbesondere der erste Vollmond nach den Tagundnachtgleichen, die den Frühlings- bzw. Herbstbeginn markieren, wurde mit rauschenden, sinnlichen Festen begrüßt. In Rom beispielsweise wurden bei solchen Gelegenheiten, wie Ovid berichtet, regelrechte Orgien gefeiert.

Vollmondorgien waren aber nicht auf das alte Rom beschränkt; in der einen oder anderen Form sind alle Völker und alle Zeiten betroffen. Die

Mondphasen beeinflussen nämlich auch die Fruchtbarkeit der Frau (vielleicht auch der Männer?) – die Lust und die fruchtbaren Tage treffen oft zusammen: bei Vollmond. Und da, wie wir ja bereits wissen, Zeugung und Geburt fast immer auf dieselbe Mondphase fallen, finden auch die meisten Geburten in der Zeit um Vollmond herum statt.

Die Amerikaner W. und A. Menaker haben in jahrelanger Arbeit Geburtsstatistiken ausgewertet und kamen dabei zu dem Ergebnis, das sie erwartet hatten: Die meisten Geburten fallen auf drei Tage um den Vollmond. Bei der Suche nach berühmten Persönlichkeiten als Beispiele für die Persönlichkeitstypologie im folgenden Kapitel fanden wir ebenfalls weit mehr Personen, die in der Vollmondphase geboren wurden. Noch genauer: Die meisten Beispiele fanden wir beim aufsteigenden Frühlings- und absteigenden Wintervollmond.

Heute ist wohl der Einfluß auf die Geburt und die Liebe nicht mehr so deutlich sichtbar wie in früheren Zeiten. Die Pille, Frühgeburten, Kaiserschnitte, künstlich eingeleitete Geburten und anderes verschleiern heute die Wirkungen des Mondes, und es spricht schon für sich, daß man sie dennoch feststellen kann, wenn man nur gründlich genug hinsieht.

Das Leben ist Rhythmus, und auch die Gefühle werden von den großen Rhythmen beeinflußt. Und unsere Gefühle sind der sensibelste Teil unserer Persönlichkeit. Gerade was unsere seelische Entwicklung, unser Glück und unsere Beziehungen angeht, können wir nur davon profitieren, wenn wir *mit* dem Mond leben und durch den Mond in Einklang mit unseren eigenen, innersten Rhythmen kommen.

Die Mondgeburt

Die Annahme, daß wir durch bestimmte Faktoren vom Anfang unseres Lebens an geprägt werden, ist jahrtausendealt. Insbesondere die Astrologie bemühte sich schon seit jeher, aus den Konstellationen der Gestirne zum Zeitpunkt der Geburt Aussagen über die zukünftige Persönlichkeit zu gewinnen. Heute nehmen Wissenschaftler an, daß möglicherweise das »Sternzeichen« (also das Tierkreiszeichen, in dem die Sonne steht) tatsächlich eine gewisse Rolle spielt – und zwar indirekt: Die unmittelbar nach der Geburt gegebenen Umweltfaktoren wie Lichteinstrahlung, Temperatur usw. unterscheiden sich ja im Laufe der Jahreszeiten beträchtlich und könnten sich durchaus prägend auf das Neugeborene auswirken. Wir werden deshalb bei unserer Beschreibung der grundlegenden Persönlichkeitsmuster auch die Jahreszeit bei der Geburt heranziehen, ohne allerdings auf die astrologische Bedeutung des Sonnenstandes einzugehen.

Vor allem aber geht es uns ja um den Mond. Eine Frage, die der Astrologie immer wieder Probleme bereitet, ist, ob der Zeitpunkt der Empfängnis oder der Geburt wichtiger sei. Wenn wir auf den Mondrhythmus achten, wird die Frage weniger wichtig, da die Mondphase zur Zeit der Geburt und der Empfängnis die gleiche ist – die Schwangerschaft dauert ja genau 9 Mondmonate!

Wenn wir den Lauf des Lebens mit dem Lauf des Mondes und der Sonne vergleichen, so entspricht die Geburt dem Neumond, dem Frühling und dem aufsteigenden Mondknoten. In der folgenden Tabelle haben wir die korrespondierenden Faktoren und einige Eigenschaften dazu aufgeführt:

Mondlauf	Neumond 1. Quartal zunehmend	Erstes Viertel 2. Quartal zunehmend	Vollmond 3. Quartal abnehmend	Letztes Viertel 4. Quartal abnehmend
Sonnenlauf	Frühling	Sommer	Herbst	Winter
Lebenslauf	Geburt	Jugend	Reife	Alter
Mondknoten	aufsteigend	aufsteigend	absteigend	absteigend
Eigenschaften	ungerichtet aufnahmebereit expandierend	richtungsuchend formgebend äußerlich	aktiv schöpferisch harmonisch	sinnsuchend innerlich ruhend

Wir haben bereits angesprochen, daß sich die verschiedenen Impulse des Mondes, der Sonne und der Erde gegenseitig überlagern.

Aber diese Rhythmen überlagern sich nicht nur gegenseitig, sondern auch mit dem persönlichen Lebensrhythmus. Auch dieser Lebensrhythmus hängt mit dem Mond zusammen, allerdings nur indirekt – bereits als das Leben entstand, wurde ihm der Wechsel der Mondphasen eingeprägt.

Mit der Zeugung und der Geburt stellt sich unsere »innere Monduhr«. Der Beginn des Lebens ist, auch wenn er auf Vollmond fällt, stets der »Neumond des Lebens«. In uns schwingt ein etwa 29,5 Tage dauernder Rhythmus, und außerhalb schwingt ein ebenso langer Rhythmus – doch meist nicht in derselben Phase (außer bei Menschen, die zu Neumond geboren sind).

Wenn ein Mensch zum Zeitpunkt des Vollmondes geboren ist, fällt sein »Lebensneumond« auf den tatsächlichen Vollmond. Wird er im ersten Viertel geboren, fällt sein »Lebensneumond« auf das erste Viertel. Im letzten Viertel fällt der »Lebensneumond« auf das letzte Viertel.

Die folgende Abbildung zeigt die vier typischen Verläufe des Mondes nach dem Zeitpunkt der Geburt:

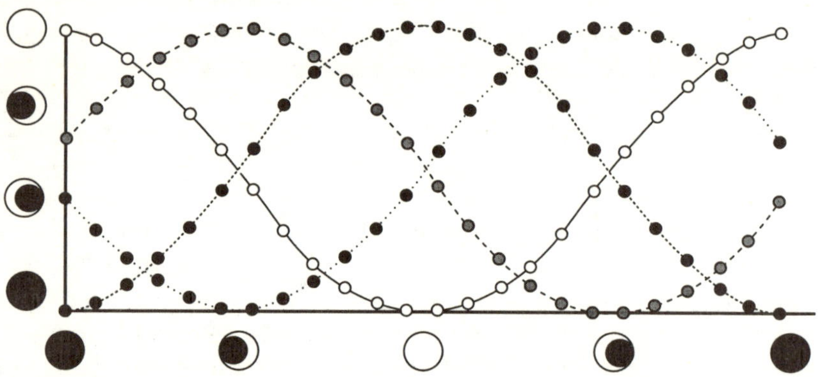

Das Mondsymbol, das an der nach oben weisenden Achse steht, zeigt den Stand des Mondes am Tag der Geburt bzw. Zeugung; auf der Rechtsachse ist der Mondphasenverlauf dargestellt. Die vier eingezeichneten Kurven beschreiben nun den durch die Geburt bestimmten Mondrhythmus der Lebensenergie.

Es überlagern sich also zwei Wellen gleicher Wellenlänge: der *tatsächliche* Mondrhythmus, so wie wir ihn beobachten können – die Energie steigt bis zum Vollmond an, um dann wieder abzusinken, und der *Mondgeburtsrhythmus*, der einer der in der obigen Abbildung dargestellten Kurven entspricht. Das Ergebnis dieser Überlagerung ergibt eine weitere, die *individuelle* Kurve. Bei unserer Untersuchung, die wir im vorigen Kapitel bereits angesprochen haben, stimmte die individuelle Kurve bei fast allen Befragten mit ihrem Befinden überein. Im vorausgegangenen Kapitel haben Sie auch schon eine solche individuelle Kurve gesehen, nämlich die des Vollmondtypus.

Durch die Mondphase können wir zwischen vier Persönlichkeits-Grundtypen unterscheiden. Diese werden unsere Hauptkriterien sein, nach denen wir uns im folgenden richten und unter denen Sie nachsehen müssen, wenn Sie mehr über Ihre »Mondgeburt« erfahren wollen. Des weiteren differenzieren wir innerhalb der vier Mondphasen nach den Jahreszeiten – auf diese Weise ergeben sich 16 Persönlichkeitsmuster, die wir nun der Reihe nach, beginnend mit den Persönlichkeiten des Neumondes, besprechen wollen.

Im Anschluß daran werden wir noch einen weiteren Aspekt hinzuziehen, der vor allem für die Gesundheit – aber wie wir noch sehen werden, auch für die geistig-seelischen Grundbedingungen – von Bedeutung ist: In welchem Tierkreiszeichen stand der Mond zum Zeitpunkt der Geburt?

Natürlich kann eine Typologie niemals dem ganzen Menschen gerecht werden. Die individuellen Unterschiede machen erst das Interessante des einzelnen Menschen aus. Doch eine Typologie birgt auch Vorteile: Sie gibt Anhaltspunkte, Ratschläge, Einsichten und Hilfen, die zwar nicht hundertprozentig auf den einzelnen Menschen zugeschnitten sind, die jedoch für viele Menschen passen. Die »Mondpersönlichkeit« ist kein Korsett, in das der Mensch gezwängt wird – sie ist lediglich eine Beschreibung, wie er seine Möglichkeiten im Einklang mit dem Lebensrhythmus des Mondes am günstigsten nutzen kann.

Die 16 Mondpersönlichkeiten

Bevor Sie sich daranmachen, Ihre eigene Mondpersönlichkeit zu erkunden, müssen Sie natürlich zuerst einmal wissen, in welcher Jahreszeit Sie geboren sind (das dürfte wohl kein großes Problem darstellen) und welche Mondphase zum Zeitpunkt Ihrer Geburt herrschte. Dazu sehen Sie einfach in den Tabellen ab S. 222 (Mondphasen 1930–1995) nach.

Haben Sie Ihre Mondphase ermittelt, können Sie im folgenden die wichtigsten Charakteristika und Ihre individuelle Mondphasenkurve finden. Darunter werden dann die Untergliederungen in Jahreszeiten und Mondknoten vorgenommen, wo Sie noch weitere, noch genauer auf Ihre Persönlichkeit zugeschnittene Hinweise und Erklärungen erhalten.

Die Punkte, auf die wir besonders eingehen wollen, sind:

- *Der Lebensrhythmus:* Wie wirkt sich die Mondpersönlichkeit auf den Verlauf des Lebens als Ganzes aus? Welche besonderen Krisenzeiten gibt es?
- *Anlagen und Möglichkeiten:* Auf welche Anlagen, die vielleicht noch entwickelt werden müssen, weist dieser Mondtypus hin?
- *Beziehungen:* Welche Mondpersönlichkeiten harmonieren miteinander und welche eher nicht?
- *Beruf:* Welche Art von Beruf paßt am besten zu der beschriebenen Persönlichkeit?

– *Berühmte Persönlichkeiten:* Welche bekannten Persönlichkeiten entsprechen dem jeweils beschriebenen Mondtypus?

Wenn Sie ein bestimmter (wahrscheinlich vor allem Ihr eigener) Mondtyp interessiert, können Sie einfach auf den folgenden Seiten nachschlagen: Die Typen sind nach Mondphasen (Neumond, erstes Viertel, Vollmond, letztes Viertel) geordnet und innerhalb eines jeden Typus nach den Jahreszeiten.

Ziemlich spannend und interessant kann es aber auch sein, zunächst alle Beschreibungen zu lesen und zu überlegen, welche wohl auf einen selbst am besten zuzutreffen scheinen – und erst dann in den Tabellen nachzusehen, ob die Intuition den richtigen Weg gewiesen hat.

Der Neumondtypus

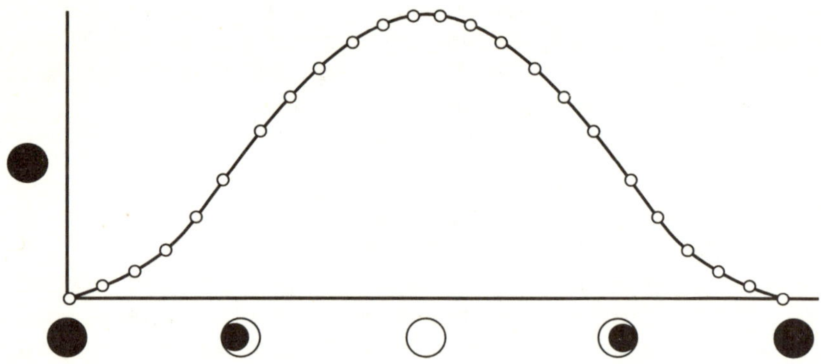

Um die Zeit des Neumondes herum geborene Menschen sind in der Regel den Zyklen des Mondes besonders gut angepaßt. Ihre innere Monduhr und der tatsächliche Lauf des Mondes entsprechen einander.

Das führt dazu, daß die Rhythmen sich gegenseitig verstärken – das natürliche Auf und Ab im Gefühlsleben, das ja jeder Mensch in gewissem Ausmaß kennt, ist beim Neumondtypus im Einklang mit dem Phasenwechsel des Mondes. Die Höhen werden als höher empfunden, die Tiefen als tiefer. Das legt den Gedanken nahe, daß Neumondgeborene die Wechsel des Mondes stärker erleben als andere Menschen. Doch die Rhythmen – also der persönliche Rhythmus und der tatsächliche Mondrhythmus – laufen ja stets parallel und somit harmonisch; die Gefühlsschwankungen sind zwar vorhanden, jedoch ohne größere Spannungen. Die starken Gefühlsimpulse bei Vollmond erlebt der Neumondgeborene besonders deutlich, allerdings nur selten bewußt.

Es läßt sich jedoch nicht abstreiten, daß die Mondeinflüsse beim Neumondtypus gewisse Extreme erreichen, die besonders in Krisensituationen bedeutungsvoll werden können.

Unter Schlafwandlern finden sich besonders viele Neumondgeborene, was nach dem, was wir nun wissen, kein Wunder ist: Die persönliche Kurve und die Mondphasenkurve erreichen ja gleichzeitig bei Vollmond ihren Höhepunkt, schaukeln sich gegenseitig auf und geben einen so starken Aktivitätsimpuls, daß besonders sensible Neumondpersönlichkeiten durch den Mond selbst in ihrem Schlaf zu Aktivitäten getrieben werden. Typisch ist, daß gerade Schlafwandler, die zum Neumondtypus gehören, kaum Probleme mit ihrem Schlafwandeln haben; oft genug merken sie nicht einmal etwas davon, sondern werden nur durch Familienmitglieder oder Partner darauf aufmerksam gemacht. Sie sind eben in Harmonie mit dem Mond, und das Schlafwandeln ist kein Ausdruck einer »Störung«, sondern lediglich Ausdruck ihrer Sensibilität.

Der Lebensrhythmus des Neumondgeborenen ist durch einen langsamen Beginn, einen steilen Energieanstieg, intensiven Höhepunkt, dann jedoch durch eine ebenso steile Energieabgabe gekennzeichnet. Das heißt für Neumondgeborene, daß sie gut beraten sind, sich ein wenig von ihren Energien für später zu bewahren.

Menschen, die in der Neumondphase das Licht der Welt erblickten, tendieren dazu, ständig auf der Suche nach neuen Reizen und Genüssen, nach neuen Herausforderungen und neuen Ideen zu sein. Dabei gehen sie zunächst meist mit voller Energie an das Neue heran und packen es voller Begeisterung an. Die Intensität, mit der sie zunächst ein Ziel verfolgen, reißt andere Menschen oft mit, und so kann ein Neumondgeborener nicht selten schon durch seine Begeisterungsfähigkeit einiges bewegen.

Das Problem dabei ist nur, daß, sobald der Höhepunkt des »Neuigkeitsgefühls« vorbei ist, Neumondgeborene meist ebenso schnell ihr Interesse an der Sache verlieren und sich zu langweilen beginnen. Dabei sind dann die Menschen, die sich vom Schwung des Neumondtypus begeistern ließen, oft enttäuscht und haben das Gefühl, im Stich gelassen zu werden.

Der Frühlingsneumond

Der Frühlingsneumond-Mensch, also derjenige, der im Frühling in einer Neumondphase geboren wurde, trägt die Eigenschaften des Neumondtypus verstärkt in sich. Der Frühling (also die erste »Sonnenphase«) entspricht ja sowohl dem Neumond als auch der Geburt. Alle Eigenschaften des Neumondgeborenen finden sich daher bei Menschen, die im Frühlingsneumond geboren sind, in verstärktem Maße wieder: sowohl die Begeisterungsfähigkeit, die anfängliche, übersprudelnde Energie, als auch – leider – das schließlich ebenso schnelle Nachlassen des Interesses.

Der Lebensrhythmus

Der Lebensrhythmus des Frühlingsneumond-Menschen ist in besonderem Maße durch einen steilen Aufstieg und einen ebenso steilen Abstieg gekennzeichnet. Dieser »Abstieg« muß sich jedoch nicht manifestieren! Es kommt darauf an, was der Betreffende damit macht: Ist die Zeit des Aufstiegs eine Zeit des Planens und Aufbauens und die Zeit des Abstiegs eine Zeit des Abstiegs in die Tiefen des Selbst, also eine Zeit der Selbsterkenntnis, so hat der Betreffende seinen Rhythmus optimal genutzt und ist gerade dadurch unterstützt worden. Durch das bewußte Erleben des eigenen Mondrhythmus wird dieser Verlauf gefördert.

Da die meisten Menschen leider relativ unbewußt durchs Leben gehen, zeigt sich oft jedoch ein anderer Verlauf: Gerade der Frühlingsneumond-Mensch neigt dazu, in seinen jungen Jahren voller Elan und Kraft zu sein – nicht selten wird ihm gesagt, daß er es einmal zu etwas bringen werde. Doch dann, auf dem Höhepunkt seiner Lebenskraft, verliert er den Drang nach Neuem und bleibt in seiner Entwicklung stehen. »Von nun an ging's bergab ...«, könnte man sagen. Von der erneuernden Energie, die dem Neumondgeborenen gerade im Frühling zu eigen ist, scheint nicht mehr viel übrig.

Um dem Leben eine positive Richtung zu geben, sollte sich der Frühlingsneumondgeborene auf seine Fähigkeit besinnen, Neues mit enormer Kraft anzufangen. Im Verein mit dem Wissen, daß diese Energie relativ schnell nachläßt, kann er auch vorausplanen und seine Kraft in die weniger energiegeladene Phase hinüberretten.

Wenn wir nach besonderen Krisenzeiten im Leben der Frühlingsneumondgeborenen suchen, so werden wir kaum fündig. Die Krisen sind gleichmäßig über das Leben verteilt. Eines ist allerdings doch zu sagen: Der Lebensbeginn und das Abschiednehmen sind für Neumondgeborene besonders schwierige Zeiten – über das hinaus, was diese Zeiten natürlich bei jedem Menschen bedeuten.

Anlagen und Möglichkeiten

Von einer positiven Eigenschaft der Frühlingsneumondgeborenen haben wir ja schon gesprochen: von der Energie, die sie zu Beginn einer Unternehmung entwickeln können. Zu dieser Eigenschaft kommt die Anlage zu einer besonders tiefen Harmonie mit den Rhythmen der Natur. Diese Menschen sind oft voller Ideen, sie können Dinge bis auf ihren tiefsten Grund analysieren und wirken durch ihre eigene anfängliche Begeisterung sehr mitreißend.

Der einzelne Mensch wird von diesen Einflüssen allerdings nicht *bestimmt,* sondern »in Schwingung« versetzt; d. h., es gelingt diesen Menschen besonders leicht, die genannten Eigenschaften zu verwirklichen. Dazu bedarf es jedoch auch des eigenen Zutuns.

Die ursprünglich positiven Anlagen des Frühlingsneumondgeborenen können sich mitunter auch in ihr Gegenteil verkehren: Im schlimmsten Fall sind die zahlreichen Einfälle des Frühlingsneumond-Typus nur leere Phantastereien, die Worte, mit denen er andere Menschen mitreißt, nichts als leere Worthülsen, die Tiefe der Gedanken ist nur vorgetäuscht, und die Phantasien der Betreffenden drehen sich nur noch um die eigene Person. Die wenigsten Menschen werden das eine oder andere Extrem verwirklichen, sondern irgendwo zwischen den Polen liegen.

Menschen, die im Frühlingsneumond geboren wurden, werden oft zu Meinungsführern, die viele begeisterte Anhänger finden. Auf diese Art und Weise können sie natürlich viel Positives bewirken, doch leider bedeutet der Zulauf an Anhängern und Bewunderern ja nicht, daß Frühlingsneumond-Menschen mit ihren Vorstellungen immer richtig liegen!

Wenn wir nun noch bedenken, daß die Begeisterung der Frühlingsneumondgeborenen verhältnismäßig schnell ihren Höhepunkt erreicht und dann wieder nachläßt, so kann es nicht ausbleiben, daß die begeisterten Anhänger letztlich doch enttäuscht werden.

Menschen, die unter dem Einfluß des Frühlingsneumondes geboren wurden, erreichen ihre persönlichen Entwicklungsziele dann am besten, wenn sie mit ihrer Energie haushalten und sie frühzeitig auf innere Ziele richten. Der Weg zu jedem Ziel sollte in einigermaßen kurzfristig erreichbare Etappen aufgeteilt werden, damit die Verwirklichung nicht der Phase des Energieschwundes zum Opfer fällt.

Beziehungen

Für die Beziehungen gilt dasselbe, was wir gerade schon gesagt haben: Anfangs ist die Verliebtheit – die eigene wie auch die beim Partner geweckte – meist groß und entsprechend mitreißend, doch nachdem bald ein Höhepunkt erreicht ist, geht die ursprüngliche Begeisterung schnell verloren. Der Alltag holt die Beziehung ein, und nur zu leicht werden die neuen Impulse in einer neuen Beziehung gesucht.

In jüngeren Jahren mag das noch befriedigen, doch zu der mit dem Alter bei Frühlingsneumondgeborenen besonders deutlich sinkenden Energie kommt dann noch die allmählich alles durchdringende Langeweile – keine Veränderung kann dann mehr, wie früher, den Reiz des Neuen geben.

Für langfristige Beziehungen bedarf der Frühlingsneumondgeborene eines ruhenden, aber dennoch aktiven Pols, der der absteigenden Energiekurve entgegenwirkt.

Die folgende Tabelle zeigt zusammenfassend, welche Mondpersönlichkeiten wie miteinander harmonieren.

	F ●	F ◐	F ○	F ◑	S ●	S ◐	S ○	S ◑	H ●	H ◐	H ○	H ◑	W ●	W ◐	W ○	W ◑
F●	--	-	-	+	+	-	+	+	0	+	+	++	+	+	++	+

Beim Frühlingsneumondgeborenen zeigt sich ein deutliches Muster: Menschen, die im Herbst oder Winter sowie in der Phase des Vollmonds oder des letzten Viertels geboren wurden, harmonieren besser mit ihm als andere.

Die denkbar schwierigste Verbindung für Frühlingsneumondgeborene ist die zu einem Menschen des gleichen Typs. Die ohnehin durch den doppelten Einfluß von Neumond und Frühling verstärkten Eigenschaften schaukeln sich dann gegenseitig noch weiter hoch – und das geht selten gut. Das andere Extrem finden Frühlingsneumondgeborene in Partnern, die ruhigere und reifere Grundanlagen besitzen: Vor allem Menschen, die im Herbst und im letzten Viertel des Mondes, oder im Winter in einer Vollmondphase (was übrigens auf überdurchschnittlich viele Menschen zutrifft) geboren wurden, bringen nicht selten die besten Eigenschaften des Frühlingsneumond-Menschen zum Vorschein.

Beruf

Im Berufsleben ist es für Menschen, die unter dem Frühlingsneumond geboren wurden, ganz besonders wichtig, eine Arbeit zu finden, die ihren Ideenreichtum, ihre Fähigkeit zu analysieren und andere Menschen zu begeistern, nicht verkümmern läßt. Berufe, bei denen es vor allem um zurückgezogenes, ruhiges und konstantes Arbeiten geht, bei denen keine Innovation möglich ist und keine Chance besteht, sich in besonderem Maße auszuzeichnen, sind für Frühlingsneumond-Menschen meist eine Qual. Mitunter bemerken sie das jedoch gar nicht, vielleicht weil ihre Anlagen bereits in der Kindheit unterdrückt wurden – doch im Unterbewußtsein wirken die Kräfte weiter und brechen sich dann schließlich in psychosomatischen Krankheiten Bahn. Manche Frühlingsneumondgeborene helfen sich durch soziales, politisches oder künstlerisches Engagement über fehlende berufliche Anforderungen hinweg – aber auch dabei ist wichtig, daß sie neue Ideen verwirklichen können, und nicht zuletzt auch, daß sie ein wenig von ihren Mitmenschen bewundert werden.

Berühmte Persönlichkeiten

Wenn Frühlingsneumond-Menschen ihre überschießende Energie richtig einsetzen, erreichen sie oft Großes oder werden zumindest von vielen anderen bewundert.

Im künstlerischen Bereich sind zwei Menschen ganz besonders hervorzuheben, da sie die positiven Eigenschaften der Frühlingsneumondgeborenen in ihrem Werk vorbildlich verwirklichten: Sowohl bei William Shakespeare, wohl einem der größten Dichter aller Zeiten, als auch bei Igor Strawinsky, dem genialen Komponisten, waren gleichermaßen der Tiefblick als auch der Ideenreichtum voll entwickelt. Auch Robert Schumann und die großartige Schauspielerin Katharine Hepburn waren Frühlingsneumondgeborene, die sich als Künstler hervortaten.

Es ist wohl auch kein Zufall, daß zwei Männer, die unser Jahrhundert entscheidend mitgeprägt haben, unter dem Einfluß des Frühlingsneumondes geboren wurden: der »Erfinder« des Kommunismus, Karl Marx, und der Erfinder der Psychoanalyse, Sigmund Freud. An beiden kann man auch erkennen, daß der Elan des Frühlingsneumondes zwar viele Menschen begeistern kann, aber daß die Lehren, denen die Menschen dann folgen, nicht immer der Weisheit letzter Schluß sein müssen.

Ähnliches kann man von zwei weiteren bekannten Deutschen sagen, die auf den ersten Blick nicht unbedingt so viel gemeinsam haben: Thomas Gottschalk, der Talkmaster, und Helmut Kohl, der Langzeitrekord-Bundeskanzler. Auch diesen beiden ist es gelungen, große Menschenmengen als Anhänger bzw. Fans zu gewinnen – doch ob sie das verwirklichen, wovon sie ihre »Jünger« begeistern, ist eher fraglich.

Der Sommerneumond

Beim Sommerneumond-Menschen sind die Eigenschaften des Neumondtypus durch den Einfluß des Sommers wesentlich ruhiger ausgeprägt. Der Sommer als die zweite »Sonnenphase« entspricht dem ersten Viertel und der Jugend; starke Wachstumsimpulse und Energien sind also durchaus vorhanden, doch sind sie nicht ganz so stark nach außen gewandt.

Die Eigenschaften des Neumondgeborenen sind bei Menschen, die im Sommerneumond geboren sind, immer noch deutlich spürbar – in gewisser Weise sogar positiver als beim Frühlingstyp, der durch das Übermaß antreibender Impulse oft nicht zu sich selbst findet. Der Sommerneumondgeborene besitzt die Begeisterungsfähigkeit des Neumondmenschen, doch diese Begeisterung vermag nicht so leicht große Menschenmassen mitzureißen, da sie auch nach innen gerichtet und nicht ganz so spontan und »urwüchsig« ist wie die des Frühlingstypus. Dafür macht sich auch die negative Seite, das schnelle Nachlassen des Interesses an einer Sache, beim Sommerneumondgeborenen kaum bemerkbar.

Der Lebensrhythmus

Der Lebensrhythmus des Sommerneumond-Menschen ist durch einen schnellen Anstieg der Energie, ein langsames Nachlassen und schließlich wieder durch einen leichten Anstieg gekennzeichnet. Dieser große, übergreifende Rhythmus entsteht durch das Zusammenwirken des intensiven Neumondimpulses mit dem sanfteren Einfluß des Sommers.

Kaum ein anderer Lebensrhythmus ist so harmonisch wie der des Sommerneumond-Menschen. Er erreicht schon relativ früh im Leben eine seelische Reife, die ihn dazu befähigt, der natürlicherweise sinkenden Energie rechtzeitig entgegenzuwirken. Dabei kommt noch hinzu, daß das nur langsam sinkende Energieniveau im Alter schließlich noch einmal einen Aufschwung erlebt. Dadurch fällt es denjenigen, die unter dem Sommerneumond geboren wurden, verhältnismäßig leicht, ihr Leben mit einem letzten Sinn zu erfüllen und ihr Lebensziel zu erreichen.

Aber selbstverständlich bedeutet der harmonische Lebensrhythmus nicht, daß alles wie von selbst läuft – das hängt davon ab, wie sehr der Betreffende diesen Rhythmus in seinem Leben verwirklicht, wie sehr er im Einklang mit seinem innersten Wesen steht.

Krisen fallen bei Sommerneumondgeborenen in der Regel nicht besonders heftig aus und konzentrieren sich auch nicht sehr prägnant auf bestimmte Lebensphasen. Bestimmte Häufungen finden sich wohl am ehesten im Erwachsenenalter, zwischen 30 und 35 Jahren, sowie zu Beginn des Rentenalters.

Anlagen und Möglichkeiten

Sommerneumondmenschen haben es von ihren Anlagen her meist relativ leicht im Leben. Ihr Lebensrhythmus ist überdurchschnittlich harmonisch, und sie haben kaum mit inneren oder äußeren (mondbedingten) Gefühlsschwankungen zu rechnen.

Was an diesen Menschen in der Regel besonders sympathisch ist, ist ihre Aufrichtigkeit und ihre Geradlinigkeit. Es ist nicht ihre Sache, große Umwege zu machen, wenn sie ihre Positionen durchsetzen wollen. Sie täuschen weder sich selbst noch andere gern – es gelingt ihnen auch nicht besonders gut zu lügen. Mitunter kann aber selbst diese doch sehr positive Anlage in bestimmten Situationen einen etwas unangenehmen Beigeschmack bekommen, dann nämlich, wenn die Aufrichtigkeit anderen gegenüber zur Taktlosigkeit wird. Ähnlich verhält es sich mit ihrer Aufrichtigkeit sich selbst gegenüber: Aus dem Drang zur Selbsterkenntnis wird dann eine oft übertriebene Selbstanklage.

Die Offenheit der Sommerneumondgeborenen hat auch noch eine weitere negative Seite, wenn sie nicht mit Bewußtheit einhergeht. Offen anderen gegenüber zu sein ist eine Sache – alles auszuplaudern und Vertrauliches weiterzugeben, ist eine ganz andere. Leider tendieren Sommerneumondgeborene, wenn sie ihre positiven Anlagen nicht bewußt nutzen, dazu, »Tratschtanten« zu sein, was ihnen dann auch nicht selten Probleme mit anderen einträgt.

Sommerneumondgeborene haben ein ausgeprägtes Gerechtigkeitsgefühl, dem sie, offen wie es ihre Art ist, meist auch in engagierten Diskussionen Ausdruck verleihen, wobei sie sich sogar in einen »heiligen Zorn« hineinsteigern können. In solchen Diskussionen verlieren sie manchmal ein wenig die Kontrolle, so daß die Taktlosigkeit und übertriebene Offenheit, zu der sie neigen, zum Vorschein kommt und die Diskussionsgegner vor den Kopf stößt. Doch sie werden dabei nur selten wirklich fanatisch, denn dem harmonischen Mondeinfluß ihrer Geburt zufolge sind es eher heitere und humorvolle Menschen, die durchaus auch über sich selbst lachen, ihre Meinung revidieren und auch ihre eigene Taktlosigkeit kritisch betrachten können.

Eine letzte Eigenschaft ist noch zu erwähnen: Sommerneumondgeborene neigen dazu, ein wenig chaotisch in ihrem Tun zu sein. Im positiven Fall ist das ein kreatives Chaos, das neue Einfälle und Möglichkeiten zum Vorschein bringt – im negativen Fall sind diese Menschen einfach unordentlich.

Beziehungen

Der Lebensrhythmus Sommerneumondgeborener ist so harmonisch, daß sie mit den meisten Menschen gut zurechtkommen. Die Neumondeigenschaft, stets den Drang nach Neuem zu verspüren, wirkt sich bei diesem Typus eher dahingehend aus, daß das Neue *innerhalb* und nicht *außerhalb* einer Beziehung gesucht wird. Diese Eigenschaft wirkt sich nicht nur stabilisierend auf eine Partnerschaft aus, sondern fördert auch die persönliche Entwicklung der Partner. Durch die Suche nach Neuem *in* einer Partnerschaft werden starke Wachstumsimpulse gegeben, die beiden Partnern nutzen werden.

Wenn eine Beziehung mit einem Sommerneumondgeborenen nicht harmonisch verläuft, so hängt das natürlich meist mit den negativen Ausprägungen der Mond-Eigenschaften dieser Menschen zusammen: Mit der Veranlagung, Vertrauliches auszuplaudern, mit ihrer mitunter extremen Taktlosigkeit und nicht zuletzt – so unwichtig das auch auf den ersten Blick scheinen mag – mit ihrer Unordentlichkeit. Doch selbst im Grunde genommen positive Eigenschaften können manchmal eine Beziehung belasten: Bei Sommerneumondgeborenen ist dies in einigen Fällen ihre Offenheit.

	F	F	F	F	S	S	S	S	H	H	H	H	W	W	W	W
	●	◐	○	◑	●	◐	○	◑	●	◐	○	◑	●	◐	○	◑
S●	+	–	0	+	0	+	+	0	+	++	+	0	+	++	+	+

Mit seinesgleichen hat der Sommerneumondgeborene das gerade angesprochene Problem besonders häufig: Dem Aufeinanderprallen von so viel Offenheit von beiden Seiten ist nicht jede Partnerschaft gewachsen.

Am meisten Schwierigkeiten treten jedoch in einer Partnerschaft mit Menschen auf, die im Frühling in der Mondphase des ersten Viertels geboren wurden. Diese Menschen neigen dazu, ein wenig nachtragend zu sein; sie verzeihen den »Tritt ins Fettnäpfchen« nicht so schnell, den der Sommerneumondgeborene leicht begeht, ohne sich viel dabei zu denken.

Die Mondtypen, die sich mit Sommerneumondmenschen am besten

vertragen, sind der Typ des ersten Herbst- und des ersten Winterviertels – allerdings aus ganz unterschiedlichen Gründen: Im ersteren Fall sind die Persönlichkeiten in vieler Hinsicht ähnlich, ohne sich jedoch allzusehr zu gleichen, während sich im zweiten Fall – dem ersten Winterviertel – das Streben nach Harmonie, verbunden mit großer Offenheit, wunderbar ergänzt.

Beruf

Auf den ersten Blick scheinen bestimmte Berufe für den Sommerneumondgeborenen besonders geeignet zu sein: Seine Aufrichtigkeit, das Gerechtigkeitsgefühl, aber auch das nötige Maß an Selbsterkenntnis und Humor macht den unter dem Einfluß des Sommerneumonds Geborenen zu einem guten Staatsanwalt, Richter oder Verteidiger. Er behält im Auge, daß hinter dem Recht nicht nur das Gesetz, sondern auch die Gerechtigkeit steht.

Problematisch werden Berufe, in denen es um Verschwiegenheit geht, für diese Menschen dann, wenn sie ihren Drang, jedem gegenüber allzu offen zu sein, nicht in den Griff bekommen können.

Ihre Offenheit und ihre heitere, humorvolle Art machen sie oft auch zu guten Therapeuten, Psychologen und Ratgebern. Allerdings kommen sie nicht mit jedem gut zurecht – nicht jeder verträgt die Offenheit der Sommerneumondmenschen. Auch ist in diesen Berufen die Verschwiegenheit mindestens ebenso wichtig wie bei den obengenannten Rechtsberufen.

Mit dem Geld hat der Sommerneumondtypus so seine Probleme. Er ist zwar durchaus korrekt und ehrlich, doch einfach zu chaotisch. Ihm fehlt meist die rechte Beziehung zum Geld, und er vergeudet seine Energien, wenn er sich allzusehr mit Geld befaßt – das können andere besser.

Wenn Sommerneumondgeborene Künstler werden, sind sie es meist mit ganzem Herzen. Auch hier täuschen sie sich nicht selbst: Sie werden Künstler, weil sie Künstler sein wollen, und nicht, um eine Rolle zu spielen.

Berühmte Persönlichkeiten

Auf den Sommerneumond fallen von allen Neumonden (ja, sogar von allen Mondphasen) die wenigsten Geburten. Das bedeutet interessanterweise, daß im Herbstneumond die wenigsten Kinder gezeugt werden. Und es bedeutet leider auch, daß wir hier nur zwei prominente Sommerneumondpersönlichkeiten präsentieren können.

Beide sind Schauspieler – Dustin Hoffman, bekannt unter anderem durch seine einfühlsame Darstellung eines Autisten in »Rain Man«, und Sean Connery, der nicht nur als der Filmagent James Bond, sondern auch als gelehrter Mönch in »Der Name der Rose« von sich reden machte.

Ihre besondere Stärke liegt darin, daß sie sich die Schwächen ihres Mondeinflusses bewußt gemacht und in ihr Gegenteil transformiert haben. Die Offenheit des Sommerneumondtypus legt ja nicht unbedingt eine Schauspielerkarriere nahe. Doch ein Schauspieler, der mit ganzem Herzen Schauspieler ist, sich dem Charakter öffnet, ihn in sich aufnimmt und dann mit aller Offenheit wiedergibt, wird ein hervorragender Schauspieler sein.

Herbstneumond

Auf den Herbstneumondmenschen trifft nicht selten das Sprichwort »Stille Wasser sind tief« in ganz besonderem Maße zu. Der Herbst ist eine Reifephase; alles ist voller Leben und Kraft, doch es findet allmählich eine Wende nach innen statt. Der Herbst als die dritte »Sonnenphase« entspricht dem Vollmond – also dem Prinzip, das dem Neumond entgegengesetzt ist.

Der Neumondtypus macht sich natürlich auch im Herbst bemerkbar; doch die Suche nach Neuem, die überschießende Energie, werden nun äußerlich kaum noch sichtbar. Durch den Einfluß des Herbstes ist das Persönlichkeitsbild viel ausgeglichener (zumindest auf den ersten Blick), als es die Neumondgeburt nahelegt. Die negativen Aspekte des Neumondgeborenen, nämlich seine Tendenz, nach anfangs übersprudelnder und sogar übertriebener Begeisterung schnell das Interesse zu verlieren, machen sich beim Herbstneumondgeborenen kaum bemerkbar.

Der Lebensrhythmus

Der Lebensrhythmus des Herbstneumond-Menschen ist einerseits ausgeglichen, andererseits auch wieder nicht: Die Energien des Neumondes und des Herbstes sind einander entgegengesetzt. Die Neumondenergie ist durch einen schnellen Anstieg der Energie und ein schnelles Absinken gekennzeichnet. Bei der Herbstenergie verhält es sich umgekehrt: Das Energieniveau beginnt hoch und fällt schnell ab, um dann wieder stetig anzusteigen. Das bedeutet jedoch nicht, daß sich diese gegensätzlichen Kräfte aufheben, sondern daß sie sich entweder – in der Regel – ausgleichen oder aber – im negativsten Fall – unvorhersehbar hin- und herpendeln.

Der Herbstneumondmensch ist von dem Ausgang dieses Spieles der Energien bestimmt; wenn es ihm gelingt, beide Kräfte miteinander bewußt zu verbinden, werden sich die Energien gegenseitig »kontrollieren«, und die besten Anlagen des Herbstneumondgeborenen werden zum Vorschein kommen. Stehen beide Kräfte im Unterbewußtsein jedoch unvermittelt nebeneinander, wird der Betroffene mal in diese, mal in jene Richtung gezogen, je nachdem, ob die stürmischen, aber schnell abflauenden

Neumondkräfte oder die reiferen, sich steigernden Herbstenergien gerade die Oberhand gewinnen.

Die Krisen beim Herbstneumondgeborenen konzentrieren sich auf das Ende der Pubertät und auf das hohe Alter. Allerdings sind Krisen bei diesen Menschen meist nicht besonders intensiv ausgeprägt und bringen nur selten eine völlige Veränderung des Lebens mit sich.

Anlagen und Möglichkeiten

Die Suche nach Neuem, verbunden mit dem Reifeimpuls des Herbstes, macht verständlich, weshalb so viele Herbstneumondgeborene sich – bewußt oder unbewußt – auf die Suche nach Vollkommenheit machen. Mit der Vollkommenheit ist es aber nun so eine Sache: Ist Vollkommenheit überhaupt erreichbar? Oder zeigt sie einen Weg?

Die Antwort, die der Herbstneumondtypus auf diese Frage findet, bestimmt einen grundlegenden Zug seines Charakters. Sieht er die Vollkommenheit als ein Ziel an, das er möglichst schnell ohne Umwege und mit aller Anstrengung erreichen muß, wird er leicht zu übertriebenem Perfektionismus, Pedanterie, manchmal – vor allem im Alter, nachdem ein bestimmter Weg schon zu lange verfolgt wurde, um ihn ohne weiteres aufzugeben – sogar zu Starrsinn neigen. In diesem Fall besteht für Herbstneumondmenschen auch die Gefahr, daß sie ihre eigenen Grenzen mißachten, daß sie, ohne nach links und rechts zu sehen, nur noch ihr hehres Ziel verfolgen und dabei sich selbst und anderen letztendlich Schaden zufügen.

Die Herbstneumondgeborenen, die Vollkommenheit eher als eine Vision, einen Weg sehen, leben weitaus eher im Einklang mit ihren persönlichen Rhythmen. Sie wissen intuitiv, daß der gerade Weg nicht immer der beste, und der rechte Weg immer ein Bewahren der Harmonie ist – kein statisches, sondern ein dynamisches Gleichgewicht. Wie die Persönlichkeit des Herbstneumond-Geborenen ein ständiges Ausgleichen zwischen zwei gegenläufigen Energien ist, so ist auch das Streben nach Vollkommenheit ein Ausgleichen, ein Vermitteln, ein Mittelweg-Finden.

Wenn Menschen, die unter dem Einfluß des Herbstneumondes geboren wurden, diese Prinzipien in ihrem Leben voll und ganz verwirklichen, sind sie auf der besten Suche von allen: auf der Suche nach Weisheit.

Aber wir leben ja nicht in einer Welt der Philosophen, und nicht jeder Herbstneumondgeborene muß bei seiner Suche nach Vollkommenheit gleich die vollkommene Weisheit anstreben. Auch »kleine« Vollkommenheiten wie die Vollkommenheit in einer beruflichen Tätigkeit, die Vollkommenheit als Mutter oder Vater, die Vollkommenheit als Mitmensch sind hohe Ziele, die es wert sind, verwirklicht zu werden.

Herbstneumondmenschen geht es weniger um das Äußere, weniger um das, was in der Welt geschieht, sondern darum, *wie* etwas geschieht, um den inneren Vorgang – das Äußere wird erst als Ergebnis einer inneren Dynamik bedeutsam. Sie haben ein ästhetisches Empfinden, das tief in ihnen verwurzelt und für sie ein wichtiger Leitfaden bei ihrem Streben nach Vervollkommnung ist.

Ihr ästhetisches Gefühl ist wahrscheinlich auch der Grund dafür, daß Herbstneumondmenschen in irgendeiner Hinsicht »elegant« erscheinen: Je nach der individuellen Reife manifestiert sich diese Eleganz rein äußerlich oder mehr in innerlichen Werten, oder auch im Körperausdruck, in der Bewegung. Man könnte auch ohne weiteres sagen, daß die aufrichtige, von innen kommende, nicht adressierte, aufgesetzte Höflichkeit, die Herbstneumondgeborenen meist zu eigen ist, ebenfalls ein Zeichen seelischer »Eleganz« ist. Als negative Ausprägung dieser Eigenschaft zeigt der Herbstneumondtypus manchmal aber auch eine übersteigerte Höflichkeit, die schon als unangenehm empfunden wird, weil sie allzusehr reiner Schmeichelei ähnelt.

In der Regel gelingt es Herbstneumondmenschen leicht, ihre positiven Seiten zum Vorschein zu bringen – und für eine Veränderung, einen Neuanfang ist es gerade beim Herbstneumondtypus nie zu spät: Mit zunehmendem Alter, wenn die Herbstenergien stärkeren Einfluß ausüben, kommen manchmal sogar erst die besten Eigenschaften dieser Menschen ans Licht.

Beziehungen

Für die Entwicklung des Herbstneumondmenschen ist die Wahl des Partners von besonderer Bedeutung. Mit dem »richtigen« Partner, jemandem, der es ihm durch sein Temperament erleichtert, seine gegensätzlichen Energien zu einem harmonischen Ganzen zu verbinden, kann er seine Stärken und Schwächen schneller erkennen und seine guten Anlagen festigen. Umgekehrt gilt leider auch, daß ein Partner, der die wechselhaften Energieimpulse des Herbstneumondtypus verstärkt, das Finden des Gleichgewichts erheblich stören und erschweren kann.

Für Herbstneumondgeborene sind Partner, die selbst mit möglichst wenig inneren Konflikten zu kämpfen haben, am vorteilhaftesten – und diese Partnerschaften sind auch am haltbarsten.

Problematisch wird für Herbstneumondmenschen manchmal, daß sie die Vollkommenheit in der Liebe als Maßstab an den anderen anlegen und damit den Partner, der das Unerreichbare nicht erreicht, ablehnen oder mit unsinniger Eifersucht quälen.

	F	F	F	F	S	S	S	S	H	H	H	H	W	W	W	W
	●	◐	○	◐	●	◑	○	◐	●	◐	○	◑	●	◐	○	◑
H●	0	+	0	+	+	+	0	+	––	0	–	++	–	+	+	++

»Gleich und gleich gesellt sich gern« – diese Redewendung gilt sicher nicht für Herbstneumondgeborene, schon eher »Gegensätze ziehen sich an«. Wenn zwei Herbstneumondmenschen aufeinandertreffen, fühlen sie vielleicht sogar eine spontane Attraktion, doch die wechselnden Energien, die bei beiden in dieselbe Richtung »ziehen«, bringen in solche Partnerschaften meist schnell ein untragbares Chaos und ein Wechselbad der Gefühle. Eine Ausnahme besteht dann, wenn beide Partner ihre Neumond- und Herbstenergien bereits in sich harmonisch vereint haben – wenn zwei so reife Menschen aufeinandertreffen, werden sie sich gegenseitig sehr positiv beeinflussen.

Die vorteilhaftesten Partner des Herbstneumondtypus sind die besonders reifen Menschen, die im Herbst- und Wintermond im letzten Viertel geboren wurden.

Beruf

Über das Berufliche läßt sich bei den Herbstneumondgeborenen nicht viel sagen, höchstens, daß diese Menschen meist sehr vielseitig sind. Es ist auch, wie schon angedeutet, für den Herbstneumondtypus nicht so wichtig, *was* er tut, sondern *wie* er es tut.

Berufe, in denen viel Druck ausgeübt wird, in denen also der Herbstneumondgeborene in eine feste Bahn gezwängt wird, die ihm keinen Spielraum mehr läßt, um die beiden gegensätzlichen Aspekte seiner Persönlichkeit auszudrücken, bedeuten eine Belastung, die viel Energie raubt. In leitenden Stellungen, die Entscheidungsspielraum lassen, bewähren sich Menschen, die unter dem Einfluß des Herbstneumondes geboren wurden, in der Regel besser als in einer untergeordneten Position.

Berühmte Persönlichkeiten

Die vier Personen, die wir als Beispiele für Herbstneumondgeborene anführen wollen, haben auf den ersten Blick gar nicht viel gemeinsam. Doch wenn wir daran denken, was wir über die wichtigsten Charakterzüge des Herbstneumondtypus wissen, sehen wir, daß ihnen eines sicherlich gemein ist: das Streben nach Vollkommenheit in ihrem Bereich.

Ob Nils Bohr, der Nobelpreisträger, auf dem Gebiet der Wissenschaft, das Leinwandgenie Pablo Picasso auf dem Gebiet der Malerei, Ludwig van Beethoven in der Musik oder Winston Churchill in der Politik – sie alle folgten ihrer eigenen Vision von Vollkommenheit.

Winterneumond

Der Winterneumondmensch ist in der Regel ein ausgesprochenes »Glückskind«. Bei ihm trifft der Neumondeinfluß auf den Winter, den Ruhepol, der im Mondlauf dem letzten Viertel entspricht. Die Gegensätze der beiden Einflüsse sind sehr deutlich, aber die beiden Kräfte sind auf eine Art und Weise verschieden, daß sie sich ergänzen und nicht gegeneinander wirken.

»Sich ergänzen« bedeutet aber nicht nur, daß die Energien nicht gegeneinander arbeiten, sondern auch, daß sie sich nicht gegenseitig aufschaukeln und zu Extremen führen. Innere Spannungen sind Winterneumondmenschen daher weitgehend fremd.

Die Begeisterungsfähigkeit des Neumondgeborenen ist natürlich auch dem Winterneumondmenschen eigen – allerdings ganz ohne das alsbald folgende Erlahmen der Energie und des Interesses. Wenn die Neumondenergie absinkt, wird das durch die sanft ausgleichende Winterenergie »weich« aufgefangen.

Wenn der Winterneumondtypus seine Rhythmen nicht völlig mißachtet, wird er die besten Chancen haben, ein glücklicheres Leben zu führen als die meisten seiner Mitmenschen.

Der Lebensrhythmus

Der Winterneumond übt einen sehr harmonischen Einfluß auf die Menschen aus, die in dieser Zeit geboren wurden. Der energiereiche Neumondeinfluß wird durch den Ruheimpuls des Winters »kontrolliert«, und zwar auf eine Art und Weise, die sich fast immer positiv auswirkt.

Die Gegensätze, die der Winterneumond beinhaltet, verbinden sich leicht zu einem Ganzen. Da die Impulse nicht völlig entgegengesetzt sind (wie beispielsweise beim Herbstneumond), kommt es zwar zu Schwankungen im Gefühlsleben. Diese halten sich jedoch meist in Grenzen und bringen eher eine positive Bewegung in das Leben des Winterneumondmenschen.

Die Bewegung im Leben des Winterneumondtypus ist seine große Stärke – auf längere Sicht. Kurzfristig kann natürlich auch der harmonische Winterneumondmensch den Anschein des Extremen erwecken; immer dann, wenn er einen Aspekt seines Selbst unterdrückt und eine der beiden Mondenergien die Oberhand gewinnt.

Diese Schwankungen sind jedoch der ganz natürliche und gesunde Ausdruck des vitalen Lebens dieser Menschen – wenn man über den Moment hinausblickt, wird das schnell deutlich.

Besondere Krisenzeiten im Leben des Winterneumondgeborenen sind die »Flegeljahre«, das Alter zwischen Kindheit und Pubertät sowie die Zeit nach den Wechseljahren, aber vor dem Ende des Arbeitslebens.

Anlagen und Möglichkeiten

In Winterneumondmenschen schlummert eine große Energie, die sie verwirklichen müssen, um ihr Lebensziel zu erreichen. Ihre innere Kraft verschafft sich Ausdruck – in positiver Weise, wenn sie bewußt oder intuitiv eingesetzt wird, doch wenn sie keine Lenkung erfährt, kann sie sich leider auch in weniger angenehmen Charakterzügen Bahn brechen.

Meist ist Winterneumondgeborenen ein Drang nach Höherem eigen, der sie auf ihrer Lebensbahn vorantreibt. Dieses »Höhere« ist dabei selbstverständlich nichts Absolutes, sondern individuell verschieden. Es ist jedoch immer etwas, das den Betroffenen in seinem seelischen Wachstum unterstützt und ihn auf Dauer gesehen weiterbringt. Das gilt allerdings eben nur dann, wenn die Kräfte im Einklang mit dem individuellen Lebensrhythmus eingesetzt werden. Bei Winterneumondmenschen, die nicht mit, sondern gegen ihre Rhythmen leben, wird sich ihre Energie unterbewußt Bahn brechen – und das leider nicht immer auf eine Art und Weise, die dem Betroffenen förderlich ist.

Dann werden die großen Träume der Winterneumondgeborenen zu Tagträumereien, leeren Phantasien und Luftschlössern, die ihnen ein falsches, d. h. nicht seelisch förderliches Ziel vorspiegeln. Ein musikalischer Winterneumondgeborener, der in Harmonie mit seinen Energien ist, sagt vielleicht: »Ich möchte lernen, mein Instrument so gut zu spielen, wie ich kann; alles zu verwirklichen, was in mir steckt.« Ein anderer, der gegen seinen Rhythmus lebt, wird eher sagen: »Ich habe mir vorgenommen, ein berühmter Pianist zu werden.« Der Unterschied ist auf den ersten Blick vielleicht klein; doch er ist bedeutend. Im ersten Fall hat sich der Musiker ein Ziel gesetzt, mit dem er selbst in seinem Innersten in Einklang steht – er möchte *sich* verbessern. Der andere möchte nicht *sich* verändern, sondern derselbe bleiben mit einer zusätzlichen Eigenschaft: ein berühmter Pianist sein (eine Eigenschaft, die er nicht hat und nicht haben kann; Berühmtheit ist ja nicht von einem selbst, sondern von anderen abhängig).

Mit dem Selbstvertrauen des Winterneumondtypus verhält es sich ähnlich. Der Winterneumondgeborene hat eine innere Stärke, die ihm – im positiven Fall – Selbstvertrauen gibt. Er vertraut auf sich selbst in dem Wissen, daß das Vertrauen gerechtfertigt ist. Große Gesten sind dazu nicht notwendig. Im negativen Fall ist das Selbstvertrauen nur ein scheinbares, das man anderen und schlimmstenfalls sogar sich selbst vorgaukelt. In solchen Fällen wird aus dem selbstvertrauenden Winterneumondmenschen ein Angeber – das Selbstvertrauen kann sich bis zum Größenwahn steigern.

Auch wenn diese negativen Aspekte eine Möglichkeit sind, wie sich die Kräfte des Winterneumondes manifestieren können, so muß man jedoch sagen, daß diese Ausprägungen glücklicherweise weitaus weniger verbreitet sind als ihr Gegenteil.

Winterneumondgeborene haben sowohl extrovertierte, nach außen gewandte, als auch introvertierte, nach innen gewandte, Charakteristika – das verleiht ihnen in aller Regel die Fähigkeit, selbstkritisch zu bleiben und sich nicht in Phantasien und unrealistische Träume zu verlieren. Meist ist es so, daß Winterneumondmenschen nicht *nur* die positiven oder *nur* die negativen Seiten ihrer Persönlichkeit im Laufe ihres Lebens verwirklichen. Auch die unsympathischen Aspekte tragen jedoch zum Gelingen des Gesamtbildes ihres Lebens bei.

Diese scheinbaren Schwankungen in der Persönlichkeit – nur scheinbar, denn in Wahrheit folgt der Winterneumondgeborene ständig dem gleichen, individuellen, verschlungenen Weg – lassen viele Winterneumondmenschen als etwas exzentrisch erscheinen; aber es ist meist eine sympathische Art von Exzentrik, die den Betreffenden als liebenswertes Original erscheinen läßt.

Beziehungen

Winterneumondmenschen wissen in der Regel ziemlich gut, was sie in einer Beziehung suchen. Da sie auf ihre Art doch sehr ausgeglichen sind, kommen sie mit den meisten Menschen gut zurecht – aber das ist ja noch keine Grundlage für eine Dauerbeziehung. Gegenseitig fruchtbar sind Beziehungen zwischen Winterneumondgeborenen und Menschen, die ebenfalls über ein großes Energiepotential verfügen – beide werden sich dann gegenseitig fördern.

Auch beim Winterneumondtypus gibt es harmonische und weniger harmonische Beziehungen; jedoch hängt das Lebensglück bei diesen Menschen nicht so stark von einer völlig harmonischen Partnerschaft ab wie bei anderen.

Die Beziehung des Winterneumondgeborenen ist durch ihn selbst am meisten gefährdet! Wenn es ihm nicht gelingt, seine Suche nach Höherem *in sich selbst* zu beginnen, wird er sie wahrscheinlich nach außen tragen – auch in eine Partnerschaft. Im Vordergrund steht dann nicht das, was gemeinsam erreicht werden kann, sondern nur das, was der andere *ist* oder vielmehr zu sein *scheint:* schön, berühmt, reich, vollkommen, treu und ähnliches.

	F	F	F	F	S	S	S	S	H	H	H	H	W	W	W	W
	●	◐	○	◑	●	◐	○	◑	●	◐	○	◑	●	◐	○	◑
W●	+	+	+	+	+	+	0	–	–	–	–	0	–	+	+	+

Der Partner, dessen Mondrhythmen am besten im Einklang mit dem Winterneumondtypus stehen, ist der Typ des im ersten Viertel des Mondes im Sommer Geborenen – ein ziemlich »komplizierter« Typ, der aber dem Winterneumondgeborenen in seiner Entwicklung äußerst förderlich ist.

Mit Menschen seines Typs, aber auch mit dem in vieler Hinsicht ähnlichen Herbstneumondtypus, kommt der Winterneumondgeborene meist nicht besonders gut zurecht – es besteht oft die Gefahr, daß sich eher die negativen als die positiven Charakteristika verstärken.

Beruf

Winterneumondmenschen stehen gern im Mittelpunkt. Wenn sie sich nicht selbst in den Mittelpunkt stellen, sondern durch ihre Leistung eine zentrale Stellung einnehmen, ist das durchaus eine ihrer Stärken. Dadurch, daß ihnen andere zuhören, können sie auch etwas bewirken.

Ein besonders großes Einfühlungsvermögen in andere Menschen besitzen sie allerdings nicht; als Ärzte, Psychologen oder Lehrer sind sie also nicht immer an ihrem idealen Platz. Eine Ausnahme ergibt sich dann, wenn das »Höhere«, nach dem der Winterneumondtypus strebt, das Wohl anderer ist – diese Menschen engagieren sich dann oft besonders stark und entfalten eine sehr positive Wirkung.

In Geldberufen haben es Winterneumondmenschen meist besonders leicht. Für einfache Buchhalter, Kassierer oder Schalterbeamte taugen sie indes nicht; wenn sie ihre Energien nicht für ein Ziel einsetzen können, werden sie unruhig und fühlen in ihrem Inneren deutlich, daß sie nicht auf dem richtigen Weg sind. Doch es ist dann natürlich auch wichtig, daß der Betreffende auf seine innere Stimme, seine Intuition hört!

Meist suchen sich Winterneumondgeborene eine Tätigkeit, bei der sie auf irgendeine Art und Weise kreativ sein können. Dabei gehen sie selten den direkten Weg. Die persönliche Energiekurve, die sich aus dem Zusammenspiel der Neumond- und der Winterenergie ergibt, steigt zunächst nur langsam an, um dann sogar ein wenig nachzulassen und erst in der (Lebens-)Mitte stetig zu steigen. Das erklärt auch, weshalb Winterneumondmenschen oft mit einem »ganz normalen« Beruf beginnen, nebenher aber ein mehr oder weniger ernst betriebenes künstlerisches Hobby haben, dies dann immer weiter vertiefen und schließlich zu ihrem eigentlichen Lebensziel machen. Mitunter steigen sie sogar aus ihrem ursprünglichen Beruf aus und beginnen eine andere Laufbahn, die mehr im Einklang mit ihrem inneren Streben steht.

Berühmte Persönlichkeiten

Ein sehr charakteristischer Winterneumondgeborener war E. T. A. Hoffmann, der wirklich alles, was in seinen Mondgeburtsanlagen steckte, in seinem Leben verwirklichte. Er begann als Jurist, wurde Regierungsrat, arbeitete dann als Zeichner, Komponist, Regisseur, Bühnenmaler, Kapellmeister, Dichter und natürlich als der skurrile Schriftsteller, als den wir ihn kennen. »Nebenbei« wirkte er dann wieder als Richter.

Zwei weitere Beispiele für Winterneumondgeborene sind der Komponist Franz Schubert und der italienische Regisseur Federico Fellini.

Der Neumondgeborene

Wir haben nun alle vier Grundmuster des Neumondtypus besprochen. Doch die meisten Menschen sind ja nicht *exakt* am Neumondtag geboren, werden also die Eigenschaften des Neumondes weniger ausgeprägt in sich tragen.

Menschen, die tatsächlich am Neumondtag geboren sind, werden natürlich am deutlichsten von der Neumondenergie beeinflußt.

Um kurz herauszustellen, wie typisch sich die Neumondwirkung bei tatsächlichen Neumondgeborenen zeigt, wollen wir zwei Beispiele für solche Menschen nennen.

Beide verbindet, daß sie eine große Wirkung hatten, daß sie zunächst über ein unerschöpfliches Energiepotential verfügten, später jedoch, als ihre Energie nachließ und sie ihre hohen Ziele dennoch weiterverfolgten, unglücklich wurden. Die Rede ist von Karl Marx und Ludwig van Beethoven.

Natürlich heißt das nicht, daß Neumondgeborene prinzipiell in ihrem Alter unglücklich werden! Es ist für Neumondgeborene nur wichtig, daß sie nicht alle ihre Kräfte verausgaben, solange sie unerschöpflich scheinen, sondern daß sie die starken Energien des Neumondes auch für ihre innere Entwicklung nutzen.

Der Typus des ersten Viertels

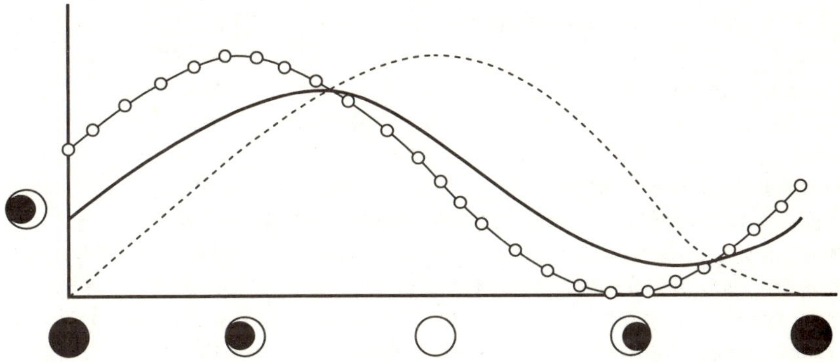

Die gestrichelte Linie zeigt die »innere Monduhr«, die immer im gleichen, uns in Urzeiten eingeprägten Rhythmus des Mondes schwingt; die zweite Welle (die die grauen Punkte verbindet) folgt dem tatsächlichen Lauf des Mondes und die dritte, schwarz durchgezogene Kurve entspricht dem Verlauf der persönlichen Energie des Typus des ersten Viertels.

Menschen, die im ersten Viertel des Mondes geboren wurden, stehen unter einem überdurchschnittlich harmonischen Einfluß. Der Verlauf ihrer Lebenskurve entspricht einerseits dem großen biologischen Rhythmus des Geborenwerdens, Reifens und Vergehens, andererseits verkörpert sie innerhalb dieses Rhythmus ein Ideal: Das hohe Energiepotential der Jugend wird zum Aufbau genützt, darauf folgt die Reifezeit mit geringerer Energie. Schließlich, in der letzten Lebensphase, fördert ein Anstieg der Energie die Kraft, sich zu besinnen und das Leben zu vollenden.

Diese positiven Anlagen zu verwirklichen, fällt dem Typus des ersten Viertels meist nicht schwer. Es sind meist ziemlich optimistische Menschen, die positiv denken und nach vorne blicken können und dadurch mühelos ihre Ziele erreichen.

Die Ziele, nach denen diese Menschen streben, sind nicht so sehr nach außen orientiert, sondern liegen in inneren Werten. Aus diesem Grund finden sich wohl unter den Menschen, die im ersten Viertel des Mondes geboren wurden, nicht so viele Berühmtheiten.

Erstes Frühlingsviertel

Menschen, die im Frühling und im ersten Viertel des Mondes geboren wurden, bringen besonders die aktiven, energiegeladenen Aspekte des ersten Viertels zum Ausdruck. Ein wenig ähneln sie den Frühlingsneumondmenschen in ihrer Begeisterungsfähigkeit, jedoch ist sie nicht so extrem ausgeprägt, und – was noch wichtiger ist – sie läßt nicht so schnell nach. Im ersten Frühlingsviertelmond Geborene verfolgen ihre Ziele konstanter und weniger sprunghaft.

Der Lebensrhythmus

Der Mond im ersten Viertel und im Frühling vereint zwei aufstrebende Kräfte in sich; Menschen, die in einer solchen Zeit geboren wurden, werden demnach besonders in ihren ersten Lebensphasen über eine große Kraft verfügen. Der große Vorteil dieser Menschen ist, daß ihre Energien nicht genau gleichgerichtet sind (wie beim Frühlingsneumondtypus) und sich daher nicht aufschaukeln und die Extreme verstärken.

Der Lebensrhythmus des Typus des ersten Frühlingsviertels ist durch einen sanft fließenden Verlauf gekennzeichnet. Die aufsteigenden Kräfte unterstützen den jungen Körper bei seinem Aufbau, die Reife ist durch einen Energiehöhepunkt gekennzeichnet, und auch im Alter beginnt die Energie wieder zu steigen.

Zwei besondere Krisenzeiten liegen für Menschen, die im Frühling und im ersten Viertel des Mondes geboren wurden, in der Zeit der frühen Reife, im frühen Erwachsenenalter – in dieser Zeit fallen oft berufliche, familiäre und sinnorientierte Probleme zusammen – sowie im

Alter, wenn der Tiefpunkt der Energien erreicht ist – kurz bevor sie (das ist einer der großen Vorteile der Geburt im ersten Frühlingsviertelmond) wieder ansteigen.

Anlagen und Möglichkeiten

Die positiven Anlagen der Mondgeburt zeigen sich oft schon in der grundsätzlichen Lebenseinstellung des Betreffenden: Er ist ein ausgesprochener Optimist. Seine Lebensfreude ist ihm anzumerken. Er ist aktiv, selbstbewußt, witzig, ein guter Unterhalter und dementsprechend beliebt bei seinen Mitmenschen. Da er selbst auch ein geselliger Mensch ist, der gerne mit anderen Menschen Umgang hat, weiß er seine Wirkung auf andere zu schätzen.

Der Mensch ist ja, wie schon Aristoteles feststellte, ein *zoon politikon*, ein Wesen, das sich durch die Gemeinschaft bestimmt. Jemand, der – wie Menschen, die im Frühling und im ersten Viertel des Mondes geboren wurden – diese Bestimmung des Menschen auch in sich fühlt und lebt, wird in seinem Leben auf wenig Schwierigkeiten stoßen. Er weiß darum, daß er von anderen in vielerlei Beziehung abhängig und daß er selbst ein Teil der Gemeinschaft ist. Daß er von anderen Menschen akzeptiert und geschätzt wird, ist ihm wichtig, und er fühlt sich erst dann wohl, wenn er spürt, daß er nicht nur irgendein Teil, sondern ein aktiver, wichtiger Teil der menschlichen Gesellschaft ist.

Dieser Wesenszug ist eine der Stärken des Typus des ersten Frühlingsviertels. Er verwirklicht sich in der Gemeinschaft und versucht, auch in und für die Gemeinschaft etwas zu verwirklichen.

Wie nahezu alle Eigenschaften, so hat auch diese eine Kehrseite, die sich mitunter bei Menschen manifestiert, die im Frühling und im ersten Viertel des Mondes geboren wurden. Der Typus des ersten Frühlingsviertels steht, wie gesagt, gern im Mittelpunkt – was ja an und für sich noch kein Nachteil ist. Doch der Wunsch, im Mittelpunkt zu stehen, läßt manchmal vergessen, daß die Ursache des Im-Mittelpunkt-Stehens wesentlich wichtiger ist als die Tatsache selbst. Es besteht die Gefahr, daß sich dieser Typus mit allen Kräften in den Mittelpunkt spielt. Solche Menschen sind dann die typischen »Partylöwen«, die gerne auffallen und sich vor anderen »aufplustern«. Damit tun sich die Betreffenden allerdings keinen Gefallen: Die anderen hören zwar zu und fühlen sich zum Typus des ersten Frühlingsviertels hingezogen; gleichzeitig spüren sie aber instinktiv, daß hinter dem großartigen Gehabe nicht viel steckt, und wenden sich innerlich ab. Sensiblen Menschen fällt dieses Verhalten sogar ausgesprochen auf die Nerven.

Der Typus des ersten Frühlingsviertels ist egozentrisch – aber in der Regel nicht egoistisch. Die Welt dreht sich um ihn, meint er und hat damit ja auch recht: Im Mittelpunkt jedes Wesens steht ganz natürlicherweise das Selbst. Egoistisch ist dagegen jemand, für den es überhaupt nichts Wichtiges außerhalb gibt – er *ist* die Welt, nicht nur ihr

Mittelpunkt. Menschen, die im Frühling und im ersten Viertel des Mondes geboren wurden, sind, wie gesagt, *nicht* egoistisch. Sie nehmen sich angemessen wichtig, aber wissen eben, daß sie ein Teil des Ganzen sind.

Ihre Egozentrik führt jedoch leicht dazu, daß sie sich überschätzen und ihre Bedeutung etwas überbewerten. Andere Menschen bemerken das oft und lassen es sie spüren. Da der Typus des ersten Frühlingsviertels sich jedoch ziemlich wichtig nimmt, reagiert er leicht mit Verärgerung – eine Verärgerung, die lange anhält, da diese Menschen nicht selten ziemlich nachtragend sind.

Eine Gefahr für alle Menschen, die im Frühling und im ersten Viertel des Mondes geboren wurden, ist die zu starke Orientierung am Oberflächlichen. Sie sollten ihre Egozentrik positiv nutzen und erkennen, daß sie zwar im Mittelpunkt ihres Selbst stehen, daß es aber weniger wichtig ist, wie dieses Selbst *erscheint*, sondern wie es *ist*.

Beziehungen

Das intuitive Wissen um die Bedeutung der Gemeinschaft schlägt sich auch in den überwiegend positiven Beziehungen zu anderen Menschen nieder. Menschen, die im Frühling und im ersten Viertel des Mondes geboren wurden, sind anderen selten wirklich unsympathisch – sie fallen ihnen höchstens ein wenig auf die Nerven.

Ein Streit in einer Partnerschaft mit dem Typus des ersten Frühlingsviertels kann mitunter allein deswegen sehr unangenehm verlaufen, weil dieser Mondgeburts-Typus recht nachtragend sein kann. Es bedarf dann schon einiger Energie und mitunter sogar Selbstverleugnung, um ihn dann wieder aus seiner »Schmollecke« zu holen. Es ist auch deshalb besonders schwer, weil sich diese Menschen leicht Zuwendung außerhalb der Partnerschaft holen können.

	F ●	F ◐	F ○	F ◑	S ●	S ◐	S ○	S ◑	H ●	H ◐	H ○	H ◑	W ●	W ◐	W ○	W ◑
F◐	+	–	0	–	+	++	++	0	+	+	0	+	+	0	+	0

Mit anderen Menschen, die im Frühling und im ersten Viertel des Mondes geboren wurden, gibt es natürlich Probleme: Wenn beide Partner gleichzeitig im Mittelpunkt stehen wollen, ist ein Konflikt meist vorprogrammiert.

Mit Menschen, die im Frühling und im *letzten* Viertel des Mondes geboren wurden, hat der Typus des ersten Frühlingsviertels ebenfalls einige Probleme, und zwar aus dem gleichen Grund. Vor allem bei Streitigkeiten wird es kritisch: Während der eine nachtragend ist, beharrt der andere verbissen auf seiner Meinung – es wird dann schwer, doch noch auf einen gemeinsamen Nenner zu kommen.

Am positivsten für den Typus des ersten Frühlingsviertels ist eine Verbindung mit einem Sommermondmenschen, insbesondere des ersten Viertels und des Vollmondes.

Beruf

Der Typus des ersten Frühlingsviertels ist ein guter Teamarbeiter – vor allem dann, wenn er eine wichtige oder leitende Position innehat.

Wir haben es bereits erwähnt: Er verwirklicht sich in der Gemeinschaft und versucht, auch in und für die Gemeinschaft etwas zu verwirklichen. Ihre besten Eigenschaften entwickeln Menschen, die im Frühling und im ersten Viertel des Mondes geboren wurden, dann, wenn sie sich für andere einsetzen und dafür auch die entsprechende Anerkennung erhalten. Demnach passen soziale Berufe und Berufe im Gesundheitsbereich wie beispielsweise Arzt, Krankenpfleger, Psychologe recht gut zu den positiven Anlagen des Typus des ersten Frühlingsviertels.

Sehr wohl fühlen sich diese Menschen auch in Positionen, in denen sie durch ihre Tätigkeit automatisch im Mittelpunkt des Interesses stehen: beispielsweise als Schauspieler, Sänger, Politiker, Pressesprecher usw. In solchen Berufen fühlen sich Menschen, die im Frühling und im ersten Viertel des Mondes geboren wurden, sehr gut aufgehoben und haben das Gefühl, sich selbst zu verwirklichen – und das ist ja auch das Wichtigste. Allerdings besteht in solchen, sehr nach außen gewandten Berufen die Gefahr, sich selbst zu äußerlich zu orientieren und die Chancen, die in den positiven Mondenergien des Typus des ersten Frühlingsviertels liegen, zu verpassen.

Berühmte Persönlichkeiten

Bezeichnenderweise sind alle drei Persönlichkeiten, die wir hier nennen wollen, Schauspieler: Tony Curtis, Fernandel (der vor allem als »Don Camillo« bekannt wurde) und Henry Fonda.

Alle drei verkörpern den sympathischen, wenn vielleicht auch ein wenig zu sehr um sich selbst kreisenden Menschen des ersten Viertels des Mondes im Frühling.

Erstes Sommerviertel

Menschen, die im Sommer und im ersten Viertel des Mondes geboren wurden, verkörpern eine Art Extrem. Wenn auch so manches an dem Sprichwort vom »goldenen Mittelweg« wahr sein mag, so spricht doch das Leben des Typus des ersten Sommerviertels dagegen. Sein Leben verläuft zwar äußerlich in extremen Bahnen, doch es verhält sich ähnlich wie beim Menschen des ersten Frühlingsviertels: Insgesamt gesehen ergibt sich in der Regel ein durchaus positiver Lebensverlauf.

Die Intuition spielt für das Leben des Typus des ersten Sommerviertels eine besonders große Rolle, und er sollte lernen, auf sie zu hören – und ihr zu vertrauen.

Der Lebensrhythmus

Der Mond im ersten Viertel im Sommer hat einen besonders starken Einfluß. Menschen, die im Sommer und im ersten Viertel des Mondes geboren wurden, gehören zu den Mondgeburtstypen, bei denen die Mondphase der Jahreszeit entspricht: Der Sommer als die »zweite Sonnenphase« entspricht dem ersten Viertel als »zweiter Mondphase«. Das Ergebnis ist, daß die Energien einander verstärken und zu ungewöhnlichen Höhen und Tiefen im Gefühlsleben, meist aber auch im äußeren Leben der Betreffenden führen. Ein ähnliches Phänomen konnten wir beim Frühlingsneumondgeborenen feststellen. (Beim Herbstvollmondgeborenen und beim Typus des letzten Winterviertels ist es ebenso.)

Der Verlauf der Lebensenergiekurve beim Typus des ersten Sommerviertels ist für seine seelische Entwicklung vorteilhaft: Die Energie ist zu Beginn und gegen Ende seines Lebens besonders stark und unterstützt den Betreffenden in diesen wichtigen Phasen.

Die Kehrseite ist allerdings, daß die Krisenzeiten bei diesen Menschen oft besonders heftig ausfallen; insbesondere die Midlife-Crisis bzw. die Wechseljahre stellen im Leben der meisten im ersten Sommerviertelmond Geborenen einen bedeutungs-, aber nicht selten auch schmerzvollen Wendepunkt dar.

Anlagen und Möglichkeiten

Menschen, die im Sommer und im ersten Viertel des Mondes geboren wurden, verfügen über eine besondere Art der Klugheit, die von einer rein rationalen Intelligenz unabhängig ist. Ein Aspekt dieser Klugheit ist ihre ausgeprägte Intuition, die eine wesentliche Rolle für ihre seelische Entwicklung spielt. Wenn es dem Typus des ersten Sommerviertels gelingt, auf seine intuitiven Kräfte zu hören oder sie gar bewußt zu nutzen, wird er seine besten Eigenschaften realisieren können.

Der Typus des ersten Sommerviertels ist eine komplexe Persönlichkeit; er hat das Bedürfnis, den Dingen auf den Grund zu gehen. Dabei geht es weniger um rein rationale Erklärungen und Analysen, sondern vielmehr um das darüber hinaus Gehende. Um eine Frage zu klären, betrachten diese Menschen das Problem von verschiedenen Standpunkten aus, was bei anderen manchmal den Eindruck erweckt, als würden sie ihre Ansicht immer wieder ändern, als wären sie unentschlossen – doch das ist sicherlich ein Trugschluß.

Menschen, die im Sommer und im ersten Viertel des Mondes geboren wurden, wirken auf andere nicht selten geheimnisvoll, rätselhaft und undurchschaubar, mitunter sogar ein wenig unheimlich, da sie schwer einzuordnen sind. Das Geheimnisvolle liegt in der Persönlichkeit des

Typus des ersten Sommerviertels begründet – er hat auch gar nichts dagegen, sich zumindest mit dem Anschein des Rätselhaften zu umgeben. Das zeigt sich auch darin, daß diese Menschen gern elitären, exklusiven Clubs oder Verbindungen beitreten.

Wenn sie sich zu sehr an solchen Äußerlichkeiten orientieren, entwickeln sie leider auch oft eine gewisse Art von Snobismus und eine Hochnäsigkeit, die andere abstößt. Wenn der Typus des ersten Sommerviertels dies bemerkt, wird er sicherlich versuchen, sich zu verändern – er ist alles andere als ein Menschenfeind. Doch nur zu oft hält er die Distanz, die andere zu ihm halten, für eine Auswirkung seiner Rätselhaftigkeit und ein Zeichen des Respekts.

Sie haben es aber gar nicht notwendig, sich exklusiv zu geben und zu versuchen, dadurch Anerkennung zu erhalten. Sie *sind* ja von ihrer Veranlagung her tiefschürfend und klug – was ihnen durchaus Bewunderung eintragen kann, aber eben nicht, wenn sie sich lediglich an den äußerlich sichtbaren Zeichen einer interessanten Persönlichkeit orientieren. Letztendlich ist es nämlich so, daß die meisten Menschen spüren, ob solche äußeren Merkmale der Ausdruck des innersten Charakters einer Person oder aber nur aufgesetzt sind.

Der Typus des ersten Sommerviertels sollte unbedingt die Kraft seiner Intuition kultivieren, denn dann werden ihm solche Fehlentwicklungen höchstwahrscheinlich erspart bleiben.

Die Vorzüge des im ersten Sommerviertelmond Geborenen erstrecken sich auf viele Gebiete. Sie sind nicht nur tiefschürfend und klug, sondern besitzen auch ein tief verwurzeltes Empfinden für das Schöne und sind in der Lage, sich wirklich zu engagieren, wenn sie von einer Sache begeistert sind. Und wenn sie sich engagieren, kommt meist auch etwas dabei heraus, denn sie neigen nicht dazu, unbedacht zu handeln.

Wie immer haben aber auch diese positiven Charakterzüge ihre Schattenseiten, die zum Vorschein kommen, wenn die Betreffenden nicht im Einklang mit sich selbst und ihren Rhythmen leben. Dann kann es passieren, daß sich das ästhetische Empfinden dieser Menschen nach außen wendet und sie dem Trugschluß verfallen, daß nur das, was teuer und modisch ist, Schönheit besitzt. In solchen Fällen können diese klugen Menschen ausgesprochen dumm werden und in einen regelrechten Konsumrausch verfallen.

Auch für den im ersten Sommerviertelmond Geborenen ist es also am förderlichsten, in sich hineinzuhören und seine Anlagen zu verwirklichen, ohne sich zu sehr an äußere Dinge zu klammern.

Beziehungen

Wie positiv die Persönlichkeit des Typus des ersten Sommerviertels ist, zeigt sich auch in ihren Beziehungen zu anderen Menschen. Trotz ihrer Rätselhaftigkeit (und deren negativen Folgeerscheinungen) kommen sie mit sehr vielen verschiedenen Persönlichkeitstypen gut zurecht – wenn sie sie ein wenig länger kennen. Menschen, die im Sommer und im ersten Viertel des Mondes geboren wurden, können eben nicht nur Dinge, sondern auch Menschen von ganz verschiedenen Standpunkten aus betrachten, und so können sie ihre Mitmenschen in der Regel gut verstehen und beinahe jeder Persönlichkeit etwas Positives abgewinnen.

Umgekehrt wirkt ihr Verständnis sehr anziehend auf Menschen, die sie etwas besser kennen. Auch die Komplexität ihres Charakters ist auf Dauer gesehen einer Beziehung förderlich. Es mag vielleicht öfter zu Streitfragen und langwierigen Diskussionen kommen, doch hält das Miteinanderdiskutieren auch so manche Beziehung in Gang und vertieft sie.

	F	F	F	F	S	S	S	S	H	H	H	H	W	W	W	W
	●	◐	○	◑	●	◐	○	◑	●	◐	○	◑	●	◐	○	◑
SO	–	+	++	++	+	–	0	+	+	+	++	+	++	++	+	+

Der Typus des ersten Sommerviertels findet viele Menschen interessant und umgekehrt. Lediglich zwei Mondpersönlichkeiten harmonieren weniger gut mit ihm: seine eigene Mondkonstellation (wie es ja auch bei den meisten anderen Mondgeburtstypen der Fall ist) und der zu Extremen neigende Frühlingsneumondtypus.

Alle anderen Mondgeburtstypen harmonieren entweder gut oder sehr gut mit dem Typus des ersten Sommerviertels; nur beim Sommervollmondtypus läßt sich keine Aussage machen – wie sich diese Menschen mit dem Typus des ersten Sommerviertels vertragen, hängt ganz davon ab, wie sich diese beiden Typen entwickeln.

Beruf

Wieder einmal müssen wir auf die Intuition des Typus des ersten Sommerviertels zu sprechen kommen – er sollte sich bei der Wahl seines Berufes unbedingt auf seine überdurchschnittliche intuitive Kraft verlassen. »Intuitiv« kann aber selbstverständlich nicht heißen, das zu tun, was einem als erstes in den Sinn kommt. Ein wenig tiefer in sich hineinhören müssen auch Menschen mit einer ausgeprägten Intuition.

Bei Menschen, die im Sommer und im ersten Viertel des Mondes geboren wurden, besteht nämlich die Gefahr, daß sie sich zu sehr an ihrem *äußeren* Streben nach Exklusivität orientieren. Sie umgeben sich dann mit schönen Dingen, mit Luxus und Eleganz, finden dabei jedoch nie wirkliche Befriedigung. Noch fataler ist es gerade für im ersten Sommerviertelmond Geborene, wenn sie einen Beruf ergreifen, der für sie nichts außer einem hohen Verdienst bietet. In einem solchen Fall werden sie gerade dann, wenn sie sich in diesem Beruf etabliert haben, furchtbar frustriert und werfen vielleicht sogar alles hin – übrigens nicht unbedingt das Schlechteste. Mitunter bringt eine solche Krise Einsichten, die zurück auf den richtigen Weg führen.

Sehr gut sind Menschen, die im Sommer und im ersten Viertel des Mondes geboren wurden, in Berufen aufgehoben, in denen sie etwas gestalten können – also im weitesten Sinne »künstlerische« Berufe. Das sollte aber nicht zu eng verstanden werden: Auch der Beruf des Schreiners, Goldschmieds oder Töpfers ist darunter zu fassen.

Am allerbesten jedoch ist es, wenn im ersten Sommerviertelmond Geborene ihre gestalterische und intuitive Kraft nach innen wenden und diese in ihrem Beruf nutzen: Sie sind ausgesprochen gute Psychologen oder Geistliche. In diesen oder ähnlichen Berufen, in denen sie ihre emotionale Klugheit, ihre Intuition und ihre Gestaltungskraft verbinden können, werden sie sich ideal selbstverwirklichen können.

Berühmte Persönlichkeiten

Im ersten Viertelmond des Sommers werden – wie überhaupt im ersten Viertel – weniger Menschen geboren als in anderen Mondphasen. Zwei bekannte Persönlichkeiten mit dieser Mondgeburt haben wir aber dennoch gefunden.

Besonders der Meisterregisseur Alfred Hitchcock entspricht dem typischen Bild des im ersten Sommerviertelmond Geborenen. Seine Rätselhaftigkeit, sein ästhetisches Empfinden, seine Intuition für den richtigen Effekt im richtigen Moment und seine gestaltende Kraft weisen ihn als einen Typus des ersten Sommerviertels aus, der seine Anlagen verwirklichen konnte.

Ähnlich, wenn auch wohl nicht so deutlich, verhält es sich beim Starkomiker Louis de Funès. Wir sind geneigt, dem Ernsthaften eher Größe zuzusprechen als dem Komischen – aber zu Recht?

Erstes Herbstviertel

Das erste Viertel des Mondlaufes im Herbst hat einen Einfluß, der dem des ersten Sommerviertels in mancherlei Hinsicht ähnelt. Im Lebenslauf von Menschen, die im Herbst und im ersten Viertel des Mondes geboren wurden, sind ebenfalls deutliche Schwankungen zu verzeichnen, die zwar meist nicht die Extreme des ersten Sommerviertels erreichen, aber dennoch beachtlich sind. Auch für die Menschen des ersten Sommerviertelmondes gilt, daß sie gute Voraussetzungen dafür haben, ihr Leben erfüllt zu gestalten, wenn sie mit ihren Lebensrhythmen leben und ihre großen Fähigkeiten auch in ihrem Inneren verwirklichen.

Der Lebensrhythmus

Der Mond im ersten Viertel und im Herbst hat einen eigenartigen Einfluß. Menschen, die im Herbst und im ersten Viertel des Mondes geboren wurden, können oft kaum zu erklärende Schwankungen in ihrem Gefühlsleben erfahren – sie werden davon aber innerlich nicht aus dem Gleichgewicht gebracht.

Bei ihnen treffen nämlich zwei entgegengesetzte Kräfte aufeinander: die aufsteigende Energie des zunehmenden Mondes und die absteigende Energie des Sonnenlaufes. Das Ergebnis ist nicht vorhersagbar, denn es kann sowohl die eine als auch die andere Kraft dominieren, oder beide Energien treten abwechselnd in den Vordergrund. Sicher wird der Typus des ersten Herbstviertels jedoch kein »Durchschnittsmensch« sein.

Es sind auch keine besonderen Krisenphasen im Leben der Menschen zu verzeichnen, die im Herbst und im ersten Viertel des Mondes geboren wurden; nicht etwa, daß es keine Krisen für diese Menschen gäbe, sondern diese sind mehr oder weniger gleichmäßig über ihr Leben verteilt.

Anlagen und Möglichkeiten

Die Ähnlichkeit des Typus des ersten Herbstviertels mit dem Typus des ersten Sommerviertels ist in einigen Punkten sehr deutlich. Auch im ersten Herbstviertelmond Geborene verfügen über die emotionale Intelligenz, die den Sommerviertelmondmenschen kennzeichnet. Seine Intuition ist zwar nicht ganz so gut entwickelt, doch macht er dies durch seinen Drang nach Wissen wieder wett.

Nicht immer wirkt sich dieser Wissensdrang durchweg positiv aus – bei noch nicht so weit entwickelten Menschen, die im Herbst und im ersten Viertel des Mondes geboren wurden, manifestiert er sich nicht selten als ganz banale Neugier, die sich auf Unwesentliches wie den »Nachbarklatsch« richtet. Diese Menschen tragen dann auch einiges dazu bei, daß sich Gerüchte verbreiten und ausweiten: Ihre Phantasie, verbunden mit ihrer sprachlichen Gewandtheit, verleitet sie schnell dazu, die Dinge ein wenig auszuschmücken – sie hören sich auch ganz gerne selbst reden.

Phantasie und Sprachgefühl sind indes keine negativen Eigenschaften; es kommt nur darauf an, wie sie eingesetzt werden. Menschen, die im Herbst und im ersten Viertel des Mondes geboren wurden, sollten sich dieser in ihnen vorhandenen Fähigkeiten bewußt werden und sie für sich nutzen, beruflich, privat und natürlich auch für ihre seelische Entwicklung.

Es ist schon seltsam, daß der Typus des ersten Herbstviertels die positiven Ausprägungen seiner Anlagen nicht immer verwirklicht, denn zu den genannten Fähigkeiten kommt, daß diese Menschen in der Regel auch noch charmant und bescheiden sind. Vielleicht ist es aber gerade ihre Bescheidenheit, die ihnen manchmal im Wege steht. Denn sie kann mitunter auch in falsche Bescheidenheit umschlagen, die von dem grundlos mangelnden Selbstwertgefühl dieses Typus zeugt.

Manchmal nimmt diese falsche Bescheidenheit sogar geradezu unangenehme Formen an, dann nämlich, wenn der Typus des ersten Herbstviertels ein kriecherisches Verhalten vor allem gegenüber Autoritätspersonen an den Tag legt. Die negativste Ausprägung der Eigenschaften des im ersten Herbstviertelmond Geborenen manifestiert sich dann, wenn er seine Klugheit, seine Phantasie und seine sprachlichen Fähigkeiten einsetzt, um andere Menschen zu hintergehen. Er kann dabei sehr hinterlistig sein – und kurzfristig damit scheinbar sogar Erfolg haben. Letztendlich wird sich das aber nicht auszahlen, sondern mit Einsamkeit »bestraft« werden.

Glücklicherweise zeigen sich diese negativen Aspekte der Anlagen des Typus des ersten Herbstviertels nicht sehr oft. Weitaus häufiger gelingt es ihm, seine positive Neugier, seine Phantasie, seine Sprachgewandtheit, seine Bescheidenheit und seinen Charme sinnvoll einzusetzen.

Menschen, die im Herbst und im ersten Viertel des Mondes geboren wurden, sind sehr vielseitig, und sie werden im Laufe ihres Lebens meist sowohl die hellen als auch die dunklen Seiten ihres Selbst ausleben. Im ersten Herbstviertelmond Geborene sind so gesehen ein wenig sprunghaft, doch schließlich hat jeder Mensch seine Licht- und Schattenseiten – und seinen Schatten in seinem Leben anzunehmen, ihm ein wenig Raum zu geben, um sich selbst zu erkennen, wäre sicherlich vielen Menschen zu empfehlen. Nicht jedem fällt das so leicht wie dem Typus des ersten Herbstviertels.

Beziehungen

Die Anlagen des Typus des ersten Herbstviertels machen schon deutlich, daß er im Umgang mit Menschen wenig Probleme hat. Gerade in einer längeren Beziehung werden die positiven Aspekte seines Charakters zum Tragen kommen. Wenn ein im ersten Herbstviertelmond Geborener allerdings damit beginnt, seinen Partner zu hintergehen, wird es sehr schwierig werden, wieder ein Vertrauensverhältnis zu ihm aufzubauen.

	F	F	F	F	S	S	S	S	H	H	H	H	W	W	W	W
	●	◐	○	◑	●	◐	○	◑	●	◐	○	◑	●	◐	○	◑
HO	+	+	+	+	++	+	+	+	0	0	0	+	–	+	0	++

Es gibt nur einen Mondtypus, mit dem der Typus des ersten Herbstviertels schwer in Einklang zu bringen ist: der Winterneumondtypus. Der Drang nach Höherem und die Träume des Winterneumondgeborenen scheinen auf den ersten Blick der Phantasie des Typus des ersten Herbstviertels nahezustehen – in der Realität kollidieren sie allerdings eher.

Besonders gut verstehen sich Menschen, die im Herbst und im ersten Viertel des Mondes geboren wurden, mit dem Sommerneumondgeborenen (dessen Geradlinigkeit dem ersten Herbstvierteltypus sehr zugute kommt) und dem Typus des letzten Winterviertels.

Beruf

Die Charakteristika des im ersten Herbstviertelmond Geborenen würden ihm eine steile Karriere beinahe garantieren, wenn er nicht mit zwei Problemen zu kämpfen hätte: seiner übertriebenen Bescheidenheit, die von mangelndem Selbstwertgefühl zeugt, und seiner mangelnden Ausdauer.

Ansonsten garantieren ihm seine Anlagen nahezu den Erfolg auch in seinem Beruf. Am wohlsten fühlt sich der Typus des ersten Herbstviertels dann, wenn er die verschiedenen Facetten seiner Persönlichkeit zum Ausdruck bringen kann. Wenn es ihm gelingt, seine Bescheidenheit in angemessenen Grenzen zu halten, kann er besonders auf Gebieten, wo es einerseits auf diplomatisches Geschick ankommt, andererseits um gute Einfälle geht, höchste Auszeichnungen erreichen.

Berühmte Persönlichkeiten

Ein Mensch, der die verschiedenen Seiten des Typus des ersten Herbstviertels deutlich zum Ausdruck gebracht hat, ist der Filmemacher, Schriftsteller, Drehbuchautor, Komiker, Musiker und Schauspieler Woody Allen. Er ist charmant, witzig, einfallsreich, vielseitig und unübersehbar sprachlich gewandt. Leider zeigt er auch die negativen Seiten des im ersten Herbstviertelmond Geborenen, wie die Liebesgeschichte mit seiner Adoptivtochter deutlich machte. Dabei betrog er seine langjährige Lebensgefährtin (die übrigens im letzten Viertel und im Winter geboren wurde!) auf eine Art und Weise, die kaum noch eine Versöhnung zuläßt.

Ein weiteres, viel gemäßigteres Beispiel für den Typus des ersten Herbstviertels ist die Schauspielerin Grace Kelly, die Fürstin von Monaco wurde und tragischerweise bei einem Autounfall ums Leben kam.

Erstes Winterviertel

Der Typus des ersten Winterviertels ist eine ausgesprochen harmonische Persönlichkeit. Von allen Persönlichkeiten des ersten Viertels des Mondlaufes ist er am unkompliziertesten und ruhigsten. Dennoch fehlt es ihm natürlich nicht an der aufstrebenden Lebensenergie, die allen Menschen des ersten Viertels gemein ist.

Die Tendenz zur Ruhe und Harmonie stellt, so positiv sie auch ist, letztendlich auch das Problem des ersten Winterviertels dar. Es fehlt diesen Menschen oft an einem inneren Antrieb, etwas zu bewegen – es fehlt das Auf und Ab der Gefühle, das zwar mitunter Schmerzen verursachen kann, aber eben auch das notwendige Maß an Abwechslung bietet.

Aber ist das wirklich negativ zu sehen? Ruhe und Ausgeglichenheit sind etwas, das viele Menschen bitter nötig hätten. Der Typus des ersten

Winterviertels muß sich lediglich davor hüten, zu sehr in eingefahrene Bahnen zu geraten – dann wird er sein Leben vielleicht unspektakulär, aber erfüllt leben.

Der Lebensrhythmus

Die Kräfte des ersten Viertels und des Winters sind gegenläufig: Während das erste Viertel nach außen gewandte Energie liefert, bringt der Winter eine Einkehr nach innen und Ruhe. Beim Typus des ersten Winterviertels gleichen sich beide Energien harmonisch aus, stabilisieren sich gegenseitig und führen zu keinen bemerkenswerten Schwankungen im Gefühlsleben der Betreffenden.

Krisen verlaufen, wie das meiste im Leben dieser Menschen, eher ruhig. Ein Punkt ist jedoch erwähnenswert: Häufig kommt es in der Lebensmitte, noch vor der Midlife-crisis oder den Wechseljahren, zu einer großen Veränderung der Ansichten, der Ziele oder der Lebensumstände – aber auch diese Veränderungen gehen in aller Regel ohne großes Aufsehen vor sich.

Anlagen und Möglichkeiten

Menschen, die im Winter und im ersten Viertel des Mondes geboren wurden, legen viel Wert darauf, mit anderen Menschen gut zurechtzukommen – sie selbst bieten alle Anlagen dazu: Sie sind loyal, sensibel, vertrauensvoll und kompromißbereit. Kein Wunder, daß sie bei Problemen gerne als Ratgeber aufgesucht werden.

Dem Typus des ersten Winterviertels ist ein starkes Harmoniestreben zu eigen, das jedoch mitunter zu extrem werden kann. Wenn das der Fall ist, läuft zunächst tatsächlich alles harmonisch ab – von außen gesehen. Innerlich schwelen Konflikte aber natürlich weiter. Im ersten Viertelmond des Winters Geborene neigen dazu, alles in sich hineinzufressen, Problemen im zwischenmenschlichen Bereich aus dem Weg zu gehen und Schwierigkeiten unter den Teppich zu kehren. Der Tribut, den diese Menschen dann zahlen müssen, sind gesundheitliche Probleme, mit denen sich ihr Unterbewußtsein Luft zu schaffen versucht. Bei manchen Menschen, die Konflikte unterdrücken, kommt es früher oder später zu einem reinigenden Gewitter, das zumindest ihre Seele von den unharmonischen, widerstreitenden Gefühlen befreit, wenn das auch für ihre Mitmenschen nicht immer sehr angenehm ist. Diese Möglichkeit kommt für den Typus des ersten Winterviertels jedoch kaum in Frage; er sucht nach Harmonie um jeden Preis. Er wäre gut beraten, sich dies bewußt und wenigstens minimale Abstriche an sein Ideal der vollkommenen Harmonie zu machen.

Der im ersten Viertelmond des Winters Geborene ist in der Regel ein sehr gefühlvoller Mensch, der gut zuhören kann, Vertrauen weckt und auch selbst sehr vertrauensvoll ist.

Diesen angenehmen Seiten seines Charakters stehen aber leider auch ihre negativen Pole gegenüber. Die Fähigkeit, vertrauen zu können, ist eine Eigenschaft, die viel Positives, gerade auch für die seelische Entwicklung, in sich trägt. Doch wenn das Vertrauen wahllos, ohne zu reflektieren, jedem entgegengebracht wird, kann es natürlich auch dann und wann zu Problemen kommen, die sich im schlimmsten Fall geradezu fatal auswirken können. Um es klar zu sagen: Der Typus des ersten Winterviertels tendiert dazu, ein wenig leichtgläubig zu sein. Er ist ein dankbares Opfer für Scharlatane, für selbsternannte Heilsbringer und Demagogen. Sein Streben nach Harmonie bewahrt ihn zwar davor, extremistischen Positionen zu folgen, doch auf der Suche nach dem eigenen Selbst ist es gefährlich, jeder Heilsversprechung zu vertrauen.

Wenn andere Menschen ihn gerne als Ratgeber heranziehen, zeigt das, daß er seine positiven Charakterzüge gut zum Ausdruck bringt. Gar nicht selten hat das jedoch eine eigenartige Konsequenz: Wenn ihn die Menschen gerne um Rat fragen, kann das beim Typus des ersten Winterviertels schnell dazu führen, daß er seinen Rat ungefragt und wahllos verteilt und mit seiner übertriebenen Jovialität geradezu aufdringlich wird.

Überhaupt haben im ersten Viertelmond des Winters Geborene die Tendenz, gemachte Erfahrungen zu verabsolutieren und damit in immer festgefahrenere Bahnen zu geraten. Gerade bei älteren Menschen, die im Winter und im ersten Viertel des Mondes geboren wurden, ist häufig zu bemerken, daß sie einer Art Schwarzweißdenken verfallen, was sich sehr negativ auf sie auswirkt. Jemand, der starre Meinungen vertritt, wird zwangsläufig in Konflikte hineingezogen werden – aber besonders konfliktbereit ist der Typus des ersten Winterviertels ja eben nicht. Die Folge davon ist, daß er diese selbstverursachten Probleme immer mehr in sich hineinfrißt.

Dem im ersten Viertelmond des Winters Geborenen ist deshalb anzuraten, die emotionalen Schwankungen, die er nicht aus sich selbst heraus erlebt, dann und wann bewußt zu suchen und dabei zu lernen, daß Harmonie kein statischer Zustand, sondern ein dynamisches Geschehen ist.

Beziehungen

Es ist nach dem Gesagten schon fast überflüssig zu erwähnen, daß der Typus des ersten Winterviertels mit den meisten Menschen gut auskommt. In einer längeren Beziehung liegt die Schwierigkeit darin, daß er nicht gerne bestehende Probleme anspricht, was auf Dauer kaum förderlich ist – weder für ihn noch für den Partner.

	F ●	F ◐	F ○	F ◑	S ●	S ◐	S ○	S ◑	H ●	H ◐	H ○	H ◑	W ●	W ◐	W ○	W ◑
WO	+	+	0	0	++	++	+	+	+	+	+	–	+	0	+	+

Mit dem Typus des letzten Viertels des Mondes im Herbst kommen im ersten Viertelmond des Winters Geborene erstaunlicherweise nicht gut zurecht. Erstaunlicherweise deshalb, weil sich beide Mondtypen sehr ähneln. Auch der im letzten Viertelmond des Herbstes Geborene sucht in extremem Maße nach Harmonie und ist sehr wenig konfliktbereit. Wenn zwei solche Persönlichkeiten aufeinandertreffen, gibt es natürlich keinerlei Konflikte – aber eben auch wenig Anregung.

Besonders gut zum Typus des ersten Winterviertels passen Sommerneumondmenschen, die mit ihrer Geradlinigkeit eine Art Gegenpol darstellen, und Menschen, die im ersten Viertel des Mondes im Sommer geboren wurden – sie gehen den Dingen gerne auf den Grund und veranlassen den Typus des ersten Winterviertels dazu, doch noch über auftretende Probleme zu sprechen.

Beruf

Der Typus des ersten Winterviertels wird gerne um Rat gefragt, gibt gerne Ratschläge, ist aber auch ein guter Zuhörer, sensibel, vertrauenerweckend und optimistisch – was läge also näher, als in ihm den idealen Psychologen oder Seelsorger zu sehen? Die Sache hat nur leider einen Haken: Zu sehr sehnen sich diese Menschen nach einer umfassenden Harmonie, als daß sie sich in einem Beruf wohl fühlen könnten, in dem sie ständig mit Konflikten, oft unlösbaren Konflikten, konfrontiert werden.

Eine beratende Tätigkeit, bei der es nicht um seelische Probleme geht, ist dagegen ideal für Menschen, die im Winter und im ersten Viertel des Mondes geboren wurden, beispielsweise als Studienberater, als Kursleiter an Volkshochschulen, natürlich auch als Beratungslehrer.

Der Beruf des Lehrers, vor allem an weiterführenden Schulen, kann den Typus des ersten Winterviertels voll ausfüllen. Hier kann er alle seine positiven Eigenschaften am besten und sinnvollsten einsetzen. Wenn mehr Lehrer im ersten Viertelmond des Winters Geborene wären, sähe es an unseren Schulen wahrscheinlich nicht so traurig aus!

Berühmte Persönlichkeiten

Prominente Beispiele für den Typus des ersten Winterviertels sind nicht leicht zu finden. Es ist nun beileibe nicht so, daß diese Menschen weniger begabt, intelligent oder erfolgreich wären als andere! Ihr harmonischer Charakter läßt ihnen jedoch Ruhm und Ehre als weit weniger erstrebenswert erscheinen als anderen Menschen. Sie legen einfach nicht so viel Wert darauf, »Großes« zu erreichen, was sie auch meist ganz klar zum Ausdruck bringen. Dabei sind sie allerdings wieder einmal allzu bescheiden: Ist es nicht durchaus etwas Großes, Harmonie in seinem Leben zu erreichen?

Die beiden prominenten Beispiele sind zwar auch nicht besonders charakteristisch, aber wir wollen sie der Vollständigkeit halber dennoch nennen. Beide sind Schauspieler: Humphrey Bogart, der mit Filmen wie »Die Spur des Falken« oder »Casablanca« Weltruhm erlangte, und Liza Minelli, die für ihre Rolle in dem Film »Cabaret« sogar einen Oscar bekam.

Der Vollmondtypus

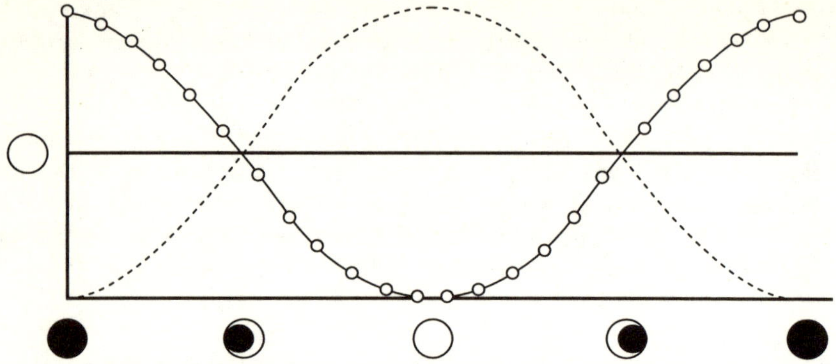

In der Abbildung zeigt die gestrichelte Linie wieder die »innere Monduhr«, die immer im gleichen, uns in Urzeiten eingeprägten Rhythmus des Mondes schwingt; die zweite gepunktete Welle folgt dem tatsächlichen Lauf des Mondes, und die dritte, schwarz durchgezogene Kurve entspricht dem Verlauf der persönlichen Energie des Vollmondmenschen.

Der Vollmond ist der Gegenpol zum Neumond. Auch bei Vollmond findet ein Wechsel der Energien statt, der mit einem starken, neu orientierenden Impuls einhergeht – das Wachstum des Mondes hat seinen Höhepunkt erreicht, und nun beginnt er wieder abzunehmen. Bei einem Vollmondgeborenen ergeben die Einflüsse des Mondes eine Kurve, die keine ist: eine Gerade. Theoretisch sind Vollmondgeborene daher in ihrem Gefühlsleben vom Mondstand am unabhängigsten von allen Mondgeburten. Theoretisch – denn wenn sie auf den Mond reagieren, dann sehr deutlich. Es ist eben – nicht nur für Vollmondgeborene – nicht immer leicht, die Mitte zu finden.

Dennoch kann man sagen, daß Vollmondmenschen die besten Voraussetzungen dafür haben, ihre seelische Entwicklung gleichmäßig und stetig fortzusetzen, zu reifen und Erfüllung in ihrem Leben zu finden. Der Vollmondtypus ist durch die Prinzipien Reife, schöpferische Kraft und dynamische Harmonie bestimmt.

Es ist bemerkenswert, daß auf die Zeit um den Vollmond die meisten Geburten fallen. Es gibt deutlich mehr Menschen mit den besonderen Anlagen des Vollmondmenschen als andere – es wäre wohl interessant, einmal die Entwicklung der Zivilisation zu betrachten, aber das ist ein anderes Thema.

Frühlingsvollmond

Der Frühlingsvollmondtypus verkörpert ein Extrem des Vollmondmenschen: Er ist von allen Vollmondmenschen am wechselhaftesten. Diese Tatsache manifestiert sich sowohl in seinen positiven als auch seinen negativen Charakterzügen, und man kann sagen, daß das Leben dieser Menschen nur selten in ruhigen Bahnen verläuft.

Frühlingsvollmondmenschen haben viele Stärken, um die sie andere beneiden. Doch wie alles, so haben auch die Stärken des Frühlingsvollmondtypus ihre Kehrseiten. Menschen, die unter dem Einfluß des Frühlingsvollmondes geboren wurden, verfügen über eine Kraft, die sie zu großen Leistungen befähigt.

Was ihnen jedoch schwerfällt, ist, andere Menschen wirklich zu verstehen. Selbst dann, wenn sie große Anerkennung finden, fühlen sie eine gewisse Distanz zu anderen Menschen, eine Distanz, die ihnen meist nur allzu bewußt ist und unter der sie auch leiden.

Für Frühlingsvollmondgeborene ist es wichtig, rechtzeitig zu erkennen, daß sie daran arbeiten sollten, das Gefühl des Getrenntseins von anderen Menschen zu überwinden. Das gelingt ihnen dann am ehesten, wenn sie ihre Intuition und ihre Originalität zum Wohl ihrer Mitmenschen einsetzen – was sie dabei an Energie und Gefühlen »investieren«, werden sie »mit Zinsen« zurückerhalten; eben nicht nur in Form von bloßer Anerkennung, sondern in Form von Liebe und Zuneigung.

Der Lebensrhythmus

Beim Vollmondtypus ist, wie wir oben erklärt haben, die Anlage zu einer nahezu idealen Harmonie vorhanden; meist wird er jedoch von zwei gegenläufigen Kräften hin- und hergerissen. Der Frühlingsvollmondtypus zeigt ganz deutlich die zweite Variante. Die aktive, aufstrebende Kraft des Frühlings macht dem Frühlingsvollmondgeborenen das Zur-Ruhe-Kommen wirklich schwer.

Erst im Alter, wenn die Energie nachläßt, ändert sich das: Entweder findet der Frühlingsvollmondtypus seine Bestimmung und verwirklicht sein Lebensziel, oder er verzweifelt daran, daß er seine großen Ideale nicht erreichen konnte – oft spielt dabei auch Vereinsamung eine Rolle.

Das klingt zunächst sehr negativ. Wir sprechen hier aber immer über ein Idealbild eines Typus, der ja in der Realität nur selten in seiner vollen Ausprägung erscheint. Bei den meisten Frühlingsvollmondgeborenen – so sie einigermaßen bewußt und im Einklang mit ihren Rhythmen leben – werden sich positive und negative Eigenschaften die Waage halten. Festzuhalten ist jedoch eines: Je deutlicher die Extreme im Leben des Frühlingsvollmondtypus ausgeprägt waren, desto eher wird das Alter zu einer entscheidenden Phase für diese Menschen, im guten wie im schlechten.

Die stärksten Krisen des Frühlingsvollmondgeborenen treten zu Beginn der Pubertät und, wie gesagt, im höheren Alter auf.

Anlagen und Möglichkeiten

Menschen, die im Frühlingsvollmond geboren wurden, haben eine Ausstrahlung. Sie wirken oft nur durch ihre Persönlichkeit, ohne sich aufzuspielen, sich selbst in den Mittelpunkt zu stellen und ohne große Gesten. Das Charisma, das diesen Menschen eigen ist, gibt ihnen auch Macht über andere Menschen – doch Macht kann gefährlich sein!

Eine dieser Gefahren besteht darin, zwar geachtet, anerkannt und populär zu sein – aber dadurch auch einsam. Sei es, daß andere Menschen sich unterlegen fühlen, oder aber, daß sie eine gewisse Angst vor der starken Persönlichkeit des Frühlingsvollmondtypus haben; es besteht jedenfalls eine gewisse Distanz zu den Mitmenschen.

Die Reaktion anderer Menschen auf die Ausstrahlung von Macht ist es aber nicht allein, die den Frühlingsvollmondmenschen von anderen entfernt. Er tendiert auch dazu, sehr introvertiert zu sein und sich in starkem Maße mit sich selbst zu befassen, so daß wenig Raum für andere bleibt. Frühlingsvollmondgeborene sind daher oft Einzelgänger. Um keine Mißverständnisse aufkommen zu lassen: Die Introvertiertheit des Frühlingsvollmondtypus ist keine *Angst* vor anderen Menschen, kein Ausdruck eines mangelnden Selbstwertgefühls – vor allem aber keine wirkliche Egozentrik.

Wenn sich Frühlingsvollmondgeborene auf ihr Inneres konzentrieren, tun sie das vor allem, um über andere Menschen nachzudenken. Doch sie kommen dabei nicht recht voran. Sie haben nur wenig Verständnis für ihre Mitmenschen – aber Mitgefühl. Sie würden gern verstehen, warum andere Menschen auf diese oder jene Art und Weise handeln. Das rationale Nachgrübeln hilft allerdings wenig; besser wäre es, wenn sie mehr auf ihre überdurchschnittliche Intuition vertrauen würden. Gerade in diesem Bereich verlassen sie sich aber leider meist nicht auf diese Kraft. Sie finden in sich selbst ganz andere Impulse als das, was ihnen ihre Intuition über andere Menschen sagt, und eben das veranlaßt sie zum Nach*denken*.

Beim Erreichen ihrer Ziele sind sie dagegen vom Glück begünstigt. Sie können fast alles verwirklichen, was sie sich vornehmen. Haben sie es dann allerdings erreicht, stehen sie auf einem Höhepunkt, von dem aus es steil bergab geht. Dem können sie nur entgegenwirken, wenn sie ihre große Schwäche – die Distanz zu ihren Mitmenschen – überwinden, indem sie ihre Energien, vor allem aber ihre Intuition, einsetzen. Obwohl es Frühlingsvollmondgeborenen so leichtfällt, große Ziele zu erreichen, wären sie gut beraten, diese Ziele beizeiten in Frage zu stellen und zu prüfen, ob sie ihrer seelischen Entwicklung förderlich sind.

Wir haben nun viel über die negativen Aspekte der Frühlingsvollmondpersönlichkeit gesprochen. Doch die positiven Seiten ihrer Anlagen sind potentiell vorhanden und warten nur darauf, realisiert zu werden. Menschen, die im Frühlingsvollmond geboren wurden, sind originell, intuitiv und haben Charisma. Diese Eigenschaften, verbunden mit ihrer Introvertiertheit, geben ihnen die Chance, sich selbst bis in alle Tiefen auszuloten und Sokrates' Maxime »Erkenne dich selbst!« zu erfüllen. Selbsterkenntnis ist für sie nicht nur der erste, sondern der entscheidende Weg zur »Besserung«, d. h. zur Überwindung ihrer Distanz zu anderen.

Beziehungen

Frühlingsvollmondgeborene sind schwierige Partner. Einige ihrer negativen Eigenschaften werden durch ihre Ausstrahlung und ihr (verborgenes) Mitgefühl ausgeglichen. Auch ihre Originalität und ihre Kraft, Veränderungen herbeizuführen, läßt eine Beziehung mit diesen Menschen nur selten langweilig werden. Das Problem bleibt jedoch auch in Beziehungen ihre innere Ferne zu anderen Menschen.

	F	F	F	F	S	S	S	S	H	H	H	H	W	W	W	W
	●	◐	○	◑	●	◐	○	◑	●	◐	○	◑	●	◐	○	◑
FO	–	–	+	0	0	++	–	+	0	+	+	+	+	0	+	+

Menschen, die im Frühlingsvollmond geboren wurden, brauchen, um ihre positiven Anlagen verwirklichen zu können, einen Menschen, der Verständnis für ihr Problem hat und ihnen dabei hilft, es zu überwinden. Ein Mensch, der die gleichen Probleme hat, ist eine Möglichkeit: Frühlingsvollmondgeborene kommen mit anderen Frühlingsvollmondgeborenen sehr gut zurecht. Die beste Verbindung für den Frühlingsvollmondtypus ist jedoch die zu jemandem, der ähnliche Eigenschaften wie er selbst hat, aber nicht dieselben. Dieser Vorstellung kommt der Typus des ersten Viertels des Mondes im Sommer sehr nahe.

Beruf

Frühlingsvollmondgeborene haben es leicht, in der Politik und in leitenden Positionen der Wirtschaft in die höchsten Ränge aufzusteigen. Glücklich werden sie dabei allerdings nicht – spätestens nach der Pensionierung stürzen sie meist in ein tiefes Loch. In diesen Berufen haben sie zwar Umgang mit vielen Menschen und können ihre Macht und ihr Charisma einsetzen – aber das bringt sie weder sich selbst noch anderen näher.

Der Frühlingsvollmondtypus verwirklicht seine Anlagen besonders gut, wenn er sie im Bereich der Kunst einsetzt. Auch hier steckt er sich hohe Ziele, die er in den meisten Fällen erreicht. Als Künstler können sich Frühlingsvollmondgeborene selbst verwirklichen, zu ihrem Innersten vordringen und es nach außen tragen. Leider sind Künstler, auch wenn sie Anerkennung finden, oft isoliert. Sie sind in der Regel Einzelgänger – wie es ja dem Naturell des Frühlingsvollmondtypus entspricht –, und so finden sie sich zwar selbst, aber nicht die anderen, die sie eigentlich suchen.

Ideal für ihre seelische Entwicklung sind Berufe, in denen sie sowohl ihre Originalität, ihren *Wunsch* andere zu verstehen, ihre Fähigkeit

Veränderungen zu bewirken und nicht zuletzt ihre persönliche Ausstrahlung nutzen können: Berufe, in denen sie sich ständig mit der Seele anderer befassen. Als Psychologen, Seelsorger oder Therapeuten haben sie es zwar zunächst schwer, doch diese Tätigkeit kann sie an ihr wahres Ziel führen, andere Menschen wirklich zu verstehen und ihnen näherzukommen.

Berühmte Persönlichkeiten

Daß Frühlingsvollmondgeborene als Künstler Großes erreichen können, zeigt sich nicht zuletzt auch in den vielen Künstlerpersönlichkeiten, die unter diesen Mondtypus fallen; viele von ihnen könnte man geradezu als Genies auf ihrem Gebiet bezeichnen.

Der Regisseur Rainer Werner Faßbinder, der Maler Vincent van Gogh, der skurrile Satiriker Karl Valentin, der Schauspieler Charles Chaplin, das Musikgenie Johann Sebastian Bach – sie alle waren Frühlingsvollmondmenschen. Sie alle brachten etwas Großes und Neues auf ihren Gebieten zustande. Leider sind sie auch Beispiele dafür, daß diese Menschen trotz Anerkennung und großer Leistungen letztendlich nicht glücklich wurden.

Ein Frühlingsvollmondgeborener, der die Anlagen seiner Mondgeburt ideal verwirklichte, war das vielleicht größte Universalgenie aller Zeiten: der Maler, Bildhauer, Architekt, Naturforscher und Erfinder Leonardo da Vinci, dessen Werke, etwa die »Mona Lisa«, als Beispiele höchster Vollkommenheit gelten.

Die negativsten Seiten des Frühlingsvollmondtypus sind leider durch einen Vertreter dieses Typus auch zu trauriger Berühmtheit gelangt. Es handelt sich um einen Politiker, der seine Wirkung auf andere dazu nutzte, seine Wahnvorstellungen umzusetzen und damit Millionen ins Elend stürzte: Die Rede ist von Adolf Hitler.

Sommervollmond

Der Sommervollmondtypus trägt vielleicht die glücklichsten Anlagen aller Mondgeburtstypen in sich. In ihm verbindet sich die reifende Energie des Vollmondes mit der starken Kraft des Sommers. Menschen, die im Sommervollmond geboren wurden, haben die Chance, Großes in der Welt zu leisten, ohne sich dabei selbst zu verlieren.

Es gelingt ihnen ganz besonders leicht, im Einklang mit ihrem inneren Rhythmus zu leben, und dadurch das, was sie tun, aus ganzem Herzen zu tun – sie denken dabei in der Regel überhaupt nicht an ein konkretes Ziel. Das ist auch nicht nötig, denn in ihrem Weg ist das Ziel bereits enthalten. Spiritualität im weitesten Sinne spielt eine große Rolle für den Sommervollmondtypus. Er ist auf der Suche nach Erfüllung, aber er wird dabei niemals fanatisch, sondern versucht, so gut er es vermag, seine Bestimmung zu erfüllen.

Dabei droht ihm nur eine Gefahr: Er ist leicht zu täuschen, wenn es um spirituelle, religiöse oder weltanschauliche Belange geht. Da ihm das geistige Leben so wichtig, oder besser, so vertraut ist, denkt er nicht immer daran, daß es bei anderen Menschen anders sein könnte.

Der Lebensrhythmus

Menschen, die im Sommervollmond geboren wurden, stehen unter einem ungewöhnlich harmonischen Mondeinfluß – eine Harmonie, die nichts mit Langweiligkeit zu tun hat. Im Lebensrhythmus des Sommervollmondtypus gibt es ein sanftes Auf und Ab, das die nötigen Anregungen verschafft, ohne in Extreme zu führen. Der Sommervollmondmensch ist wie kein anderer in einem dynamischen, anpassungsfähigen Gleichgewicht, das selbst Krisenzeiten gut übersteht.

Die stärksten Krisen des Sommervollmondgeborenen treten in der frühen Kindheit und in der Lebensmitte auf. Aber auch diese Krisen tragen, wie das meiste im Leben des Sommervollmondtypus, letztendlich zu einem harmonischen Gesamtbild bei – die Krisenphasen des Sommervollmondtypus fallen in Zeiten, in denen seine Lebensenergie ansteigt, und können daher nicht nur leichter bewältigt, sondern sogar für die seelische Entwicklung genutzt werden.

Anlagen und Möglichkeiten

Der Sommervollmondmensch ist auf eine sehr positive Art ausgeglichen. Er hat meist hohe Ziele und Ideale, läßt sich aber dadurch nicht beeindrucken und aus dem Gleichgewicht bringen – er geht einfach seinen Weg.

Menschen, die im Sommervollmond geboren wurden, ist ein stetiges, aber in der Regel völlig unverkrampftes Streben nach Verbesserungen eigen; sowohl Verbesserungen in der Welt als auch Verbesserungen der eigenen Fähigkeiten und Möglichkeiten.

Die Suche nach positiver Veränderung bedarf jedoch der Reife und Tiefe, sonst kann diese Anlage auch in ihrer unangenehmeren Variante auftreten. Sommervollmondgeborene tendieren nämlich manchmal dazu, ihre Ideen – die oft durchaus interessant und unkonventionell sind – zu voreilig zum besten zu geben, und treten dann als geschwätzige Weltverbesserer auf. Zu negativ sollte man das aber nicht sehen; unausgegorene Ideen zum Wohle der Menschheit sind meist immer noch besser als überhaupt keine. Außerdem manifestiert sich dieser Zug in der Regel beim Sommervollmondtypus nur in den stürmischen Jahren der Jugend und des frühen Erwachsenenalters.

Eine andere Sache ist es mit der Leichtgläubigkeit der Sommervollmondgeborenen in gewissen Dingen. Wir haben es schon erwähnt: Der Sommervollmondtypus ist leicht zu täuschen, wenn es um spirituelle

Dinge geht. Für ihn ist es selbstverständlich, daß die geistige Welt von größerer Bedeutung ist als die materielle, und er findet es schwer vorstellbar, daß andere die spirituelle Suche nur als Mittel zu Macht, materiellen Gütern oder Ansehen mißbrauchen. So greift er schnell zu, wenn ihm ein Scharlatan, selbsternannter Guru oder eine Sekte Heilsversprechungen macht.

Dieses Problem ist gerade für den Sommervollmondgeborenen von großer Wichtigkeit, und das, obwohl er früher oder später die unlauteren Machenschaften schlechter Ratgeber durchschauen wird. Diese Erfahrungen hinterlassen dann jedoch eine Spur in der Seele dieser Menschen. Ihre natürliche Warmherzigkeit, ihr Feingefühl und ihre tiefgehende Mitmenschlichkeit werden von einem Mißtrauen überschattet, das sich erst nach längerer Zeit wieder auflöst. Der Sommervollmondmensch hat dann eine weitere wichtige Erfahrung gemacht, die zwar bitter war, ihn aber davor bewahrt, diesen Fehler noch einmal zu begehen. Der spirituelle Sommervollmondtypus hat dann gelernt, daß auch die Skepsis ihre Vorzüge hat – ob ihm das jedoch auf seinem Weg eine große Hilfe ist, bleibt fraglich.

Glücklicherweise gibt es nicht nur viele Scharlatane in der Welt, sondern auch viele wohlwollende Menschen, insbesondere für den warmherzigen Sommervollmondmenschen, der es leicht hat, gute Freunde zu finden, die ihm mit Rat und Tat zur Seite stehen und ihn vor Fehltritten bewahren.

Einen negativen Aspekt hat die spirituelle Suche des Sommervollmondtypus, wenn es sich um besonders intelligente und begabte Menschen handelt. Diese Menschen fühlen sich dann oft geradezu getrieben; sie haben Angst davor, ihre Möglichkeiten nicht zu verwirklichen, ihre Ziele nicht zu erreichen, und zweifeln daran, ob das, was sie tun, wirklich das Richtige ist oder ob sie von ihren vielen unkonventionellen Ideen doch lieber andere realisieren sollten. Sie neigen dann dazu, etwas hektisch und ungeduldig zu werden.

Am glücklichsten sind Sommervollmondgeborene dann, wenn sie nicht allzuvielen Pfaden folgen, sondern *einen* Weg gehen, der ihr eigener Weg ist.

Beziehungen

Es nimmt kaum wunder, daß sich der Sommervollmondtypus mit seinen Mitmenschen in aller Regel gut bis sehr gut versteht. Natürlich gibt es jedoch immer auch Menschen, die auf den Erfolg des Sommervollmondgeborenen neidisch sind, die wenig Verständnis für seine Spiritualität haben, oder denen die Vielseitigkeit dieser Menschen etwas unheimlich ist. Es gibt allerdings wenige, die den Sommervollmondmenschen völlig ablehnen.

Probleme in einer Partnerschaft mit einem Menschen, der im Sommervollmond geboren wurde, haben oft mit Eifersucht zu tun – nicht von der

Seite des Sommervollmondtypus. Oft ist diese Eifersucht sogar berechtigt, denn die Sommervollmondgeborenen suchen in der Verbindung zu anderen etwas, das ihnen ein einzelner Mensch nur schwer geben kann.

Der Sommervollmondtypus neigt also zu Untreue (d. h. zu Untreue seinem Partner gegenüber; sich selbst bleibt er dabei durchaus treu), weil er hofft, in anderen Menschen Anregungen für seine seelische Suche zu finden – besser beraten wäre er allerdings, wenn er sich dabei nach innen und nicht nach außen wenden würde.

	F	F	F	F	S	S	S	S	H	H	H	H	W	W	W	W
	●	◐	○	◑	●	◐	○	◑	●	◐	○	◑	●	◐	○	◑
SO	+	++	–	++	+	0	+	+	0	+	+	++	0	+	++	0

Von allen Mondgeburtstypen hat der Sommervollmondtypus nur mit dem Frühlingsvollmondgeborenen größere Probleme. Beide Typen sind sich auf eine Art und Weise ähnlich, die keine Übereinstimmung herbeiführt, sondern weitaus eher Konflikte. Insbesondere mit der Ausstrahlung von Macht des Frühlingsvollmondmenschen kommen Sommervollmondgeborene nicht zurecht.

Besonders gut harmoniert der Sommervollmondtypus mit dem Typ des ersten und letzten Viertels des Mondes im Frühling, mit dem letzten Herbstvierteltypus und dem Wintervollmondgeborenen.

Beruf

Menschen, die im Sommervollmond geboren wurden, sind zwar vielseitig, aber sie werden in einem Beruf erst dann Befriedigung finden, wenn sie eine Berufung dazu spüren. Wozu sie sich konkret berufen fühlen, kann sehr verschieden sein, doch immer wird der Sommervollmondtypus bei seiner Tätigkeit das Innere und das Äußere in eine harmonische Verbindung bringen.

Da im Zusammenhang mit dem Sommervollmondtypus immer wieder die Rede von Spiritualität war, könnte der Eindruck entstehen, daß diese Menschen doch als Priester, Mönche, Nonnen oder dergleichen am besten ihrer Bestimmung folgten. Doch der Sommervollmondgeborene bedarf keiner äußeren Legitimation seiner Spiritualität, sie schränkt ihn eher ein.

Selbständigkeit ist essentiell für Sommervollmondmenschen; denn wenn sie stets den Weisungen anderer folgen, können sie ihren eigenen Weg nicht gehen und werden unzufrieden.

Berühmte Persönlichkeiten

Der Sommervollmond ist eine Zeit, in der besonders viele Menschen geboren werden, aber es ist dennoch auffällig, wie viele dieser Menschen Berühmtheit erlangten. Aus der Vielzahl der Persönlichkeiten wollen wir nur einige nennen: Die Schauspieler Mario Adorf und Greta Garbo, der Sänger Peter Alexander, der Komponist Carl Orff, der Schriftsteller und Nobelpreisträger Hermann Hesse und nicht zuletzt unser großer Dichter und Gelehrter Johann Wolfgang von Goethe – sie alle sind Beispiele für den vielseitigen Sommervollmondtypus.

Herbstvollmond

Herbstvollmondmenschen haben viele positive Anlagen, doch sie haben es oft dennoch nicht leicht, da sie zu Extremen tendieren. Im Herbstvollmondtypus verstärken sich die einander entsprechenden Energien des Vollmondes und des Herbstes. Das Hauptthema im Leben des Herbstvollmondgeborenen ist daher *Reife.*

Menschen, die im Herbstvollmond geboren wurden, verfügen von allen Mondgeburtstypen in ihren reifen Jahren über die höchste Energie und erreichen ihre höchsten Ziele im Alter. Der Lebensweg des Herbstvollmondmenschen ist auf das Alter hin orientiert – was sich positiv oder negativ auswirken kann. Wieder einmal sind es die Bewußtheit und das Leben im Einklang mit den eigenen Rhythmen, die eine tragende Rolle spielen.

Lebt der Herbstvollmondmensch seine Kräfte und Anlagen bewußt aus, wird er nicht nur persönliche Erfüllung finden, sondern auch wichtige Prozesse in Gang bringen und seinen Mitmenschen etwas von seiner Reife mitgeben. Anderenfalls kommt er früh zum Stillstand, hört auf, sich seelisch weiterzuentwickeln, und setzt seine gerade im Alter wieder stark ansteigende Energie für Nebensächliches ein – was letztlich zu innerer Leere und Verbitterung führt.

Der Lebensrhythmus

Menschen, die im Herbstvollmond geboren wurden, gehören zu denjenigen Mondgeburtstypen, bei denen Geburtsmond und Geburtssonne (also die Jahreszeit) in der gleichen Phase stehen. Das hat Vor- und Nachteile – beide resultieren aus der Tatsache, daß sich die beiden gleichgerichteten Kräfte gegenseitig verstärken. Sowohl die positiven als auch die negativen Aspekte dieser Energien treten deshalb deutlicher hervor.

Der Lebensrhythmus des Herbstvollmondmenschen ist durch ein deutliches Auf und Ab – oder besser durch ein Ab und Auf – gekennzeichnet. Wie alle Vollmondgeburten beginnt er sein Leben mit einer hohen Energie; beim Herbstvollmondtypus läßt sie jedoch schnell nach und fällt weiterhin ab – bis zu einem Wendepunkt nach der Krise in der Lebensmitte.

Diese Menschen haben es also in ihrer Jugend und ihrem frühen Erwachsenenalter schwer, ihre positiven Eigenschaften zu verwirklichen, und verlieren sich statt dessen oft in Äußerlichkeiten, die ihnen aber keine wirkliche Befriedigung verschaffen. Möglicherweise ist aber gerade die Tatsache, daß sie in der ersten Hälfte ihres Lebens etwas mehr »kämpfen« müssen, dafür verantwortlich, daß sie schneller eine seelische Reife erreichen als viele andere.

Im Leben der Menschen, die im Herbstvollmond geboren wurden, gibt es in der Regel keine Wendepunkte, in denen sie ihre innere Lebenseinstellung vollkommen umkrempeln. Ihr Leben ist zwar von einem starken Auf und Ab gekennzeichnet, doch es findet kein »Energiewechsel« statt wie bei den meisten anderen Menschen, bei denen sich die Kurven der Mond- und der Sonnenenergie (also der Jahreszeit) überschneiden und eine Kraft dominiert. Bei Herbstvollmondmenschen sind ja beide Kräfte gleichgerichtet.

Das bedeutet aber keineswegs, daß Herbstvollmondgeborene von Krisen verschont blieben! Ihr Reifungsprozeß *bedarf* ja geradezu gewisser Krisen, um in Gang zu kommen. Ein Herbstvollmondmensch, der völlig ruhig und ohne Krisen lebt, hat es weitaus schwerer zu reifen – er wird zum Stillstand kommen. Die Krisen des Herbstvollmondtypus können zwar heftig ausfallen, nehmen aber zumeist eine positive Wendung, die das Leben bereichert.

Die gefährlichste Krisenzeit des Herbstvollmondmenschen liegt etwa in seiner Lebensmitte (meist etwas später), wenn sein persönlicher Lebensrhythmus am wenigsten Energie liefert.

Anlagen und Möglichkeiten

Ein Ausdruck der Reife des Herbstvollmondmenschen ist seine Sorge um die Welt. Er weiß um seine Individualität, aber auch darum, daß diese Individualität ein Teil des großen Ganzen ist und dieses Ganze wiederum auf ihn zurückwirkt. Er muß daher, wenn er sich selbst vervollkommnen will, auch die Welt um sich herum zu verbessern suchen.

Dieser Drang ist bei einigen Herbstvollmondgeborenen so stark ausgeprägt, daß sie manchmal zu weltverbesserischen Fanatikern werden. Sie spüren, daß die Welt nicht so ist, wie sie sein sollte oder sein könnte, und versuchen sie nach ihren Vorstellungen zu verändern. Dabei sind sie mitunter wenig selbstkritisch und bedenken nicht, daß sie sich ja auch irren könnten.

In der Regel ist das Engagement des Herbstvollmondtypus allerdings sehr sympathisch. Die meisten von uns wünschen sich doch, daß die Menschen lernen, in Frieden und in Harmonie mit der Welt zu leben – natürlich auch die meisten Herbstvollmondmenschen. So engagieren sie sich oft für den Frieden, für eine Verbesserung der Lebensumstände oder für eine gesunde Umwelt.

Wenn sich Menschen, die im Herbstvollmond geboren wurden, für ein Ziel einsetzen, finden sie Beachtung, denn auch ihnen ist das Charisma des Vollmondmenschen eigen. So sympathisch Herbstvollmondmenschen sind, wenn sie sich für positive Ziele stark machen – selten erreichen sie diese Ziele so, wie sie sich das vorstellen. Dafür gibt es zwei Gründe: Erstens sind ihre Erwartungen oft einfach zu hoch und unrealistisch, und zweitens verlieren sie sich bei ihrem Engagement in der Welt leicht selbst.

Für den Herbstvollmondtypus ist es außerordentlich wichtig zu erkennen, daß der Teil der Welt, den er selbst darstellt, letztlich der einzige Ausgangspunkt für wirkliche Veränderungen ist. Die Veränderung der Welt beginnt mit der Veränderung des Individuums – Herbstvollmondmenschen sollten also lernen, nicht nur die Welt in sich zu suchen, sondern auch sich selbst.

Beziehungen

Die deutlich ausgeprägte Persönlichkeit der Herbstvollmondmenschen harmoniert nicht mit jedem. Menschen, die im Herbstvollmond geboren wurden, werden nicht glücklich, wenn sie mit Menschen zusammen sind, die ihre Zielvorstellungen nicht verstehen können. Sie verspüren dann ständig den Drang, den Partner zu »missionieren« – es fällt ihnen schwer, die eigenen Vorstellungen zu relativieren.

Herbstvollmondgeborene sind sehr von einem »gleichwertigen« Partner abhängig, was ihre seelische Entwicklung angeht. Ein sehr dominanter Partner wird ihre Entfaltung ebenso behindern wie ein Partner, der sich ihnen unterordnet.

Bei Herbstvollmondmenschen kommt es besonders häufig vor, daß sie, wenn sie sich an einen Menschen binden, der nicht mit ihnen harmoniert, lange bei ihm bleiben, stets in der Hoffnung, ihn verändern zu können. Dann jedoch, scheinbar urplötzlich, führen sie eine Trennung herbei – die aufsteigende Energie ihrer zweiten Lebenshälfte erleichtert ihnen diesen Schritt.

	F	F	F	F	S	S	S	S	H	H	H	H	W	W	W	W
	●	◐	○	◑	●	◐	○	◑	●	◐	○	◑	●	◐	○	◑
HO	+	+	+	0	+	++	+	–	–	0	–	––	–	+	++	+

Das erste Viertel des Mondes im Sommer paßt sehr gut zum Herbstvollmondtypus. Hier treffen zwei engagierte Menschentypen aufeinander, deren Eigenschaften sich hervorragend ergänzen; gerade die Intuition und die Klugheit der Menschen des ersten Sommerviertels sind für Herbstvollmondgeborene sehr förderlich. Ebensogut, vielleicht sogar noch harmonischer, ist eine Verbindung des Herbstvollmondtypus mit einem Wintervollmondmenschen, dessen Verständnis für den Partner für Herbstvollmondgeborene so wichtig ist.

Eine deutliche Dissonanz herrscht zwischen dem Herbstvollmondtypus und dem Typus des letzten Viertels des Mondes im Herbst. Diese Menschen sind zwar sensibel, friedlich, harmoniesuchend, aber sie neigen auch ein wenig zur Selbstverleugnung – eine Eigenschaft, die sich auf den Herbstvollmondmenschen, der zu dem gleichen Problem neigt, sehr negativ auswirkt.

Beruf

Herbstvollmondgeborene brauchen eine Tätigkeit, bei der sie sich für andere Menschen einsetzen und engagieren können. Das muß nicht unbedingt der Brotberuf sein – viele Herbstvollmondmenschen sind ehrenamtlich in Vereinen, Selbsthilfegruppen, Umweltschutz- oder Hilfsorganisationen tätig und leisten dort einen großen Beitrag.

In nahezu allen Berufen können sich Herbstvollmondgeborene wohl fühlen, wenn sie dabei den Eindruck haben, die Welt ein wenig schöner, harmonischer, friedlicher oder gerechter zu machen. Das muß ja nicht immer in größtem Maßstab stattfinden und die gesamte Welt umfassen: Auch die »kleine Welt« des Betriebes, der Firma oder der Organisation, in der sie arbeiten, kann verbessert werden. Herbstvollmondmenschen tragen oft dazu bei, daß das Betriebsklima angenehmer wird.

Macht der Herbstvollmondtypus sein Engagement zu seinem Beruf, besteht die Gefahr, daß er sich zu sehr engagiert, seine eigenen Grenzen und die anderer mißachtet und sogar ein wenig fanatisch wird – insbesondere in jüngeren Jahren.

Berühmte Persönlichkeiten

Es gibt erstaunlicherweise gar nicht so viele berühmte Herbstvollmondpersönlichkeiten. Herbstvollmondmenschen wirken eben eher im stillen; ihre eigene Person ist ihnen nicht so wichtig, daß sie sie in den Vordergrund stellen – und das ist dem Berühmtwerden abträglich. Die drei Beispiele, die wir nennen wollen, sind zwar sehr berühmt geworden, tragen aber dennoch deutlich erkennbar die Anlagen des Herbstvollmondtypus in sich.

Brigitte Bardot, die frühere Filmlegende, setzte sich nach ihrer Karriere stark für den Tierschutz ein – und fand damit einige Beachtung. Die Wende in ihrem Leben ist typisch für Herbstvollmondgeborene, die sich in der ersten Hälfte ihres Lebens stark nach außen orientieren.

Der große deutsche Dichter Friedrich Schiller war ebenfalls ein Herbstvollmondgeborener. Sein Engagement für die Freiheitsidee trug ihm einigen Ärger ein; er war sich der Gefahren des Fanatismus aber wohl bewußt, als er »Die Räuber« schrieb, ein Drame, in dem der Held aus Weltverbesserungswillen zum Verbrecher wird.

Willy Brandt, der ehemalige Bundeskanzler und Friedensnobelpreisträger, nutzte insbesondere in seiner zweiten Lebenshälfte die positiven Eigenschaften des Herbstvollmondmenschen; seine frühen Jahre verliefen, wie es dem Herbstvollmondtypus entspricht, recht stürmisch und waren wohl auch von extremen Einstellungen geprägt.

Wintervollmond

Menschen, die im Wintervollmond geboren wurden, weisen einige Ähnlichkeiten mit den Sommervollmondgeborenen auf: Auch bei ihnen ist die Wahrscheinlichkeit, daß sie im Einklang mit ihren Lebensrhythmen leben, besonders groß, und auch für sie spielt Spiritualität im weitesten Sinne eine wichtige Rolle.

Ihre Energie richtet sich jedoch viel stärker nach innen, da die reifende Energie des Vollmondes auf die verinnerlichende Kraft des Winters trifft. Dies erklärt die positiven wie auch die negativen Anlagen des Wintervollmondtypus.

Wintervollmondmenschen folgen einer inneren Vision, die sie meist ihr Leben lang begleitet und zu bewundernswerten, herausragenden Leistungen befähigt. Ihre eigene Person nehmen sie nicht zu wichtig, und sie sind in der Regel eher schüchterne, zurückhaltende Menschen. Gerade das läßt sie aber so sympathisch erscheinen, daß andere von ihrer Persönlichkeit beinahe noch mehr beeindruckt sind als von ihren Taten.

Ihre Stärke ist gleichzeitig aber auch ihr größter »Fehler«; denn durch ihre Zurückhaltung, ihre Ängstlichkeit und ihre Abhängigkeit vom Urteil anderer verpassen sie manchmal ihre besten Chancen.

Der Lebensrhythmus

Der durch den Mondeinfluß geprägte Lebensrhythmus des Wintervollmondmenschen ist außerordentlich harmonisch. Wie auch beim Sommervollmondtypus ist ihr innerer Rhythmus durch ein ruhiges Auf und Ab gekennzeichnet, das einen Stillstand verhütet, aber keine größeren seelischen Spannungen verursacht. Ein solches dynamisches Gleichgewicht ist eine der besten Voraussetzungen für ein erfülltes Leben.

Die Kindheit des Wintervollmondtypus läßt dabei meist von den großen Anlagen dieser Menschen noch wenig erkennen; sie verläuft in der Regel besonders ruhig und unauffällig. In der Mitte oder gegen Ende der Pubertät kommt es dann jedoch zu einer einschneidenden Veränderung: Der Wintervollmondmensch findet zu seiner inneren Vision, die ihn bis ins Alter leitet.

Bei Wintervollmondgeborenen ist es gar nicht selten, daß sie von größeren Krisen in ihrem Leben verschont bleiben. Lediglich im höheren Alter, wenn sie ihre Vision erfüllt sehen und es sich scheinbar nicht mehr lohnt, eine neue Vision aufzubauen, oder aber, wenn sie erkennen, daß sie ihr Lebenswerk nicht mehr vollenden können, überfällt sie eine schwere Sinnkrise.

Anlagen und Möglichkeiten

Die Charakteristika des Wintervollmondgeborenen sind auf den ersten Blick unspektakulär: Sie sind in der Regel sanftmütig, mitfühlend, einsichts- und verständnisvoll und ein wenig schüchtern. Sind das Eigenschaften, die einen »großen« Menschen ausmachen? Auf jeden Fall sind es sehr sympathische Merkmale, und Wintervollmondmenschen sind meist auch sehr beliebt bei ihren Mitmenschen – und sie werden unterschätzt.

Was nämlich nicht so offensichtlich ist, ist die innere Vision, der der Wintervollmondtypus folgt. Oft ist er sich dessen ja selbst nicht voll bewußt. Dieser Mangel an (Selbst-)Bewußtsein läßt Menschen, die im Wintervollmond geboren wurden, so manche wichtige Gelegenheit verpassen. Es ist für ihre seelische Entfaltung und für ihr Glück von größter Wichtigkeit, daß sie lernen, ihrer Vision bewußt und auch mit dem notwendigen Quentchen Selbstvertrauen zu folgen und sich nicht zu sehr von den Meinungen, (Vor-)Urteilen und Anschauungen anderer abhängig zu machen.

Die Schüchternheit des Wintervollmondmenschen ist nicht leicht zu verstehen; er ist liebenswert, mitfühlend und im Grunde genommen eine starke Persönlichkeit. Gerade sein Mitgefühl mit anderen leitet ihn wohl manchmal in die Irre: Er möchte sich seinen Mitmenschen nicht aufdrängen, sie nicht verletztén, enttäuschen oder verärgern, und so wird er schnell etwas überängstlich.

Wenn wir die negativste Ausprägung der Eigenschaften des Wintervollmondtypus nennen sollten, würden wir wohl seine Ängstlichkeit anführen. Ängste haben natürlich bis zu einem gewissen Grad ihre Berechtigung; ohne die Angst vor Verletzungen und Schmerzen würden wir unbedacht eine befahrene Straße überqueren, versuchen, ob wir nicht vielleicht doch fliegen können und von einer Klippe springen, oder unsere Hand auf die glühende Herdplatte legen, um zu hören, wie es zischt. Ängste dienen also dem Überleben. Aber von diesen grundlegenden Ängsten einmal abgesehen, behindern uns angstvolle Vorstellungen nur. Wenn wir uns vor kleinen Spinnen, Mäusen oder der Dunkelheit fürchten, wird uns das keinerlei Vorteile verschaffen, sondern unsere Möglichkeiten einschränken. Die Ängste des Wintervollmondgeborenen beziehen sich oft auf andere Menschen, darauf, daß sie ihre Ziele nicht erreichen, auf mögliche Katastrophen oder ganz allgemein auf die Unüberschaubarkeit und Komplexität der Welt als Ganzes.

Wintervollmondmenschen, die um ihre Schwäche wissen, haben den unschätzbaren Vorteil, an ihr arbeiten zu können und sie zu überwinden. Gelingt ihnen das, steht ihren Zielen kaum noch etwas im Wege – vor allem nicht sie selbst.

Beziehungen

Aus dem Gesagten dürfte schon deutlich geworden sein, daß der Wintervollmondtypus in aller Regel ein sehr sympathischer Zeitgenosse ist. Das zeigt sich auch darin, daß er mit beinahe allen anderen Mondgeburtstypen gut zurechtkommt.

Beziehungskrisen sind bei Wintervollmondmenschen selten. Ihnen gelingt es zumeist, von den positiven Eigenschaften ihres Partners zu profitieren und ihrerseits die Vorzüge des anderen durch ihr Verständnis, ihr Mitgefühl und Einfühlungsvermögen zu fördern.

	F	F	F	F	S	S	S	S	H	H	H	H	W	W	W	W
	●	◐	○	◑	●	◐	○	◑	●	◐	○	◑	●	◐	○	◑
WO	++	++	+	+	+	+	++	++	+	0	++	–	+	+	+	—

Nur bei zwei Mondgeburtstypen steht eine Verbindung mit dem Wintervollmondtypus unter keinem günstigen Stern, oder besser gesagt Mond. Menschen, die im letzten Viertel des Mondes im Herbst oder im Winter geboren wurden, weisen zu viele Ähnlichkeiten mit dem Wintervollmondmenschen auf, und zwar derart, daß sie sich gegenseitig in ihrer Entwicklung behindern.

Beruf

Wintervollmondmenschen passiert es wesentlich seltener als anderen, daß sie in einen Beruf »hineinrutschen«, der ihnen nicht die Möglichkeit bietet, Erfüllung in ihrem Leben zu finden. Genaueres läßt sich nicht sagen, da die Antwort auf die Frage, welcher Beruf ideal für den Wintervollmondtypus ist, vollkommen von seiner inneren Vision abhängt. Menschen, die im Wintervollmond geboren wurden, können in beinahe jedem Beruf glücklich werden.

Berühmte Persönlichkeiten

Wintervollmondmenschen, die zu Ruhm und Ehren gekommen sind, lassen sich häufiger finden bei als anderen Mondgeburtstypen. Das liegt natürlich zum Teil daran, daß überhaupt bei Vollmond mehr Geburten zu verzeichnen sind, doch das kann nicht die ganze Antwort sein, wie vielleicht deutlich wird, wenn wir einige dieser Menschen nennen:

Der wahrscheinlich berühmteste Wintervollmondgeborene ist Albert Einstein, der Nobelpreisträger und Entdecker der Relativitätstheorie, die unser gesamtes Weltbild veränderte.

Ein anderer Wintervollmondmensch steht ihm an Größe kaum nach, auch wenn er sie auf einem ganz anderen Gebiet zeigte. Die Rede ist von einem der berühmtesten Künstler der Renaissance, Michelangelo.

Mit diesen beiden Genies können die Schauspieler Marlene Dietrich und Gerd Froebe vielleicht nicht ganz mithalten; aber immerhin erlangten auch sie mit ihren Filmen Weltruhm.

Auch in der deutschen Politik findet sich ein Wintervollmondmensch: der ehemalige Bundeskanzler Konrad Adenauer, der offensichtlich auch seiner persönlichen Vision folgte – wie immer man diese bewerten mag.

Der Vollmondgeborene

Auch der Vollmond bringt, wie der Neumond, einen starken Impuls mit sich, der diejenigen Vollmondgeborenen betrifft, die am Vollmondtag selbst das (Mond-)Licht der Welt erblickten. Diese Menschen weisen die Eigenschaften des Vollmondes besonders deutlich auf: Sie sind einerseits ausgeglichen und tragen andererseits eine starke Dynamik in sich. Der Vollmondgeborene ist deutlich durch die Prinzipien Reife und schöpferische Kraft bestimmt.

Eines der besten Beispiele für einen solchen Vollmondgeborenen, der alle seine positiven Anlagen verwirklichen konnte, ist Goethe.

Der Typus des letzten Viertels

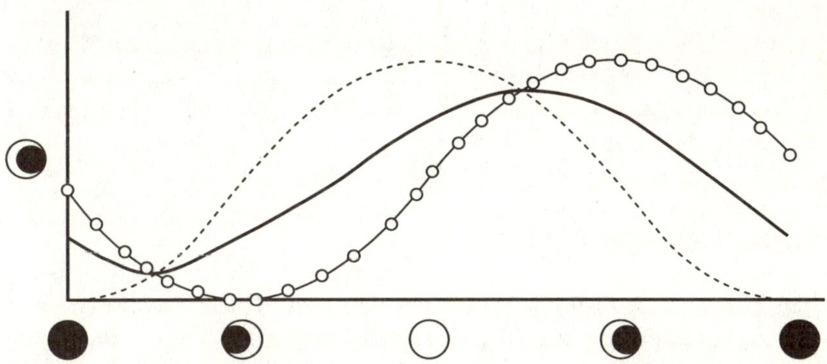

Falls Sie die vorausgegangenen Abschnitte nicht gelesen haben: In der Abbildung zeigt die gestrichelte Linie die »innere Monduhr«, die immer im gleichen, uns in Urzeiten eingeprägten Rhythmus des Mondes abläuft und die durch die Geburt »gestellt« wird; die zweite gepunktete Kurve folgt dem tatsächlichen Lauf des Mondes vom Zeitpunkt der Geburt an, und die dritte, schwarz durchgezogene Kurve entspricht dem Verlauf der persönlichen Energie des Typus des letzten Viertels.

Menschen, die im letzten Viertel des Mondes geboren wurden, sind ausgesprochene »Mondmenschen«, d. h. sie reagieren deutlich auf die Veränderungen der Mondphasen. Insofern ähneln sie Neumondgeborenen, doch ansonsten sind diese Typen sehr verschieden. Der Typus des letzten Viertels erlebt seine Gefühle und seinen Mondrhythmus wesentlich bewußter als der Neumondtypus, obwohl er nicht dessen extreme Gefühlsschwankungen zeigt.

Menschen, die im letzten Viertel des Mondes geboren wurden, haben zumeist eine sehr harmonische »Beziehung« zum Mond. Ihre persönliche Lebensenergie und die Kräfte, die der Mond ausübt, beeinflussen sich dermaßen, daß sowohl die »Spitzen« der Mondkräfte beruhigt als auch die Tiefen etwas angehoben werden. Der Typus des letzten Viertels des Mondes verfügt also über einen sehr ausgeglichenen persönlichen Mondrhythmus.

Bei Menschen, die im letzten Viertel des Mondes geboren wurden, ist zu bemerken, daß sie – ähnlich wie übrigens auch die Gezeiten! – etwa zwei Tage »verschoben« reagieren; sie spüren also beispielsweise die Energie des Vollmondes am stärksten zwei Tage *nach* Vollmond.

Der Typus des letzten Viertels des Mondes hat viele gute Anlagen und ein hohes geistiges Potential. Es fällt diesen Menschen jedoch oft etwas schwer, ihre Möglichkeiten auch wirklich zu nutzen. Sie machen oft eine schwere Kindheit und Pubertät durch, was manchen unter ihnen den Mut nimmt, die Dinge kraftvoll und mit Selbstvertrauen anzupacken. Nachdem sie die frühen Jugendjahre bewältigt haben, erlebt ihre Lebensenergie einen Aufschwung, der bis ins reife Erwachsenenalter anhält; dann bleibt sie noch lange Zeit auf einem hohen Niveau, bis sie erst im hohen Alter wieder abfällt.

Für die Entwicklung des Typus des letzten Viertels des Mondes ist es am wichtigsten, Selbstvertrauen zu entwickeln, seine Tendenz zur Trägheit zu überwinden und seine Fähigkeit zu nutzen, in die Tiefen seines Selbst vorzudringen.

Letztes Frühlingsviertel

Menschen, die im Frühling und im letzten Viertel des Mondes geboren wurden, vereinen die beiden gegensätzlichen Kräfte des Frühlings und des letzten Viertels in ihrer emotionalen Ausdruckskraft. Sie sind von allen Menschen des letzten Viertels des Mondes am unruhigsten – einerseits drängt es sie nach außen, andererseits spüren sie einen ebenso starken Drang nach innen zu gehen und sich selbst zu suchen.

Der Lebensrhythmus

Der Mond im letzten Viertel und im Frühling beinhaltet zwei Kräfte, die in einem deutlichen Gegensatz stehen – der sich sehr harmonisch und ausgleichend auswirkt, wenn derjenige, der unter seinem Einfluß geboren wurde, nicht gegen seine inneren Rhythmen lebt. Insbesondere dann, wenn die Frühlingsenergie sehr stark und die Mondenergie besonders schwach ist (beim Typus des letzten Viertels des Mondes im Frühling in den frühen Erwachsenenjahren, etwa zwischen dem zwanzigsten und dem dreißigsten Lebensjahr), wirken die Kräfte jedoch oft nicht harmonisierend aufeinander. Sie bewirken besonders starke Gefühlsschwankungen – aber auch eine hohe Schaffenskraft; diese Menschen sind in diesem Alter ganz besonders produktiv.

Die Krisenzeiten des Typus des letzten Viertels des Mondes im Frühling sind von ganz unterschiedlicher Art und Bedeutung. Die erste

Lebenskrise dieser Menschen stellt sich ungewöhnlich früh ein, nämlich bereits in der Kindheit, im Alter zwischen fünf und sieben Jahren, der Zeit, die in der Psychoanalyse als »ödipale Phase« bekannt ist. Solche Kinder sind dann oft sehr aggressiv und benötigen sehr viel Liebe und Zuwendung – was leider nicht alle Eltern erkennen, die mit eigener Aggression, Ärger oder Liebesentzug reagieren und es ihrem Kind damit unnötig schwermachen. Ihre zweite Krisenzeit, die jedoch weitaus weniger dramatisch und folgenschwer ist, liegt im Alter – in dieser Zeit nimmt die Suche nach Lebenssinn oft eine neue, positive Wendung, die allerdings zunächst mit Schmerzen verbunden sein kann.

Anlagen und Möglichkeiten

Die positiven Anlagen dieser Mondgeburt machen sich oft schon früh in einem Charakter bemerkbar, der zwar sehr nach außen gewandt ist, bei dem aber auch zu spüren ist, daß in der Tiefe der Seele dieser Menschen eine verborgene Kraft steckt. Der Typus des letzten Viertels des Mondes im Frühling ist emotional und ausdrucksstark; er geht unbefangen auf andere Menschen zu und übt oft auch eine große Anziehungskraft auf andere aus.

Was diese Menschen zu starken Persönlichkeiten macht, ist die Suche nach dem persönlichen Lebenssinn; eine Suche, die sie vorantreibt und die ihnen Kraft verleiht. Den Sinn suchen sie vor allem im Schönen – sie haben ein ausgeprägtes Gefühl für Ästhetik und spüren, daß in der Schönheit eine Kraft liegt, die die Seele berührt und nährt.

Wenn Menschen, die im letzten Viertel des Mondes im Frühling geboren wurden, ihren Gefühlen folgen, dabei jedoch nicht die Augen vor der Realität verschließen, haben sie den Weg zu ihrem Lebensglück gefunden. Die Stärke des Typus des letzten Viertels des Mondes im Frühling kann sich aber auch gegen ihn richten, wenn er seinem Drang nach außen zu sehr nachgibt. Diese Menschen betrachten dann geistige, spirituelle Werte zwar als wichtig für ihr Leben, aber sie bleiben dabei zu oberflächlich. Sie sind dann oberflächlich religiös, folgen äußeren Regeln und Vorschriften, anstatt sich auf den inneren Kern zu beziehen. Bei solchen Menschen zeigt sich leider auch eine deutliche Tendenz dazu, pedantisch, verbissen oder sogar fanatisch zu werden.

Wenn der negativste Zug, der Fanatismus, dennoch nur selten zum Vorschein kommt, dann deshalb, weil er nicht »schön« ist – die Einseitigkeit und Starrheit einer Lehre übt keinen ästhetischen Reiz auf den Typus des letzten Viertels des Mondes im Frühling aus.

Die Suche nach dem Lebenssinn ist wohl das wichtigste Ziel des Menschen. Menschen, die im letzten Viertel des Mondes im Frühling geboren wurden, haben die Chance, diesen Sinn schon früh in ihrem Leben aufzuspüren – doch dazu müssen sie ihre Augen wenigstens ein Stück weit öffnen.

Beziehungen
Der Typus des letzten Viertels des Mondes im Frühling zeigt seine Gefühle, ist offen und eine interessante Persönlichkeit. Er hat in der Regel keine Schwierigkeiten mit anderen Menschen, auch wenn es ihm mitunter ein wenig an Selbstvertrauen mangelt. Eine Beziehung zu einem solchen Menschen gerät vor allem dann in eine Krise, wenn sich dessen pedantische Seite zeigt. In diesem Fall profitiert der Typus des letzten Viertels des Mondes im Frühling von einem Partner, der stark genug ist, ihm seine Schwäche auf einfühlsame Weise klarzumachen und ihm hilft, sie zu überwinden.

	F	F	F	F	S	S	S	S	H	H	H	H	W	W	W	W
	●	◐	○	◑	●	◐	○	◑	●	◐	○	◑	●	◐	○	◑
FO	+	–	0	–	+	++	++	0	+	+	0	+	+	0	+	0

Sowohl der im ersten Mondviertel des Sommers als auch der im Sommervollmond Geborene sind Partner, die auch mit den Schwächen des Typus des letzten Viertels des Mondes im Frühling sehr gut zurechtkommen, wenn auch auf unterschiedliche Art und Weise. Die Klugheit, Intuition und nicht zuletzt auch das ästhetische Empfinden des ersten Sommerviertels sind eine Möglichkeit, mit dem Typus des letzten Viertels des Mondes im Frühling umzugehen, die Warmherzigkeit und das Feingefühl, verbunden mit der Spiritualität des Sommervollmondmenschen, eine andere, ebenso gute. Was auffällt, ist, daß beide Mondgeburtstypen, die mit dem Typus des letzten Viertels des Mondes im Frühling harmonieren, je *eine* wichtige Eigenschaft mit ihm gemein haben – der eine das ästhetische Empfinden, der andere den Drang zum Spirituellen.

Beruf
Daß sich der Typus des letzten Viertels des Mondes im Frühling anderen Menschen offen zuwendet, ist eine seiner Stärken, solange er sich dabei bewußt ist, daß diese Wendung nach außen nur eine Seite seiner Persönlichkeit zeigt, die jedoch von der Entwicklung der tiefen Schichten seines Selbst abhängig ist. Für ihn ist es also wichtig, mit anderen Menschen nicht oberflächlichen, sondern tiefergehenden Kontakt zu haben. Das bedeutet jedoch nicht, daß Menschen, die im letzten Viertel des Mondes im Frühling geboren sind, besonders gute Psychologen oder Therapeuten wären. Das heißt, sie können *für andere* durchaus gute Psychologen sein – ihnen selbst tut es aber nicht gut, sich vorwiegend mit den Schwierigkeiten anderer zu befassen.

Der Typus des letzten Viertels des Mondes im Frühling verwirklicht sich in seinem Beruf dann am besten, wenn er mit anderen Menschen auf gleicher Ebene in einem Bereich arbeitet, in dem Rationalität *und*

Gefühle - seine und die der anderen - eine wichtige Rolle spielen. Tätigkeiten in humanitären Organisationen, in Kirchen, Vereinen, aber auch in einigen Wirtschaftsunternehmen werden diesen Ansprüchen oft gerecht.

Eine andere Möglichkeit, sich selbst zu verwirklichen, findet der Typus des letzten Viertels des Mondes im Frühling in der Kunst, in der Schriftstellerei, der Musik oder einem anderen Bereich, in dem er zwar vorwiegend allein arbeitet, aber bei seiner Arbeit stets seine Gefühle und die Emotionen anderer berücksichtigt.

Berühmte Persönlichkeiten

Unter den Menschen, die im letzten Viertel des Mondes im Frühling geboren wurden, finden sich einige Schauspieler, die die emotionale Ausdruckskraft dieses Typus bezeugen, u. a. Audrey Hepburn und Brigitte Horney.

Ein Extrem dieses Mondgeburtstypus verkörpert der exzentrische Künstler Salvador Dali, dessen Bilder eine starke Wirkung auf den Betrachter ausüben und lebhaft von dem ästhetischen Empfinden des Künstlers künden.

Auch der Philosoph Immanuel Kant gehört zu dem Typus des letzten Viertels des Mondes im Frühling. Bei ihm manifestierten sich deutlich *beide* Seiten seiner Mondgeburtsanlagen. Einerseits zeigt seine Philosophie eine starke geistige Dimension, und in der Klarheit der Gedankengänge ist auch etwas von der Ästhetik des Typus des letzten Viertels des Mondes im Frühling zu spüren. Auf der anderen Seite hatte Kant, wie viele Anekdoten aus seinem Leben bezeugen, einen deutlichen Hang zur Pedanterie und zu übertriebener Genauigkeit; so wird beispielsweise berichtet, daß die Königsberger ihre Uhren nach den Spaziergängen von Professor Kant stellen konnten.

Letztes Sommerviertel

Der Typus des letzten Viertels des Mondes im Sommer ist wohl der ausgeglichenste aller Mondgeburtstypen des letzten Viertels. Diese Ausgeglichenheit im Lebensrhythmus ist allerdings nicht mit Harmonie zu verwechseln; sie bringt nicht unbedingt eine äußere oder innere Harmonie mit sich, sondern bedeutet lediglich, daß diejenigen, die unter diesem Mondeinfluß geboren wurden, ihren Lebensweg gleichmäßig ohne große Veränderungen gehen.

Wie leicht einzusehen ist, kann das sowohl eine Stärke als auch eine Schwäche sein, je nachdem, welcher Lebensweg konkret eingeschlagen wurde.

Menschen, die im Sommer und im letzten Viertel des Mondes geboren wurden, haben Eigenschaften, die sie anderen Menschen durchaus sympathisch machen; dazu gehören die Ruhe, die sie ausstrahlen, ihr Mut und ihre Gelassenheit. Die Kehrseite der positiven Eigenschaften dieses Mondtypus macht die Betreffenden nicht unbedingt unsympathisch, aber sie zeigt deutlich, wo die Gefahren für die seelische Entwicklung des Typus des letzten Viertels des Mondes im Sommer liegen, nämlich in seiner Beharrlichkeit, die mitunter zur Trägheit oder zu Sturheit wird, und in dem Pessimismus, zu dem dieser Typus neigt.

Der Lebensrhythmus

Der Typus des Mondes im letzten Viertel und im Sommer vereint die Stärke des Typus des Sommers mit der äußerlich ruhigeren, aber stark verinnerlichenden Kraft des Typus des letzten Viertels. Der Typus des letzten Viertels des Mondes im Sommer verfügt über eine starke Persönlichkeit, die in der äußeren Welt ihre Ziele erreicht, indem sie ihren Weg unbeirrt verfolgt. Sie lebt jedoch andererseits in einem inneren Zwiespalt, der zwar produktiv sein, aber auch zu latenten Aggressionen führen kann.

Der Lebensrhythmus dieser Menschen ist von sehr wenigen Schwankungen geprägt, so daß ihr Leben meist einer Bahn folgt; die Lebensenergie dieser Menschen ist in der Regel sehr konstant. Diese Konstanz ist jedoch das Ergebnis zweier sich gegenseitig ausgleichender Kräfte, die durchaus Höhen und Tiefen zu verzeichnen haben – aber in einem gegenseitigen Wechsel: Wann immer die Mondenergie ihren Höhepunkt erreicht, kommt die Sommerenergie zu ihrem Tiefpunkt und umgekehrt. Es ist leicht einzusehen, daß dieses Wechselspiel in vielen Fällen nicht zu einer inneren Harmonie, sondern eher zu einer gewissen Zerrissenheit zwischen Innen und Außen führt.

Die Lebensaufgabe des Typus des letzten Viertels des Mondes im Sommer liegt darin, für sich eine Harmonie zwischen den wechselnden Polen zu finden. Oft gelingt es diesen Menschen, diese Harmonie in der Mitte ihres Lebens zu erreichen – dann nämlich, wenn die beiden Kräfte ihre Richtung wechseln und etwa die gleiche Stärke aufweisen.

Diese Zeit fällt nicht als Krise auf, ganz im Gegenteil: Die Betreffenden sind in dieser Phase meist besonders im reinen mit sich selbst, finden ihre Aufgabe, kommen auf ihrem Weg voran, machen oft beruflich einen Karrieresprung und fühlen sich auch besonders wohl. Dennoch ist es insofern eine kritische Zeit, als sich dann meist entscheidet, ob sie mehr nach innen gehen und nach einem tieferen Lebenssinn suchen, oder ob sie sich ganz »in die Welt« begeben und daher ihre seelische Entwicklung vernachlässigen.

Anlagen und Möglichkeiten

Die Beständigkeit des Typus des letzten Viertels des Mondes im Sommer ist eine seiner auffälligsten Eigenschaften. Wenn andere Menschen über den Charakter dieses Typus sprechen, so bilden sich meist zwei Parteien: Die einen schätzen seine Ruhe, Gelassenheit, seinen Sinn für Ordnung und seine Geduld, während den anderen eher seine Trägheit, Sturheit und Ordnungsliebe, die sie für überzogen halten, auffällt. Tatsächlich liegen solche gegensätzlichen Eigenschaften bei diesem Mondgeburtstypus oft zusammen vor, und es hängt von der Wahrnehmung anderer ab, welche Aspekte jeweils hervorzutreten scheinen.

Aber die *Wirkung* auf andere ist eine Sache; eine ganz andere ist, wie sich die Eigenschaften für den Betreffenden selbst auswirken. Von außen gesehen sind sich beispielsweise Ruhe und Trägheit sehr ähnlich – doch die Bedeutung für die seelische Entwicklung des Trägers dieser Eigenschaften ist ganz unterschiedlich.

Auch Trägheit wirkt nach außen hin ruhig – doch diese Ruhe ist ein Stillstand, der keine Entwicklung mehr zuläßt. Eine tatsächliche innere Ruhe ist dagegen geradezu ein Ausgangspunkt, ein Stützpunkt, der der seelischen Entwicklung Stabilität und Kontinuität verleiht.

Analog verhält es sich mit den anderen Eigenschaften des Typus des letzten Viertels des Mondes im Sommer. Auch eine Ordnung der Gedanken und Ziele ist der seelischen Entwicklung förderlich – wenn sich der Drang, Ordnung zu schaffen, dagegen auf Oberflächliches bezieht, wird er zur Pedanterie, zur Sturheit, die die Entfaltung des inneren Potentials dieser Menschen behindert.

In den meisten Fällen spüren die Betreffenden, daß sie auf einem schmalen Grat wandern, und werden dadurch achtsamer. Eine einfache »Lösung« dieses Problems gibt es indes nicht, nur eine beständige Entwicklung – und Beständigkeit ist ja durchaus eine der positiven Kräfte dieses Mondgeburtstypus. Doch das Bewußtsein, zwischen zwei Kräften zu stehen, kann auch anstrengend sein; Menschen, die im letzten Viertel des Mondes im Sommer geboren wurden, verlieren dadurch zwar nicht den Mut, aber sie haben einen gewissen Hang zum Pessimismus, der ihnen nicht förderlich ist (– aber wann ist Pessimismus das schon?).

Dabei haben es diese Menschen in ihrem Leben nicht übermäßig schwer: Ihr Mut und ihre Fähigkeit, auch in schwierigen Situationen ihren Weg zu verfolgen, sind ein großes Plus. Wenn sie sich vor der Gefahr des Stillstandes (der sich als Trägheit und Starrsinn manifestiert) hüten, kann sie nichts davon abhalten, ihre Lebensziele zu erreichen.

Beziehungen

Der Typus des letzten Viertels des Mondes im Sommer wird von einem Teil seiner Mitmenschen als besonders sympathisch, von einem anderen Teil dagegen als besonders unsympathisch empfunden. Das Interessante daran ist, daß beide Parteien den Charakter dieses Mondtypus nur selten in seiner ganzen Komplexität erfassen. Wer sich nämlich auf einen solchen Menschen wirklich einläßt, ihn zu verstehen und seine positiven Seiten zu fördern versucht, wird feststellen, daß er ganz anders ist, als er »von außen« erscheint; vor allem viel weniger einseitig. Er ist eine starke Persönlichkeit, die die meisten Menschen bei näherem Kennenlernen sehr zu schätzen wissen.

Menschen, die im letzten Viertel des Mondes im Sommer geboren wurden, können in einer engen Beziehung sehr viel für sich lernen. Am günstigsten sind für sie Partner, die nicht beeinflußbar, aber einfühlsam und selbst starke Persönlichkeiten sind.

	F	F	F	F	S	S	S	S	H	H	H	H	W	W	W	W
	●	◐	○	◑	●	◐	○	◑	●	◐	○	◑	●	◐	○	◑
SO	+	0	+	0	0	+	+	0	+	+	–	—	–	+	++	0

Der Typus des letzten Viertels des Mondes im Herbst ist eine sehr sympathische Persönlichkeit – für Menschen des gleichen Mondtyps wirken sie sich in einer Partnerschaft aber leider sehr negativ aus, da sie zu nachgiebig sind, dazu neigen, sich selbst zu verleugnen und den negativen Ausprägungen der Eigenschaften ihres Partners nicht entgegenzutreten.

Der Wintervollmondtypus hat dagegen genau die Anlagen, die die angenehmsten Seiten des Typus des letzten Viertels des Mondes im Sommer zum Vorschein bringen. Menschen dieses Typus verstehen ihren Partner, aber geben ihm nicht zu sehr nach. Auf ihre liebenswerte, sanfte und mitfühlende Art und Weise machen sie ihm klar, wie wichtig es ist, einer positiven inneren Vision zu folgen und zu vertrauen.

Beruf

Es ist nicht leicht, etwas über den vorteilhaftesten beruflichen Weg des Typus des letzten Viertels des Mondes im Sommer zu sagen. Seine Beständigkeit ermöglicht es ihm in beinahe jedem Beruf, erfolgreich zu sein und Erfüllung zu finden.

Wichtig ist es aber wohl, daß die berufliche Laufbahn nicht seinen Hang zu Trägheit und Pessimismus fördert. Ein Job, bei dem keinerlei Engagement gefragt ist, bei dem es nur darum geht, »eine ruhige Kugel zu schieben«, ist der seelischen Entwicklung sicherlich wenig förderlich.

Berühmte Persönlichkeiten

Die Menschen des letzten Sommerviertels, die berühmt geworden sind, haben logischerweise nicht die Anlage zur Trägheit dieses Typus entwickelt. Die große Spannbreite an Persönlichkeiten, die dieser Mondeinfluß hervorbringt, möchten wir mit zwei Menschen andeuten: Die Pianistin und Komponistin Clara Schumann, die trotz aller Schwierigkeiten, mit denen Frauen damals noch stärker als heute konfrontiert waren, beständig ihre musikalische Entwicklung verfolgte; und auf der anderen Seite der konservative Politiker Franz Josef Strauß, der es durch seine

Beharrlichkeit bis zum Kanzlerkandidaten brachte, aber der sich durch seine Sturheit und seinen verbissenen Kampf gegen seine politischen Gegner auch einige Feindschaft zuzog.

Letztes Herbstviertel

Menschen, die im letzten Viertel des Mondes im Herbst auf die Welt kamen, stehen unter einem sehr harmonischen Mondeinfluß. Ihr Leben verläuft meist in sehr ruhigen Bahnen, und auch innerlich erleben sie keine großen emotionalen Spannungen. (Solche Aussagen beziehen sich immer auf die *Anlagen* der Betreffenden – selbstverständlich können auch Menschen mit den glücklichsten Anlagen mit Ereignissen konfrontiert werden, die sie aus dem Gleichgewicht bringen. Nur bedarf es bei ihnen stärkerer Anlässe als bei denjenigen, die aufgrund ihrer Mondgeburt stärker auf unharmonische Einflüsse reagieren.)

Der Typus des letzten Viertels des Mondes im Herbst hat seine Stärken und Schwächen weniger in Eigenschaften, die sich vorrangig äußerlich bemerkbar machen; ihr Blick richtet sich mehr auf innere Vorgänge. In der Regel ist das sehr positiv zu bewerten: Letztendlich existiert ja die ganze Welt nur in der Wahrnehmung – die äußere Welt ist eine *Projektion* der Seele. Das ist zumindest die Weltsicht, die – bewußt oder unbewußt – die Grundlage des Seelenlebens dieses Mondgeburtstypus ist.

Die Folge davon ist nicht etwa, wie man vielleicht meinen würde, wenn man diese Sicht der Welt nicht in all ihren Konsequenzen begreifen kann, daß Menschen, die im letzten Viertel des Mondes im Herbst geboren wurden, übermäßig egozentrisch und selbstbezogen wären. Sie betrachten sich vielmehr als einen Teil der Welt, und zwar als den Teil, den sie am ehesten verändern können. Ihnen ist klarer als anderen, daß sie nur über die Veränderung ihres Selbst ihre Welt, von der sie ein Teil sind und die gleichzeitig ein Teil ihrer selbst ist, positiv beeinflussen können.

Der Lebensrhythmus

Im Mond im letzten Viertel und im Herbst vereinen sich zwei Energien, die sich nach innen richten. Die Persönlichkeit der Menschen, die unter diesem Mondeinfluß geboren wurden, ist also von Kräften geprägt, die es ihnen leichtmachen, sich auf ihre seelischen Entwicklung zu konzentrieren.

Der Lebensrhythmus des Typus des im letzten Viertel des Mondes im Herbst Geborenen ergibt sich aus der Wechselwirkung der einander ähnlichen, aber eben nicht genau gleichgerichteten Energien des letzten Viertels und des Herbstes. Diese beiden Kräfte beeinflussen einander sehr positiv – sie lassen keine großen Schwankungen der Lebensenergie zu; ein Tiefpunkt der einen Energie wird von einem Höhepunkt der anderen abgefangen. Im Gegensatz zu dem im vorausgegangenen Abschnitt besprochenen Typus des letzten Viertels des Mondes im Sommer ergeben sich jedoch *leichte* Schwankungen, die insgesamt gesehen eine stärkere, weil dynamische Harmonie bedeuten.

Im Leben dieser Menschen gibt es keine durch den Lebensrhythmus bedingte Krisenphasen. In der Lebensmitte findet aber häufig eine tiefgreifende Veränderung statt, die sich jedoch vollkommen harmonisch in das Leben der Betreffenden einfügt.

Anlagen und Möglichkeiten

Menschen, die im letzten Viertel des Mondes im Herbst geboren wurden, sind in der Regel friedlich, sensibel und haben die besten Voraussetzungen, ein überdurchschnittlich glückliches Leben zu führen, auch wenn sie von äußeren Ereignissen nicht sonderlich begünstigt werden.

Sie suchen immer nach einem Ausgleich zwischen gegensätzlichen Polen; Menschen, die unter diesem Mondeinfluß stehen, neigen wohl am wenigsten von allen Mondgeburtstypen zu Fanatismus und Schwarzweißmalerei. Selbst im Alter, wenn es bei den meisten Menschen zu einer gewissen Verfestigung der Ansichten und Einstellungen kommt, sind sie, wenn auch nicht mehr so flexibel, so doch immer noch äußerst tolerant, nachsichtig und friedlich.

Zur Natur haben Menschen, die im letzten Viertel des Mondes im Herbst geboren wurden, meist eine ganz besonders innige Beziehung. Sie empfinden die Schönheiten der Welt nicht nur als eine Bereicherung ihres Lebens, sondern haben auch ein Gefühl für die spirituelle Dimension des Naturgeschehens. Sie haben nicht selten den Drang, der Tiefe ihrer Wahrnehmung künstlerisch Ausdruck zu verleihen – dabei kommt es ihnen nicht auf technische Vollkommenheit an, sondern nur darauf, ihre Empfindung auch in ihrem Handeln zu manifestieren.

Es gibt nichts, was nur eine Seite hat. Es gibt auch keinen Mondgeburtstypus, der ausschließlich über positive Anlagen verfügt – nicht einmal der Typus des letzten Viertels des Mondes im Herbst. Aber tatsächlich muß man bei diesen Menschen schon genauer hinsehen, um die negativen Ausprägungen ihrer Anlagen auszumachen.

Bei ihrem Bestreben, Gegensätze auszugleichen, vergessen sie mitunter, daß gerade die oft den Reiz des Lebens ausmachen. Nicht alles, was gegensätzlich ist, ist unharmonisch. Absoluter Gleichklang ist eben noch keine Harmonie, sondern Eintönigkeit.

Manchmal ist ihnen auch ein gewisser Hang zur Selbstverleugnung eigen; bei dem Versuch, ihr Innenleben mit der Außenwelt in Harmonie zu bringen, gehen sie Kompromisse ein, die wenig vorteilhaft für ihre Entwicklung sind. Kurz gesagt: Die negativen Seiten ihres Charakters zeigen sich dann, wenn sie ihre im Grunde genommen positiven Intentionen zu weit treiben.

Beziehungen

Der Typus des letzten Viertels des Mondes im Herbst ist in aller Regel ein sehr sympathischer Zeitgenosse. Dennoch bedürfen diese Menschen eines Partners, der ihre positiven Eigenschaften fördert, um ihr Potential zu verwirklichen. Auch wenn sie im Alltag mit beinahe jedem Menschen gut zurechtkommen – für eine engere Beziehung sind keineswegs alle Mondgeburtstypen gleichermaßen geeignet. In der Tat finden sich gerade bei diesem Typus theoretisch die meisten deutlich unharmonischen Partnerkonstellationen, wenn ihn auch sein Gefühl für Harmonie meist vor solchen Verbindungen warnt.

	F	F	F	F	S	S	S	S	H	H	H	H	W	W	W	W
	●	◐	○	◑	●	◐	○	◑	●	◐	○	◑	●	◐	○	◑
HO	++	+	+	+	0	+	++	—	++	+	—	—	0	–	–	—

Besonders mit den Mondgeburten des letzten Viertels (außer dem aktiven Frühlingstypus) haben es diese Menschen in einer Partnerschaft sehr schwer. Sehr harmonische Verbindungen können sie dagegen vor allem mit den Neumondmenschen, insbesondere des Frühlings und des Herbstes, aufbauen.

Beruf

Der Typus des letzten Viertels des Mondes im Herbst beweist ein ungewöhnliches diplomatisches Geschick. Immer wieder gelingt es ihm, die gegensätzlichsten Positionen auf einen gemeinsamen Nenner zu bringen.

Natürlich können nicht alle Menschen, die unter diesem Mondeinfluß geboren werden, die diplomatische Laufbahn einschlagen, aber ihre Fähigkeiten sind in vielen Berufen gefragt. Sie tragen dazu bei, daß das Arbeitsklima angenehm bleibt, was nicht nur den Menschen, die mit ihnen zusammenarbeiten, zugute kommt. Es erhöht auch die Leistungsfähigkeit und Produktivität der Arbeitsgruppe. Wenn jeder Arbeitgeber und jeder Chef das erkennen würde, würden Menschen, die im letzten Viertel des Mondes im Herbst geboren wurden, meist sehr schnell die Karriereleiter emporsteigen. Doch ihre Fähigkeit ist so beschaffen, daß sie dabei nicht in den Vordergrund treten, unauffällig bleiben und daher oft unterschätzt werden.

Berufe, in denen es auf schnelle Entscheidungen zwischen zwei entgegengesetzten Alternativen ankommt, belasten den Typus des letzten Viertels des Mondes im Herbst stark – er hat, wenn er vor solchen Entscheidungen steht und zu einem Entschluß kommen muß, oft das Gefühl, innerlich zerrissen zu werden.

Viele Menschen dieses Mondgeburtstypus neigen daher zu Berufen, in denen sie es ruhig angehen lassen können. Zuviel Ruhe tut diesen Menschen aber gar nicht gut, denn auch Unterforderung bedeutet Streß und eine Vergeudung ihres Potentials – es sei denn, die Ruhe wird sozusagen zum Beruf wie z. B. bei Priestern, Meditationslehrern oder Philosophen. Bei solchen Tätigkeiten fühlen sich diese Menschen meist sehr wohl und verwirklichen alle ihre positiven Anlagen.

Berühmte Persönlichkeiten
Wie wir aus den Anlagen dieses Mondgeburtstypus schon ahnen können, finden sich wenig Berühmtheiten darunter. Das bedeutet sicherlich nicht, daß solche Menschen weniger begabt als andere wären – ihre Energie richtet sich aber so wenig nach außen, daß sie selten im absoluten Mittelpunkt des Interesses stehen und das auch nicht wollen.

Der Vollständigkeit halber möchten wir aber auch hier wenigstens zwei Beispiele nennen. Beide sind Schauspieler, die sehr beliebt und bekannt sind – und damit wieder einmal zeigen, daß die Mondgeburt dem Menschen zwar bestimmte Anlagen und Dispositionen zukommen läßt, ihn aber keineswegs absolut bestimmt: Sammy Davis jr. und Cathérine Deneuve.

Letztes Winterviertel

Menschen des letzten Viertel des Mondes im Winter stehen unter einem ganz besonderen Mondeinfluß. Ihre innere Kraft ist von allen Mondgeburtstypen am intensivsten, und sie sind in der Regel sehr starke und ungewöhnliche Persönlichkeiten.

Im Gegensatz zu dem Typus des letzten Viertels des Mondes im Herbst zeigen sich die Eigenschaften dieses Typus auch äußerlich – was zunächst ein wenig paradox erscheint, da sich alle seine Energien nach innen richten.

Wir können diese Tatsache mit einer Analogie beschreiben: Ein Feuer in einem verschlossenen Metallbehälter ist nicht sichtbar; aber wenn wir den Behälter berühren, spüren wir die Wärme. Diese Wärme ist vergleichbar mit der inneren Kraft, die insbesondere den Mondgeburtstypen des letzten Viertels eigen ist. Aber das innere Feuer ist, wenn auch fühlbar, so doch noch nicht sichtbar. Wenn aber in unserer Analogie das Feuer in dem Metallbehälter eine außergewöhnliche Hitze entfaltet, bringt es das Metall schließlich zum Glühen – das eingeschlossene Feuer wird auf diese Art und Weise also doch noch, indirekt, sichtbar. Ähnlich verhält es sich beim Typus des letzten Viertels des Mondes im Winter.

Wie auch das Feuer eine starke Kraft ist, die lebensspendende Wärme bringt, an der man sich aber auch verbrennen kann, so stehen den starken positiven Kräften der Menschen, die im letzten Viertel des Mondes im Winter geboren wurden, ebenso starke negative Kräfte gegenüber.

Der Typus des letzten Viertels des Mondes im Winter sucht eine Lebensaufgabe, und es ist für ihn von großer Bedeutung, eine solche Aufgabe zu finden – nur das wird ihn letztendlich glücklich macht. Er wird seine besten Anlagen darin verwirklichen können. Seine Leistungen sind, wenn er seine Aufgabe gefunden hat, oft geradezu beispielhaft und herausragend und wecken in anderen Menschen die Sehnsucht nach Höherem.

Das ist die eine Seite dieses Typus – auf der anderen Seite steht jedoch die tiefe Verzweiflung, die ihn überkommen kann, wenn er seine Aufgabe nicht findet oder daran scheitert.

Die Gefahr für die seelische Entwicklung des Typus des letzten Viertels des Mondes im Winter liegt vor allem darin, daß er sich auf eine Sache versteift und es ihm dann außerordentlich schwerfällt, andere Möglichkeiten und Chancen zu erkennen. Das große Ziel dieses Typus liegt darin, zu lernen, auch einmal loslassen zu können – nicht etwa materielle Dinge, wie es den meisten Menschen anzuraten wäre (denn das fällt ihm ohnehin leicht), sondern *sich selbst.* Wenn er sich nicht mit seiner selbstgestellten Aufgabe identifiziert, wird er das als eine große Befreiung erleben.

Der Lebensrhythmus

Beim Menschen des Mondes im letzten Viertel und im Winter treffen zwei gleichgerichtete Energien aufeinander, zwei Kräfte, die stark nach innen streben. Er ist einer der vier Mondgeburtstypen, bei denen der Lebensrhythmus extremen Schwankungen unterliegt, da sich die Mond- und die Sonnenenergie (= der Einfluß der Jahreszeit) gegenseitig aufschaukeln und verstärken.

Die Höhen und Tiefen im Leben des Typus des letzten Viertels des Mondes im Winter sind deshalb auch entsprechend deutlich ausgeprägt. Einen Energietiefpunkt haben Menschen dieses Typus gerade in ihrer Pubertät, einer Zeit, die ja sonst eher durch ein Übermaß an Energie gekennzeichnet ist – aber mit dem Ende der Pubertät steigt die verfügbare Lebensenergie ständig an, bis ins Alter; erst im hohen Alter sinkt sie wieder ein wenig ab.

Die wichtigste Krisenzeit im Leben der Menschen, die im letzten Viertel des Mondes im Winter geboren wurden, ist die Pubertät. Oft werden hier die Weichen für den Verlauf ihres weiteren Lebens gestellt – diese Phase ist natürlich bei jedem Menschen wichtig, aber beim Typus des letzten Viertels des Mondes im Winter in noch stärkerem Maße.

Anlagen und Möglichkeiten

Menschen, die unter dem Einfluß des letzten Viertels des Mondes im Winter geboren wurden, machen oft einen starken Eindruck auf andere Menschen; nicht dadurch, daß sie etwas Besonderes tun, sondern durch ihre Fähigkeit, zu der Seele der Menschen zu sprechen. Es ist schwer, wenn nicht sogar unmöglich, genau anzugeben, wie sie es tun – aber auf eine geheimnisvolle Art und Weise lösen sie bei anderen tiefe Gefühle aus; Gefühle, die das Leben dieser Menschen nachhaltig beeinflussen können.

Die emotionale Kraft der Menschen, die im letzten Viertel des Mondes im Winter geboren wurden, bewirkt auch, daß sie ein überdurchschnittlich starkes Mitgefühl für andere Menschen empfinden. Mit*gefühl* sollte sich jedoch nicht nur in Mit*leid,* sondern auch in Mit*freude* zeigen – leider vergessen die Menschen dieses Mondgeburtstypus das oft und belasten sich dann mehr, als es ihnen zuträglich ist, mit dem Leid anderer.

Doch das liegt eben in ihrem Charakter: Der Typus des letzten Viertels des Mondes im Winter dringt bei dem, was er tut, gern bis ins Innerste vor. Dies ist ein Ausdruck seiner intensiven Suche nach einer Lebensaufgabe; denn nur im Kern der Dinge ist das zu finden, was diese Menschen suchen. Sie fühlen sich dazu angetrieben, das, was sie anpacken, mit aller Kraft auszuführen.

Meist sind sie damit auf dem richtigen Weg – nicht nur, weil es gut ist, mit ganzem Herzen bei einer Sache zu sein, wenn man sie gut machen will, sondern weil es im Wesen dieser Menschen liegt, in die Tiefe vorzudringen, und sie darin ihre Erfüllung finden.

Allerdings hat das auch einen Haken: Sie neigen nämlich ganz folgerichtig dazu, sich auf eine Sache zu versteifen – was sich als äußerst problematisch erweisen kann, wenn sich nämlich später herausstellt, daß, so tief man auch in das gewählte Gebiet vordrang, es nicht das bietet, was man darin suchte. Menschen, die im letzten Viertel des Mondes im Winter geboren wurden, nehmen das meist sehr schwer, verzweifeln oft daran und betrachten es als persönliches Scheitern. Sie sind dann sehr unglücklich und fallen in Depressionen.

Wenn ihnen diese Mechanismen bewußt werden, wird es ihnen viel leichterfallen, ihre positiven Kräfte umzusetzen. Denn auch wenn sie eine Zeitlang einen Irrweg gegangen sind, so ist es doch nie zu spät, einen neuen Weg zu beschreiten – nicht selten stellt sich ein Irrweg im nachhinein sogar als eine wichtige Lernerfahrung heraus!

Beziehungen

Der Typus des letzten Viertels des Mondes im Winter ist ein komplizierter Mensch. Den meisten seiner Mitmenschen ist er durchaus sympathisch, aber er ist jemand, dem eine tiefe Beziehung mehr bedeutet als viele oberflächliche Bekanntschaften.

	F	F	F	F	S	S	S	S	H	H	H	H	W	W	W	W
	●	◐	○	◑	●	◐	○	◑	●	◐	○	◑	●	◐	○	◑
WO	+	+	+	0	+	+	0	0	++	++	+	–	+	+	–	–

Es gibt zwei Mondgeburtstypen, die für die seelische Entwicklung des Typus des letzten Viertels des Mondes im Winter besonders förderlich sind und die auch selbst von dieser Partnerschaft stark profitieren: die Typen des zunehmenden Mondes im Herbst. Die Eigenschaften dieser Typen und des Typus des letzten Viertels des Mondes im Winter ergänzen sich geradezu ideal.

Die Mondgeburtstypen des letzten Viertels im Herbst sind in der Regel keine guten Partner für den Menschen des letzten Viertels des Mondes im Winter, und auch zwei Menschen dieses Mondgeburtstypus harmonieren nicht gut miteinander – die negativen Ähnlichkeiten sind zu groß und verstärken sich eher gegenseitig.

Beruf

Ideal sind für diesen Typus kreative, künstlerische Berufe, die eine starke soziale Komponente haben. Tätigkeiten, bei denen es ganz und gar um materielle Dinge geht, werden nicht dazu beitragen, daß sich der Typus des letzten Viertels des Mondes im Winter wohl fühlt.

Er sucht mit aller Kraft nach einer Aufgabe, auf die er auch noch nach längerer Zeit mit Stolz und Befriedigung zurückblicken kann. Natürlich ist das für jeden Menschen angenehm; für diesen Typus ist es jedoch notwendig, um glücklich zu werden.

Berühmte Persönlichkeiten

Die Persönlichkeiten, die wir für diese Mondgeburt gefunden haben, zeigen alle deutliche Charakteristika ihres Typus. In ihrem Leben spielt ganz offensichtlich eine innere Vision, der sie folgen, eine große Rolle, und sie belegen die Fähigkeit dieses Mondgeburtstypus, bei anderen tiefe Gefühle auszulösen.

Der bekannteste aller Menschen dieses Typus ist wohl das musikalische Genie Wolfgang Amadeus Mozart, den viele für den größten Musiker aller Zeiten halten. Beinahe ebenso bekannt dürfte der Schriftsteller Charles Dickens sein, dessen bewegende Schilderungen des Lebens der Menschen seines Jahrhunderts unübertroffen sind; »Oliver Twist« und »David Copperfield« sind nur zwei seiner berühmtesten Werke.

Der Schauspieler Heinz Rühmann mag vielleicht keine so außergewöhnliche Persönlichkeit wie die beiden vorgenannten sein, doch die Fähigkeit, zu den Herzen der Menschen zu sprechen, hat er sich bis in seine letzten Lebensjahre offensichtlich bewahrt.

Karl-Heinz Böhm ist einer derjenigen Menschen dieses Typus, die in der Mitte ihres Lebens ihre wahre Lebensaufgabe finden und daraufhin ihr Leben völlig umkrempeln – aus dem Schauspieler wurde ein engagierter Kämpfer gegen die Not in Äthiopien, der nicht nur mit schönen Reden und Geld, sondern vor allem durch sein persönliches Engagement Veränderungen in Gang brachte.

Der Mond im Tierkreis

Im Kapitel über die Gesundheit werden wir über die Einflüsse des Mondstandes auf unseren Körper sprechen. Darin geht es aber weiterhin um die Mondgeburt. Nachdem wir die sechzehn grundlegenden Mondpersönlichkeiten, die über die Mondphase und die Jahreszeit zum Zeitpunkt der Geburt definiert sind, beschrieben haben, wollen wir jetzt auf einen anderen Aspekt eingehen, der von den Mondphasen unabhängig, aber von Bedeutung für die körperliche und seelische Gesundheit ist: den Stand des Mondes im Tierkreis bei der Geburt.

Viele Menschen bezweifeln, daß die astrologischen Tierkreiszeichen – die übrigens nicht mit den astronomischen übereinstimmen – einen Einfluß auf den Menschen haben. Und es sind in der Tat nicht die ungeheuer weit entfernten Sterne, die einen Einfluß auf irdische Vorgänge haben: Diese Bilder am Himmel sind lediglich die »Ziffern auf der Uhr des Himmels«; der Mond ist einer der Zeiger! Und nicht die Ziffern zeigen die Zeit an, sondern die Uhrzeiger; nicht die Sternbilder sind von Bedeutung, sondern der Stand des Mondes – und der Mondstand wird eben durch die Tierkreiszeichen anschaulich beschrieben!

Das Tierkreiszeichen, in dem der Mond zum Zeitpunkt der Geburt stand, macht nämlich bestimmte Bereiche des Körpers (siehe Tabelle auf S. 140) »sensibel«. Dieser Organbereich ist besonders anfällig für Probleme – vor allem körperliche Probleme, also Krankheiten oder Schwächen. Jedes Organ entspricht jedoch auch bestimmten Äußerungsmöglichkeiten des Unterbewußtseins. Probleme mit der Verdauung weisen beispielsweise auf Schwierigkeiten des Unterbewußtseins hin, die Ereignisse, Reize und Erfahrungen im übertragenen Sinne zu »verdauen«, also angemessen zu verarbeiten und zu verwerten.

Die Entsprechung von Mondzeichen und Organen beinhaltet damit auch eine Entsprechung von Mondzeichen und bestimmten Bereichen des Unterbewußten.

Wenn wir davon sprechen, daß der dem Mondzeichen entsprechende Bereich besonders »beeinflußbar« ist, so hat das zwei Bedeutungen: Dieses Organ oder dieser Aspekt des Unterbewußtseins ist einerseits besonders empfindlich, anfällig für negative Energien und Krankheiten, andererseits aber auch besonders empfänglich für positive Einflüsse.

Für alle Kräfte, die mit einem Tierkreiszeichen zusammenhängen, besteht eine besondere Offenheit bei Menschen, deren Geburtsmond in diesem Zeichen stand. Der Mond im Zeichen Jungfrau korrespondiert beispielsweise mit der Verdauung und den Nerven. Menschen, die unter diesem Einfluß geboren wurden, haben nun in der Tat überdurchschnittlich häufig mit Darmbeschwerden und Nervosität zu tun – andererseits können sich, wenn diesem Problembereich bewußte Aufmerksamkeit zugewendet wird, nicht nur die unmittelbaren Schwierigkeiten auflösen, sondern es werden harmonische Impulse auf die ganze Persönlichkeit wirken.

Wir werden für jedes Tierkreiszeichen zunächst den ihm entsprechenden Organbereich und die sich daraus für die Betreffenden ergebenden Konsequenzen besprechen, um dann tiefer vorzudringen und die Bedeutung für die seelische Entwicklung zu entschlüsseln.

Das Tierkreiszeichen, in dem der Mond zum Zeitpunkt der Geburt stand, gibt also wichtige Informationen, die das, was wir über die 16 Mondtypen gesagt haben, ideal ergänzen.

Bevor wir auf die Bedeutungen der 12 Tierkreiszeichen eingehen, gilt es erst einmal herauszufinden, in welchem Zeichen der Mond zum Zeitpunkt der Geburt stand.

Am einfachsten wäre es natürlich, in einem Mondkalender nachzusehen, der jedoch den Umfang dieses Buches sprengen würde. Aber mit Hilfe von zwei Tabellen und einer kleinen Rechnung geht es auch recht einfach.

Wir gehen in drei Schritten vor. In dem folgenden Beispiel nehmen wir an, Sie seien am 10. Januar 1930 geboren.

1. Sie suchen in der ersten der beiden folgenden Tabellen (Tabelle A) das Jahr und den Monat Ihrer Geburt. Für unser Beispiel im Januar 1930 finden Sie dort die Zahl 21,9.
2. Nun zählen Sie zu dieser Zahl Ihren Geburts*tag* hinzu; in unserem Beispiel also 10. Sie erhalten als Ergebnis 31,9 (21,9 + 10).
3. In der zweiten Tabelle (Tabelle B) sehen Sie jetzt nach, zwischen welchen der dort angegebenen Zahlenpaare die Zahl liegt, die Sie gerade ermittelt haben. In derselben Zeile finden Sie dann das Tierkreiszeichen, in dem der Mond bei Ihrer Geburt stand. In unserem Beispiel: 31,9 liegt zwischen 30,1 und 32,3 – am 10. Januar 1930 stand der Mond also im Zeichen Stier.

Mit Hilfe dieser Methode können Sie Ihr Mondzeichen mit großer, aber leider nicht mit hundertprozentiger Sicherheit ermitteln. Für eine genaue Berechnung Ihres Mondzeichens müssen Sie zudem noch Ihre Geburtszeit und Ihren Geburtsort mit einbeziehen. Wenn Sie es ganz genau wissen wollen, können Sie sich bei einem Astrologen das Geburtshoroskop erstellen lassen – dabei wird auch der Stand des Mondes genau angegeben.

Ein Tip: Berechnen Sie anhand der folgenden Tabelle Ihr Mondzeichen und dann das Mondzeichen für den folgenden und den vorausgegangenen Tag. Fallen beide Tage auf dasselbe Zeichen, so stimmt die Berechnung Ihres Zeichens 100%ig.

Tabelle A

	Jan	Feb	Mär	Apr	Mai	Jun	Jul	Aug	Sep	Okt	Nov	Dec
1930	21,9	25,6	26,4	2,7	5,3	9	11,7	15,4	19	21,7	25,4	0,8
1931	4,5	8,2	8,8	12,5	15,2	18,8	21,5	25,2	1,6	4,2	7,9	10,6
1932	14,3	17,9	19,7	24,3	26	2,3	5	8,7	12,4	15	18,7	21,4
1933	25,1	1,4	2,1	5,8	8,5	12,2	14,8	18,5	22,2	24,9	1,2	3,9
1934	7,6	11,3	11,9	15,6	18,3	22	24,7	1	4,7	7,4	11	13,7
1935	17,4	21,1	21,8	25,4	0,8	4,5	7,2	10,8	14,5	17,2	20,9	23,5
1936	27,2	3,6	5,3	8,9	11,6	15,3	18	21,6	25,3	0,7	4,4	7
1937	10,7	14,4	15,1	18,8	21,4	25,1	0,5	4,1	7,8	10,5	14,2	16,9
1938	20,5	24,2	24,9	1,3	3,9	7,6	10,3	14	17,6	20,3	24	26,7
1939	3,1	6,8	7,4	11,1	13,8	17,4	20,1	23,8	0,2	2,8	6,5	9,2
1940	12,9	16,5	18,2	21,9	24,6	0,9	3,6	7,3	11,0	13,6	17,3	20,0
1941	23,7	0,0	0,7	4,4	7,1	10,8	13,4	17,1	20,8	23,5	27,1	2,5
1942	6,2	9,9	10,5	14,2	16,9	20,6	23,3	26,9	3,3	6,0	9,6	12,3
1943	16,0	19,7	20,4	24,0	26,7	3,1	5,8	9,4	13,1	15,8	19,5	22,1
1944	25,8	2,2	3,9	7,5	10,2	13,9	16,6	20,2	23,9	26,6	3,0	5,6
1945	9,3	13,0	13,7	17,4	20,0	23,7	26,4	2,7	6,4	9,1	12,8	15,5
1946	19,1	22,8	23,5	27,2	2,5	6,2	8,9	12,6	16,2	18,9	22,6	25,3
1947	1,6	5,3	6,0	9,7	12,4	16,0	18,7	22,4	26,1	1,4	5,1	7,8
1948	11,5	15,1	16,8	20,5	23,2	26,8	2,2	5,9	9,6	12,2	15,9	18,6
1949	22,3	26,0	26,6	3,0	5,7	9,3	12,0	15,7	19,4	22,1	25,7	1,1
1950	4,8	8,5	9,1	12,8	15,5	19,2	21,8	25,5	1,9	4,6	8,2	10,9
1951	14,6	18,3	18,9	22,6	25,3	1,7	4,3	8,0	11,7	14,4	18,1	20,7
1952	24,4	0,8	2,4	6,1	8,8	12,5	15,2	18,8	22,5	25,2	1,6	4,2
1953	7,9	11,6	12,3	15,9	18,6	22,3	25,0	1,3	5,0	7,7	11,4	14,1
1954	17,7	21,4	22,1	25,8	1,1	4,8	7,5	11,2	14,8	17,5	21,2	23,9
1955	0,2	3,9	4,6	8,3	10,9	14,6	17,3	21,0	24,7	0,0	3,7	6,4
1956	10,0	13,7	15,4	19,1	21,8	25,4	0,8	4,5	8,2	10,8	14,5	17,2
1957	20,9	24,5	25,2	1,6	4,3	7,9	10,6	14,3	18,0	20,7	24,3	27,0
1958	3,4	7,0	7,7	11,4	14,1	17,8	20,4	24,1	0,5	3,1	6,8	9,5
1959	13,2	16,9	17,5	21,2	23,9	0,3	2,9	6,6	10,3	13,0	16,6	19,3
1960	23,0	26,7	1,0	4,7	7,4	11,1	13,8	17,4	21,1	23,8	0,1	2,8
1961	6,5	10,2	10,9	14,5	17,2	20,9	23,6	27,2	3,6	6,3	10,0	12,6
1962	16,3	20,0	20,7	24,4	27,0	3,4	6,1	9,7	13,4	16,1	19,8	22,5
1963	26,1	2,5	3,2	6,9	9,5	13,2	15,9	19,6	23,2	25,9	2,3	5,0
1964	8,6	12,3	14,0	17,7	20,4	24,0	26,7	3,1	6,7	9,4	13,1	15,8
1965	19,5	23,1	23,8	0,2	2,8	6,5	9,2	12,9	16,6	19,2	22,9	25,6
1966	2,0	5,6	6,3	10,0	12,7	16,3	19,0	22,7	26,4	1,7	5,4	8,1
1967	11,8	15,5	16,1	19,8	22,5	26,2	1,5	5,2	8,9	11,6	15,2	17,9
1968	21,6	25,3	27,0	3,3	6,0	9,7	12,3	16,0	19,7	22,4	26,1	1,4
1969	5,1	8,8	9,4	13,1	15,8	19,5	22,2	25,8	2,2	4,9	8,6	11,2
1970	14,9	18,6	19,3	22,9	25,6	2,0	4,7	8,3	12,0	14,7	18,4	21,1
1971	24,7	1,1	1,8	5,4	8,1	11,8	14,5	18,2	21,8	24,5	0,9	3,5
1972	7,2	10,9	12,6	16,3	18,9	20,6	25,3	1,7	5,3	8,0	11,7	14,4
1973	18,0	21,7	22,4	26,1	1,4	5,1	7,8	11,5	15,2	17,8	21,5	24,2
1974	0,5	4,2	4,9	8,6	11,3	14,9	17,6	21,3	25,0	0,3	4,0	6,7

	Jan	Feb	Mär	Apr	Mai	Jun	Jul	Aug	Sep	Okt	Nov	Dec
1975	10,4	14,0	14,7	18,4	21,1	24,8	0,1	3,8	7,5	10,1	13,8	16,5
1976	20,2	23,9	25,5	1,9	4,6	8,3	10,9	14,6	18,3	21,0	24,6	0,0
1977	3,7	7,4	8,0	11,7	14,4	18,1	20,8	24,4	0,8	3,5	7,1	9,8
1978	13,5	17,2	17,9	21,5	24,2	0,6	3,3	6,9	10,6	13,3	17,0	19,6
1979	23,3	27,0	0,4	4,0	6,7	10,4	13,1	16,7	20,4	23,1	16,8	2,1
1980	5,1	9,5	11,2	14,9	17,5	21,2	23,9	0,2	3,9	6,6	10,3	13,0
1981	16,6	20,3	21,0	24,7	0,0	3,7	6,4	10,1	13,7	16,4	20,1	23,8
1982	26,5	2,8	3,5	7,2	9,8	13,5	16,2	19,9	23,6	26,2	2,6	5,3
1983	9,0	12,6	13,3	17,0	19,7	23,3	26,0	2,4	6,1	8,7	12,4	15,1
1984	18,8	22,5	24,1	0,5	3,2	6,8	9,5	13,2	16,9	19,6	23,2	25,9
1985	2,3	6,0	6,6	10,3	13,0	16,7	19,3	23,0	26,7	2,1	5,7	8,4
1986	12,1	15,8	16,4	20,1	22,8	26,5	1,8	5,5	9,2	11,9	15,6	18,2
1987	21,9	25,6	26,3	2,6	5,3	9,0	11,7	15,3	19,0	21,7	25,4	0,7
1988	4,4	8,1	9,8	13,4	16,1	19,8	22,5	26,2	2,5	5,2	8,9	11,6
1989	15,2	18,9	19,6	23,3	25,9	2,3	5,0	8,7	12,3	15,0	18,7	21,4
1990	25,0	1,4	2,1	5,8	8,4	21,1	14,8	18,5	22,2	24,8	1,2	3,9
1991	7,5	11,2	11,9	15,6	18,3	21,9	24,6	1,0	4,7	7,3	11,0	13,7
1992	17,4	21,0	22,7	26,4	1,8	5,4	8,1	11,8	15,5	18,1	21,8	24,5
1993	0,9	4,6	5,2	8,9	11,6	15,3	17,9	21,6	25,3	0,7	4,3	7,0
1994	10,7	14,4	15	18,7	22,8	24,1	0,4	4,1	7,8	10,5	14,2	16,8
1995	20,5	24,2	24,9	1,2	5,3	7,6	10,3	13,9	17,6	20,3	24,0	26,6

Tabelle B

Zwischen:	und:	Tierkreiszeichen	Symbol
1	2,7	Widder	♈
2,8	5,2	Stier	♉
5,1	7,3	Zwillinge	♊
7,4	9,6	Krebs	♋
9,7	11,8	Löwe	♌
11,9	14,1	Jungfrau	♍
14,2	16,4	Waage	♎
16,5	18,7	Skorpion	♏
18,8	20,9	Schütze	♐
21	23,1	Steinbock	♑
23,3	25,2	Wassermann	♒
25,3	27,8	Fische	♓
27,9	30	Widder	♈
30,1	32,3	Stier	♉
32,4	34,6	Zwillinge	♊
34,7	36,9	Krebs	♋

Zwischen:	und:	Tierkreiszeichen	Symbol
37	39,2	Löwe	♌
39,3	41,2	Jungfrau	♍
41,3	43,7	Waage	♎
43,8	46	Skorpion	♏
46,1	48,3	Schütze	♐
48,4	50,5	Steinbock	♑
50,6	52,8	Wassermann	♒
52,9	55,1	Fische	♓
55,2	57,4	Widder	♈
57,5	58,3	Stier	♉

Der Mond im Zeichen Widder

Der sensibelste Bereich Widdermondgeborener ist der obere Teil des Kopfes, einschließlich Gehirn und Augen.

Diese Menschen leiden häufig unter chronischen Kopfschmerzen oder Migräneanfällen. Ihnen macht vieles »Kopfzerbrechen« – sie sind schnell gestreßt, verspannen sich dann, und schon schmerzt der Kopf. Die »Kopfprobleme« haben Menschen, die im Widdermond geboren wurden, auch im übertragenen Sinn; sie neigen dazu, sich über alles mögliche Sorgen zu machen und auftretende Schwierigkeiten zu rational zu betrachten.

Widdermondmenschen haben auch überdurchschnittlich oft Augenprobleme, und viele von ihnen tragen eine Brille. Interessanterweise können aber gerade diese Menschen von Augenübungen am meisten profitieren; manchmal wird sogar die Brille unnötig, wenn sie lernen, die Welt mit offeneren Augen zu betrachten.

Die seelischen Probleme der Widdermondmenschen liegen also einmal in der mangelhaften Wahrnehmung der Welt; sie wollen oft nicht richtig hinsehen, was ihr Unterbewußtsein ihnen dann als Sehschwäche zurückspiegelt. Wichtig für sie wäre es, sich der Welt mehr zu öffnen und sie in ihrer Fülle anzunehmen.

In enger Beziehung dazu steht das zweite Problem: die einseitige geistige Verarbeitung von dem, was an Schwierigkeiten und Konflikten wahrgenommen wird. Widdermondmenschen stellen ihre Rationalität oft zu sehr in den Vordergrund, oder sie gleiten ins andere Extrem, nämlich in eine übertriebene Impulsivität, ab.

Als Lebensregel für Widdermondgeborene gilt: »Nicht mit dem Kopf durch die Wand, sondern hinsehen, um große Widerstände zu vermeiden!«

Der Mond im Zeichen Stier

Bei Menschen, die im Stiermond geboren wurden, ist der empfindlichste Teil ihres Körpers, an dem sich am ehesten Krankheitssymptome und unterbewußte Konflikte zeigen, die untere Hälfte des Kopfes (einschließlich der Ohren) und der Hals.

Es wäre wohl keine Überraschung, wenn sich bei einer statistischen Untersuchung zeigen würde, daß Stiermondmenschen überproportional häufig als Patienten von HNO-Ärzten auftauchten. Sie neigen nämlich dazu, bei kaltem Wetter, wenn sie nicht wirklich aufpassen, sehr schnell Erkältungen, Schnupfen, Halsschmerzen und Ohrenentzündungen zu bekommen. Sie werden auch leicht heiser, wenn sie laut werden.

Ihre Zähne sind ein weiterer Schwachpunkt. Das muß nicht unbedingt heißen, daß die Zähne von Stiermondmenschen immer schlecht wären; aber sie bereiten leider öfters Schmerzen, auch wenn sich dann meist herausstellt, daß gar kein Kariesloch vorhanden ist. Die Zahnnerven sind bei diesen Menschen aber sensibler für Heißes und Kaltes.

Wenn wir uns nun die Bedeutung dieser Probleme für den seelischen Bereich ansehen, finden wir eine zentrale Ursache: die Schwierigkeit, mit Aggressionen richtig umzugehen und eigene Bedürfnisse angemessen auszudrücken.

Am deutlichsten zeigen das wohl die Probleme mit den Zähnen, die ja Aggression symbolisieren. Aber auch die häufigen Halsprobleme und die Heiserkeit sind Zeichen von Aggressionen, die keinen adäquaten Ausdruck finden: Die Worte bleiben dem Betroffenen sozusagen »im Halse stecken«. Forschen wir noch ein wenig tiefer, erkennen wir, daß die Probleme der Stiermondgeborenen wahrscheinlich von der »Vorstufe des Sprechens« ausgehen: dem Zuhören. Die chronischen Ohrenbeschwerden dieser Menschen weisen nämlich darauf hin, daß sie auch auf einer höheren Ebene nicht zuhören können oder wollen. Ihr Unterbewußtsein versucht sie dann durch Ohrenschmerzen auf diese Problematik hinzuweisen, doch auch hier hören Stiermenschen nur selten genauer hin.

Die Lebensregel für Stiermondgeborene lautet also etwa: »Suche die Ruhe zum Zuhören, und gib auch deinen negativen Gefühlen und Aggressionen Ausdruck, indem du über sie sprichst, anstatt dir von ihnen die Worte aus dem Mund nehmen zu lassen.«

Der Mond im Zeichen Zwillinge

Der Zwillingemond macht den Bereich des Schultergürtels, der Arme und Hände sowie den oberen Teil der Lunge besonders sensibel.

Menschen, die unter diesem Einfluß geboren wurden, neigen häufig dazu, ihre Verspannungen in ihren Schultern zu sammeln und dadurch ihre gesamte Haltung aus dem Gleichgewicht zu bringen.

Das gilt auch im übertragenen Sinne: Indem sich diese Menschen zuviel aufbürden, sich sozusagen zuviel auf die Schultern packen, verlieren sie leichter die seelische Balance – fühlen sich bedrückt und überlastet, was sich in Blockaden niederschlägt, die dann auch wieder negative Folgen für die körperliche Gesundheit haben.

Der Einfluß des Zwillingemondes auf Arme und Hände macht sich nur selten deutlich bemerkbar. Zwillingemondgeborene haben aber in der Regel sehr sensible Hände, die etwas empfindlich auf Wettereinflüsse und starke Belastungen, beispielsweise beim Üben eines Musikinstrumentes, reagieren (was dann eventuell zur gefürchteten Sehnenscheidenentzündung führt).

Die empfindlichen Hände weisen auf unterbewußte Ängste hin: die Angst, etwas anzupacken, die Angst, die Dinge in die eigenen Hände zu nehmen, oder die Angst vor der Berührung, dem engen Kontakt zu anderen Menschen.

Auf Kommunikationsschwierigkeiten deutet auch die Empfindlichkeit der Lungen bei Zwillingsmondgeborenen hin. Die Betroffenen leiden überdurchschnittlich häufig an Infektionen der oberen Atemwege und der Bronchien. Auch langjährige Raucher, die unter dem Einfluß des Zwillingsmondes geboren wurden, spüren die Belastung ihrer Lungen bei jedem Zug an der Zigarette; sie bekommen auch schnell einen Raucherhusten.

Der Zusammenhang der Lungenfunktion mit der Psyche ist hier vor allem im Bereich der Kommunikation zu sehen. Der Austausch von frischer gegen verbrauchte Luft entspricht einem Austausch von frischen Ideen gegen überholte Denkmuster. Mit dem Annehmen der letztlich lebensnotwendigen Reize von außen (frische Luft bzw. neue Ideen) haben Zwillingemondmenschen ihre Probleme: Zu schnell verkrampfen sie, fühlen sich gereizt und spüren jede neue Erfahrung als einen Schmerz.

Die Lebensregel für Zwillingemondgeborene müßte demnach lauten: »Bürde dir nicht zuviel auf, packe die Dinge direkt an, und öffne dich für angenehme neue Erfahrungen – das Schicksal ist keine Bedrohung!«

Der Mond im Zeichen Krebs

Auch der Krebsmond beeinflußt die Lunge, und zwar ihre unteren Abschnitte, sowie die Brust. Außerdem führt er dazu, daß der obere Bereich des Verdauungstraktes, der Magen, der Zwölffingerdarm, die Leber und die Galle empfindlicher sind als bei anderen Menschen.

Mit der Lunge haben Krebsmondmenschen oft überhaupt keine spürbaren Probleme; sie neigen allerdings dazu, ihre Tiefenatmung zu vernachlässigen, und berauben sich damit eines Teiles ihrer Lebensenergie. Sie profitieren sehr von Atemübungen, die die Bauchatmung fördern.

Mit dem Rauchen sollten Menschen dieses Mondzeichens vorsichtig sein, da sie mehr als andere durch Lungenkrebs gefährdet sind.

Bei Frauen ist auch die Brust besonders empfindlich. In der Schwangerschaft müssen sie sich vor Entzündungen der Brustwarzen hüten.

Die Empfindlichkeit der oberen Verdauungsorgane manifestiert sich hauptsächlich in einer größeren Anfälligkeit für Gastritis und Magengeschwüre. Krebsmondmenschen werden nur selten zu Alkoholikern, da sie aufgrund ihrer empfindlichen Leber schnell mit Übelkeit reagieren. Diese Menschen sollten auch mit Medikamenten sehr vorsichtig umgehen.

Auf psychischer Ebene steht für Krebsmondgeborene die Auseinandersetzung mit der Umwelt im Vordergrund. Das können wir gut an der Symbolik ihrer speziellen Organprobleme erkennen. An der Einschränkung der Tiefenatmung zeigt sich die Schwierigkeit, die diese Menschen damit haben, wirklich voll und ganz das, was ihnen die Welt geben kann, anzunehmen. Oberflächlich lassen sich diese Menschen auf ihre Umwelt ein, doch sie lassen nur wenig davon in die Tiefe vordringen.

Ihr Magen zeigt es noch deutlicher: Er reagiert in doppelter Hinsicht »sauer«, wenn er die ihm angebotene Nahrung nicht verdauen kann. Die Beschwerden weisen den Betroffenen darauf hin, daß er sich überfordert und sich mehr Zeit zur Verinnerlichung seiner Umwelt nehmen muß.

Die Lebensregel für den Krebsmondmenschen: »Nimm dir Zeit, die vielen schönen Dinge in der Welt voll und ganz in dich aufzunehmen.«

Der Mond im Zeichen Löwe

Der Mond im Löwen beeinflußt vor allem den Rücken, die Herztätigkeit und den Blutkreislauf.

Löwemondmenschen sind daher überdurchschnittlich häufig von Rückenproblemen und Kreislaufbeschwerden betroffen. Die ersten Erfahrungen damit machen diese Menschen meist schon in ihrer Jugend. Sie stellen den Hauptanteil der Jugendlichen, die jeden Wachstumsschub in ihrem Rücken schmerzhaft spüren und sich oft eine schiefe Haltung angewöhnen. Eine unharmonische Haltung beeinflußt jedoch nicht nur den Rücken, sondern wirkt sich indirekt auf den ganzen Organismus aus – die Organe werden komprimiert und einseitig belastet, die Lunge kann sich nicht voll entfalten, und der Kreislauf wird behindert.

Die Einflüsse des Mondes auf den Kreislauf und auf den Rücken verstärken sich gegenseitig. Die falsche Haltung behindert den Kreislauf, und der schwache Kreislauf reduziert die zur Verfügung stehende Energie, so daß der Körper noch mehr an Halt verliert.

Diese Probleme manifestieren sich jedoch nur dann, wenn den sensiblen Regionen zuwenig Aufmerksamkeit gewidmet wird. Für Löwemondmenschen ist es besonders wichtig, ihren Körper beweglich zu halten und auf ihre Fitneß zu achten.

Die Herz- und Rückenprobleme sind auch Ausdruck bestimmter seelischer Bedürfnisse. Die Haltung ist nicht nur im Körperlichen, sondern auch im Seelischen von Bedeutung; für Löwemondmenschen ist es wichtig, ihre aufrechte Haltung zu bewahren und nicht zu »buckeln«. Wenn diese Menschen sich auf ihren inneren Mut besinnen, sich ein Herz fassen und es wagen, ihre Gefühle auszudrücken, werden sie feststellen, daß die aufrechte Haltung eine Befreiung für sie ist, daß sie nun freier durchatmen können und ihr Herz kräftiger in ihrer Brust schlägt.

Die Lebensregel für den Löwemondgeborenen lautet: »Faß dir ein Herz und nimm eine aufrechte Haltung ein – dann wird das, was in dir steckt, zum Vorschein kommen.«

Der Mond im Zeichen Jungfrau

Der Mond in der Jungfrau beeinflußt zwei Bereiche: Die Verdauung und das Nervensystem. Diese beiden Organsysteme sind also besonders empfindlich gegenüber Umwelteinflüssen und besonders empfänglich für die Botschaften des Unterbewußtseins.

Jungfraumondmenschen haben oft Probleme mit dem Stuhlgang, sie leiden häufig unter Durchfall oder Verstopfung – manchmal sogar abwechselnd an beidem. Die Ernährung spielt dabei sicherlich eine Rolle, denn diese Menschen neigen dazu, bei der Auswahl ihrer Nahrung wenig auf ihre Bedürfnisse zu hören.

Aber außer der Ernährung spielt noch ein weiterer Bereich eine Rolle, und zwar genau derjenige, der ebenfalls unter dem Einfluß des Jungfraumondes steht: das Nervensystem. Die Betreffenden spüren jede Aufregung körperlich, ihre Hände zittern, sie werden, zappelig – eben »nervös«. Diese Nervosität macht sich dann wiederum auch in der Verdauung bemerkbar.

Im psychischen Bereich besteht die Problematik des Jungfraumondgeborenen darin, das rechte Gleichgewicht zwischen Geben und Nehmen zu wahren. Einerseits fällt das Annehmen und Verinnerlichen schwer, andererseits das Loslassen von überflüssigem Ballast.

Im Darm werden die von Magen- und Gallensaft aufgespaltenen Nährstoffe aufgenommen; hier findet also der eigentliche Schritt der »Verinnerlichung« der Nahrung statt; die Nahrungsbestandteile werden zu einem Teil unseres Körpers. Ist diese Aufnahme nun gestört, wird die Nahrung entweder nicht richtig ausgewertet, es kommt zu Durchfall, oder aber sie wird völlig ausgelaugt und festgehalten: Wir leiden dann unter Verstopfung. Die Denkmuster der Jungfraumondmenschen verlaufen analog zu ihrem Verdauungsgeschehen – die Beschwerden sind ja gerade ein Ausdruck des Unterbewußtseins, das uns auf eine seelische Problematik aufmerksam machen will.

Die Lebensregel für Jungfraumondgeborene: »Lerne die Freuden des Lebens mit offenen Armen anzunehmen und lasse ebenso freudig wieder los, was du nicht mehr brauchst.«

Der Mond im Zeichen Waage

Der Waagemond regiert einerseits die Nieren und die Blase, andererseits die Hüfte. Diese beiden Bereiche sind auf körperlicher Ebene sehr verschieden, aber wir werden sehen, daß sie auf seelischer Ebene auf dieselbe Problematik hinweisen.

Waagemondmenschen spüren Belastungen ihrer Nieren schnell. Die Niere reinigt das Blut von Salzen, die dann mit dem Urin ausgeschieden werden. Die »Zwischenstation« ist dabei die ebenfalls vom Waagemond regierte und damit empfindliche Blase. Waagemondmenschen haben häufig eine »Pennälerblase«, die sie dazu zwingt, immer wieder dem Druck nachzugeben, die gegenwärtige Tätigkeit zu unterbrechen und auf die Toilette zu gehen.

Waagemondmenschen haben oft auch in einem ganz anderen Bereich Probleme: mit ihren Hüftgelenken. Hier treten Beschwerden meist erst im Alter auf – wenn nicht rechtzeitig vorgebeugt wird.

Im seelischen Bereich weisen die Empfindlichkeiten des Waagemondmenschen schon auf zwei Problemkreise hin, die eng zusammenhängen. Sehen wir uns die Funktion der Nieren im körperlichen Bereich an: Ihre Aufgabe ist, zu filtern und damit ein Gleichgewicht im Wasserhaushalt des Körpers anzustreben. Probleme mit den Nieren sind also auch als Signal des Unterbewußtseins zu sehen, das uns darauf hinweist, daß wir uns vom Zustand des Gleichgewichts entfernen und mehr Harmonie anstreben sollten. Auf dieses Problem weisen interessanterweise auch die labilen Hüften hin, die, wenn auch auf einer anderen Ebene, das Thema »Gleichgewicht« artikulieren!

Der zweite Problemkreis betrifft die Schwierigkeit des Waagemondgeborenen, mit Druck umzugehen. Ihm gehen Sorgen und Belastungen schnell »an die Nieren«, und der psychische Druck macht Beschwerden. Die schwache Blase zeigt es noch deutlicher; sie zwingt den Betreffenden, inneren Zwängen auf körperlicher Ebene nachzugeben; das Unterbewußtsein weist ihn darauf hin, daß er nicht so viel Druck in sich aufbauen, sondern auch öfter einmal etwas »herauslassen« sollte.

Die Waagemond-Lebensregel: »Suche dein inneres Gleichgewicht – werde wie das Wasser, das jeden Druck fließend weitergibt, anstatt ihn in sich aufzunehmen.«

Der Mond im Zeichen Skorpion

Der Skorpionmond macht einerseits die Geschlechtsorgane besonders sensibel, andererseits – die Nase!

Die Sexualität des Skorpionmondmenschen ist sein sensibler Punkt. Das kann sich dahingehend auswirken, daß er seine Sexualität als übermäßig starken Trieb erlebt, der ihn nicht zu sich selbst kommen läßt, oder aber so, daß er seine Sexualität nicht genießen kann und schnell verletzt ist. Bei beiden Ausprägungen steht das Sexualleben zu sehr im Zentrum seines Lebens.

Beim Skorpionmondgeborenen sind Seele und Körper eng verbunden. Gefühle und Körper erleben diese Menschen in der Regel weit weniger getrennt als andere. Das ist auch einer der Gründe dafür, daß Skorpionmondmenschen meist über eine sehr gute Intuition verfügen.

Man könnte auch sagen, daß sie über eine »gute Nase« verfügen – und in der Tat ist auch die Nase, genauer gesagt der Geruchssinn, vom Skorpionmond beeinflußt.

Unser Geruchssinn ist sozusagen der »Sinn der Gefühle«; bei Menschen, die unter dem Einfluß des Mondes im Skorpion geboren wurden, ist deshalb die Verbindung von Wahrnehmung und Gefühlen sehr stark. Deshalb neigen sie zu Extremen: Menschen, die sie »nicht riechen« können, lehnen sie ganz und gar ab, während sie bei anderen über alle Fehler hinwegsehen. Es ist für die Skorpionmondgeborenen daher wichtig, nicht zu einseitig zu werden und ihre Intuition durch den Einsatz ihrer anderen seelischen Kräfte zu ergänzen.

So lautet die Lebensregel für Skorpionmondmenschen: »Folge deiner ›Nase‹, deiner Intuition, was persönliche Beziehungen angeht, aber lasse dich nicht von deinen Trieben an der Nase herumführen.«

Der Mond im Zeichen Schütze

Der Einflußbereich des Schützemondes erstreckt sich auf den unteren Bereich des Rückens, die Oberschenkel und die Leber (ihre Entgiftungsfunktion).

Die Gesundheit von Schützemondgeborenen ist insgesamt sehr stabil, doch sie leiden oft ihr Leben lang an Kreuz- und Ischiasbeschwerden, die sie etwas unbeweglich machen. In Bewegung zu bleiben, ist für diese Menschen sehr wichtig.

Die Leber (die übrigens auch vom Krebsmond beeinflußt wird) ist ein weiterer verwundbarer Bereich, wenn sie starken Belastungen (Alkohol!) ausgesetzt ist. Sie reagiert empfindlich auf Gifte, nicht nur auf Alkohol, sondern auch auf viele Medikamente. Da die Leber selbst keine Schmerzen verursacht, wird der Körper bei nachlassender Leberfunktion schleichend vergiftet.

Im seelischen Bereich haben die Organempfindlichkeiten ihre Entsprechungen. Überlegen wir uns erst einmal, wozu die Beschwerden den Betroffenen zwingen. Bei den Kreuz- und Ischiasschmerzen ist das Signal klar; sie machen unbeweglich und lenken das Bewußtsein auf die Bewegung. Damit signalisiert das Unterbewußtsein dem Schützemondgeborenen, daß er auf seelischer Ebene flexibler und beweglicher werden sollte, daß es nicht sinnvoll ist, in allen Dingen unbeugsam zu bleiben.

Die Empfindlichkeit der Leber ist nicht so augenfällig, doch die Symbolik, mit der sich das Unterbewußtsein ausdrückt, ist dennoch deutlich: Schützemondmenschen droht bei zuwenig Achtsamkeit eine schleichende seelische Vergiftung durch negative Gefühle, Denkmuster und Verdrängungen. Diese wiederum engen die Fähigkeiten des Betroffenen ein und machen ihn weniger beweglich – womit wir im körperlichen Bereich wieder beim Kreuz angelangt wären.

Auch für den Schützemondmenschen gibt es eine Lebensregel: »Achtsamkeit ist der Weg, der das Ziel ist – bleibe auf allen Ebenen flexibel und hüte dich vor der Flucht aus der Realität.«

Der Mond im Zeichen Steinbock

Der Steinbockmond macht Gelenke und Knochen besonders empfänglich für innere und äußere Belastungen, aber auch die Haut steht unter seinem Einfluß.

Menschen, die unter dem Steinbockmond geboren wurden, scheinen häufiger als andere Pech zu haben; sie stolpern leichter und verstauchen, verrenken oder brechen sich etwas.

Der andere vom Steinbockmond beeinflußte Bereich, die Haut, scheint auf den ersten Blick von Problemen betroffen zu sein, die einer ganz anderen Kategorie angehören und mit Unfällen und Unaufmerksamkeit wenig zu tun haben. Steinbockmondmenschen neigen häufig zu Akne, unreiner Haut und Allergien.

Es haben aber beileibe nicht alle Steinbockmondmenschen eine schlechte Haut, ebensowenig wie sie alle mit Knochenbrüchen in den Krankenhäusern liegen. Die negativen Einflüsse eines Zeichens manifestieren sich nur dann, wenn dem sensibelsten Bereich zuwenig Aufmerksamkeit gewidmet wird. Denjenigen unter den Steinbockmondgeborenen, die nicht mit den genannten Problemen zu kämpfen haben, ist es gelungen, ihre Sensibilität zu nutzen, anstatt sie als Schwäche beizubehalten.

Der kritische Bereich ist bei Steinbockmondmenschen das Erkennen und Akzeptieren der persönlichen Grenzen.

Die Haut als körperliche Grenze ist daher eines der Organe, das auf diesen Problemkreis hinweist – die Grenzen sind bei Steinbockmondgeborenen nicht klar gesetzt; einerseits signalisiert die Haut Abwehr, andererseits verlangt es die Betroffenen nach »Streicheleinheiten«.

Die Unaufmerksamkeit und die darauffolgenden Verletzungen am Bewegungsapparat weisen auf das tiefere unbewußte Problem hin. Die schmerzhaften Erfahrungen machen nicht nur die Grenzen des Körperlichen bewußter, sondern richten das Augenmerk des Betroffenen auf die Art und Weise seiner Bewegung in der Welt, seines Umgangs mit anderen Menschen. Im zwischenmenschlichen Bereich liegt nämlich das eigentliche »Grenzproblem« des Steinbockmondmenschen – ihm fällt es schwer, sich gleichzeitig als getrennt und verbunden mit anderen zu empfinden. »Entweder, oder« heißt es für ihn: Er vereinnahmt seine Partner ganz und gar, oder er lehnt sie ab.

Die Steinbockmond-Lebensregel: »Achte auf deine Grenzen! Gäbe es keine Ländergrenzen, gäbe es auch keine Länder...«

Der Mond im Zeichen Wassermann

Der Wassermannmond macht die Unterschenkel und die Sprunggelenke besonders sensibel.

Die Menschen, die unter diesem Mondeinfluß geboren wurden, haben kaum Probleme mit ihrer Gesundheit. Als Sportler sind sie natürlich besonders an ihren Sprunggelenken gefährdet, und im Alter neigen sie häufig zu Krampfadern.

Aber auch wenn diese Schwachstellen im Körperlichen nicht sonderlich schwerwiegend sind, so lohnt es sich doch, sie im Hinblick auf ihre Bedeutung für die Psyche zu untersuchen. Sowohl die Venenprobleme als auch die schwachen Fußgelenke weisen auf Probleme mit der Standfestigkeit hin.

Wassermannmondgeborene sind da, wo es um ihre eigene Persönlichkeit geht, oft unsicher, und es gelingt ihnen nur schwer, eine konfliktbeladene Situation durchzu*stehen*. Die Verbindung der oberen, geistigen Energien mit den Wurzeln der Persönlichkeit ist leider nicht optimal.

An geistigen Kräften mangelt es ihnen indes nicht. Das Hauptproblem des Wassermannmondmenschen liegt letztlich »nur« in seiner Trägheit, die er nur schwer überwindet. Die Trägheit dieser Menschen ist jedoch nicht selten unter einer Schicht aufgesetzter Betriebsamkeit verborgen – und das Unterbewußtsein sieht sich genötigt, dem Bedürfnis nach Ruhe im körperlichen Bereich durch Krampfadern Ausdruck zu verleihen. Die somit aufgezwungene Ruhe sagt ihnen, daß es an der Zeit ist, innezuhalten und die inneren Probleme – vor allem ihre Standfestigkeit – anzugehen.

»Steh zu deinen Bedürfnissen und erkenne, daß das Überwinden der inneren Trägheit eines dieser Bedürfnisse ist!« lautet die Lebensregel für die Wassermannmondgeborenen.

Der Mond im Zeichen Fische

Wenn der Mond in das Zeichen Fische kommt, »berührt« er die Füße der während dieser Zeit Geborenen.

Der Einfluß, den der Fischemond auf die Gesundheit und die Seele hat, kann demnach nicht allzu wichtig sein, möchte man meinen. Was außer Plattfüßen oder Hammerzehen ist an gesundheitlichen Problemen an den Füßen schon zu erwarten?

Wenn wir wissen, daß dort nicht nur die Reflexzonen zu finden sind, die mit dem gesamten Körper in Verbindung stehen, sondern ebenso auch wichtige Akupunkturpunkte, sieht die Sache schon bedeutsamer aus. Der Zustand des Fußes kann also auch auf ganz entfernte Körperteile Einfluß nehmen. Die Füße bilden durch ihre Verbindungen über Reflexzonen und Meridiane (Energielinien der chinesischen Medizin) den gesamten Körper im Kleinformat ab – ihnen kommt also eine umfassende, ganzheitliche Bedeutung zu.

Die seelische Schwachstelle der Fischemondgeborenen ist ebensowenig begrenzt. Zwar ist das vordergründige Problem dieser Menschen zunächst einmal ihre mangelnde Verwurzelung mit der »Erde«, d. h. mit dem Prinzip des festen, fruchtbaren, ursprünglichen Seinsgrundes. Darüber hinaus mangelt es ihnen aber auch sowohl an gesundem Optimismus als auch an Realismus. Sie stehen nicht mit beiden Füßen auf der Erde, sondern flüchten sich in eine Phantasiewelt, die sie jedoch auch nicht recht zufriedenstellt.

Es ist für Menschen, die unter dem Fischemond geboren wurden, wichtig, zu erkennen, daß ihr Weg, der sie zurück zu ihren Wurzeln leitet, über die Kreativität führt, über die »praktische Anwendung der Phantasie«. Auf diese Weise verwandeln sie ihren Schwachpunkt in eine Stärke: Gerade ihre Phantasie, die sie von ihren Wurzeln entfremdet hat, bringt sie nun wieder in Einklang mit der Realität.

Die Lebensregel für Fischemondmenschen: »Lerne, auf eigenen Füßen zu stehen, und setze die Kraft deiner Phantasie ein, um die Welt zu verbessern, anstatt aus ihr zu flüchten.«

Teil III

Die Gesundheit im Zeichen des Mondes

Abgesehen von den individuellen Stärken und Schwächen im Bereich der Gesundheit, die der Geburtsmond bestimmt, übt auch der aktuelle Stand des Mondes tagtäglich eine Wirkung auf unseren Körper aus. Wenn wir diese Wirkungen kennen, können wir sie nutzen, um gesünder und damit auch zufriedener zu leben. Gibt es denn ein höheres Gut als die Gesundheit?

Wir mögen nach materiellen Gütern streben oder uns das Ziel setzen, unsere Seele zu vervollkommnen – aber alle diese Ziele sind viel schwerer zu erreichen, wenn wir uns nicht wohl in und mit unserem Körper fühlen. Der Körper ist nur ein Aspekt unseres Seins, vielleicht nicht einmal der wichtigste; doch er ist die Grundlage, auf der unser »höheres Sein« aufbaut.

Leider wird uns diese Tatsache oft erst bewußt, wenn uns eine Krankheit »befällt«; erst dann spüren wir, daß das scheinbar Selbstverständliche wohl doch nicht so selbstverständlich ist. Wenn wir krank werden, wird uns ganz unmittelbar deutlich, daß es an der Zeit ist, etwas in unserem Leben zu verändern.

Meist beschränken wir uns allerdings darauf, Maßnahmen zu ergreifen, die die *Krankheit* bekämpfen, anstatt die Krankheit als Signal und Ratgeber zu sehen, als Information darüber, wie wir uns unsere *Gesundheit* bewahren. Ist die Krankheit verschwunden, fallen wir oft wieder in unsere alten Gewohnheiten zurück.

Das hängt mit unserer Sicht von Krankheit und Gesundheit zusammen. Die meisten Menschen sehen Krankheit ausschließlich als etwas Negatives, nämlich als Abwesenheit von Gesundheit. Krankheit ist jedoch wesentlich mehr; ja, eine Krankheit kann paradoxerweise sogar ein Zeichen für Gesundheit sein! Eine Krankheit »befällt« uns nämlich nicht – wir »bekommen« keine Krankheit, sondern *wir* werden krank. D. h., unser Unterbewußtsein weist uns darauf hin, daß wir das natürliche Gleichgewicht nicht bewahren, daß wir nicht in Harmonie mit unseren eigenen Rhythmen leben.

Aus dieser Perspektive wird auch klar, daß wir nicht *gegen* die Krankheit (die ja lediglich ein Ausdruck unseres Selbst ist) kämpfen sollten, sondern *für* unsere Gesundheit, für unsere Harmonie mit uns selbst und mit der Welt, in der wir stehen.

Ein Beispiel mag das erläutern.

Für eine Grippe werden in der Regel Krankheitserreger verantwortlich gemacht, die in unseren Körper eindringen, sich dort vermehren und Krankheitssymptome wie Fieber, Schnupfen, Husten usw. auslösen. Die logische Folge aus dieser Sicht ist, daß wir versuchen, diese Erreger abzutöten, indem wir entweder zu den »harten« Mitteln der Schulmedizin oder zu sanfteren Alternativen greifen. Diese Vorstellung erklärt aber nicht im geringsten, wieso die meisten Menschen keineswegs krank werden, wenn Grippeerreger in sie »eindringen« – in der Tat sind ja in jedem Menschen ständig unzählige »Krankheitserreger« vorhanden! Es muß also etwas in dem Menschen, der krank wird, nicht gesund sein, damit er überhaupt krank werden kann. Der Kranke ist schon aus dem Gleichgewicht gekommen, *bevor* Krankheitssymptome auftreten! Diese Sichtweise legt nun ganz andere Konsequenzen nahe: Der Kranke muß wieder in Einklang mit seiner (prinzipiell gesunden) Natur kommen, damit die Krankheitssymptome ihn nicht auf seine Abweichung vom harmonischen Zustand hinweisen müssen. Auch aus dieser Perspektive können Medikamente sinnvoll sein; sie schaffen ein künstliches Gegengewicht, das es erleichtert, wieder zum Gleichgewicht zurückzufinden. Doch diese Maßnahme ist keine »Heilung«! Die Heilung beginnt erst danach, wenn sich der Kranke bewußt wird, wie er die Harmonie verloren hat und indem er *sich selbst* verändert.

Die Harmonie, von der wir hier sprechen, die Harmonie, die Gesundheit bedeutet, ist kein einmal erreichter Zustand, sondern ein stetiges Gleichgewicht halten. Gesundheit ist kein Stillstand, sondern Bewegung – ein Reagieren auf das, was in uns und was außerhalb unseres Körpers geschieht. Wir bleiben also nicht gesund, wenn wir starren Ernährungsregeln folgen, wenn wir uns dazu zwingen, ein Körpergewicht zu halten, mit dem wir uns nicht wohl fühlen, Sport treiben, ob uns nun danach ist oder nicht. Wir bewahren unser Gleichgewicht, das wir »Gesundheit« nennen, dadurch, daß wir achtsam leben, im Einklang mit den Rhythmen des Lebens, indem wir in uns hineinhorchen und die Botschaften unseres Körpers entschlüsseln.

Der Mond kann uns dabei eine wichtige Hilfe sein. Wir wissen bereits, daß der Mond auch *in uns* ist. Unsere Seele, unsere Emotionen und unser Körper schwingen mit dem Rhythmus des Mondes. *Mit* dem Mond zu leben, hilft uns, diese Rhythmen in uns wahrzunehmen und dadurch zu spüren, was uns wirklich guttut.

Die »Gesundheitsregeln«, die sich aus dem Lauf des Mondes ergeben, sind nicht wie die Bedienungsanleitung eines Computers zu verstehen, sondern sind wie die Hilfestellung unserer Eltern. Sie zeigen uns, wo wir hinsehen müssen, um wichtige Dinge in uns zu erkennen – aber die Augen öffnen müssen wir schon selbst.

Die Mondphasen und die Gesundheit

Von den wechselnden Phasen des Mondes gehen die stärksten – oder besser gesagt unmittelbarsten – Kräfte aus. Das gilt auch für den Bereich der Gesundheit. Die Phasen wirken nicht speziell auf eine Körperregion, sondern geben die Richtung an, in der die Mondenergie wirkt.

Die Phasen des zu- und abnehmenden Mondes verweisen auf die wichtigsten Gesundheitsregeln:

- Wenn der Mond zunimmt (von Neumond bis Vollmond), nehmen Körper und Seele alle Energien, Stoffe und Kräfte besonders gut auf. In dieser Zeit ist es wichtig, darauf zu achten, was und wie man ißt, da sich der Körper ja aus der Nahrung aufbaut.
- Wenn der Mond abnimmt (von Vollmond bis Neumond), trennen sich Körper und Seele leichter von überflüssigem Ballast. In dieser Zeit finden Entgiftungsprozesse statt; der Körper und die Seele reinigen sich.

Wenn wir uns nicht auf die zwei Phasen des Mondes beschränken, sondern alle vier Phasen beachten wollen, müssen wir berücksichtigen, daß die erste Hälfte des zunehmenden bzw. abnehmenden Mondes intensiver wirkt, die zweite Hälfte dagegen tiefgehender.

Die »Wendepunkte« im Phasenverlauf des Mondes sind Neumond und Vollmond. Von diesen beiden Ereignissen gehen besondere Wirkungen auf die Gesundheit aus – starke Kraftimpulse, die einen aufmerksamen Umgang mit Heilmitteln und Heilmethoden verlangen. Am bekanntesten ist wohl die Mondregel, an Vollmondtagen möglichst keine Operationen durchführen zu lassen.

Wir werden auf die konkreten Bedeutungen der Mondphasen noch genauer eingehen – aber wenn Sie nur die gerade genannten Regeln beachten, werden Sie Ihre Gesundheit fördern und in einem harmonischeren Einklang mit den Mondkräften leben können.

Der Mond im Tierkreis

Der Mond durchläuft in einem Mondmonat alle zwölf Tierkreiszeichen, so wie die Sonne in einem Jahr. In jedem der Zeichen übt der Mond eine andere Wirkung auf unseren Körper aus – innerhalb eines Mondlaufes durch den Tierkreis gibt es für jeden Teil unseres Körpers eine Zeit, in der ihm besonders viel Energie zur Verfügung steht und in der er besonders empfänglich für förderliche oder schädliche Einflüsse ist.

Der folgenden Tabelle können Sie entnehmen, wann der Mond welche Körperregion »regiert«, wann also die Zeit der größten Empfänglichkeit für positive und negative Kräfte herrscht.

Um einen Nutzen aus dieser Tabelle zu ziehen, müssen Sie natürlich wissen, wann der Mond in welchem Zeichen steht. Wir haben im Abschnitt über die gesundheitlichen Anlagen der Mondgeburt in einem bestimmten Tierkreiszeichen bereits gesehen, wie wir anhand einer einfachen Tabelle den Stand des Mondes im Tierkreis berechnen können. Aber selbstverständlich wäre es zu kompliziert, wenn Sie jeden Tag berechnen müßten. Es gibt jedoch inzwischen überall Mondkalender zu kaufen, die sowohl die Mondphasen als auch den Mondstand im Tierkreis angeben. Für die Jahre 1996 bis 2005 finden Sie im Anhang auf S. 239 einen solchen Mondkalender.

Körper		Tierkreiszeichen	auf/ab-stei-gend
Kopf, Gehirn, Nase, Augen		Widder ♈	↑
Kiefer, Hals, Ohren		Stier ♉	↑
Arme, Schultern, Hände, Lunge		Zwillinge ♊	↓
Brust, Lunge, Magen, Leber		Krebs ♋	↓
Herz, Wirbelsäule, Blutkreislauf		Löwe ♌	↓
Darm, Nerven, Pankreas, Milz		Jungfrau ♍	↓
Hüften, Nieren, Blase		Waage ♎	↓
Geschlechtsorgane		Skorpion ♏	↑
Oberschenkel		Schütze ♐	↑
Knie, Gelenke, Knochen, Haut		Steinbock ♑	↑
Unterschenkel		Wassermann ♒	↑
Füße		Fische ♓	↑

Die Bedeutung des aufsteigenden und absteigenden Mondes

Der aufsteigende Mond (↑) durchwandert die Tierkreiszeichen Schütze, Steinbock, Wassermann, Fische, Widder und Stier, der absteigende Mond (↓) die Zeichen Zwillinge, Krebs, Löwe, Jungfrau, Waage und Skorpion.

Für die Wirkung des Mondes auf die einzelnen Organe spielt der genaue Stand des Mondes im Tierkreis eine entscheidende Rolle, und für die Stärke und die »Richtung« der Mondkräfte sind die Mondphasen ausschlaggebend. Der sanfte Impuls, den die Zeichen des absteigenden bzw. aufsteigenden Mondes gemeinsam haben, ist schwer faßbar.

An den Organen, die der aufsteigende bzw. absteigende Mond berührt, sehen wir, daß die aufsteigenden Zeichen die obersten und die untersten Körperregionen regieren, die absteigenden Zeichen dagegen die inneren Organe, das Zentrum des Körpers.

Die Zeit des aufsteigenden Mondes beinhaltet also eine nach außen strebende Kraft, eine Wachstumsenergie, während der absteigende Mond die Kräfte bündelt und nach innen orientiert. Für unsere Gesundheit bedeutet das: In der Hälfte des Mondmonats, in der der Mond aufsteigt, sind aktives Handeln, das Aufsuchen und Annehmen von äußerer Hilfe und die Orientierung an der Umwelt besonders wichtig, während in der zweiten, absteigenden Hälfte die Konzentration auf das eigene, innere Wesen und die Hilfe des »inneren Arztes« von größerer Bedeutung sind.

Wie die Mondzeichen auf den Körper wirken

Jeder Tag hat seine eigene Qualität. An manchen Tagen fühlen wir uns müde und abgeschlagen, an anderen sprudeln wir über vor Energie. Das Wetter, die Luftfeuchtigkeit, die Temperatur, die Sonneneinstrahlung und nicht zuletzt der Mond beeinflussen unser körperliches und seelisches Befinden.

Aus der Tabelle auf Seite 140 konnten Sie bereits ersehen, welche Organe bei welchem Mondstand besonders aufnahmebereit sind – für gute wie für schlechte Einflüsse.

Wenn wir also beispielsweise an Zwillinge- oder Krebstagen, die ja unter anderem die Lunge »regieren«, Inhalationen vornehmen, Atemübungen durchführen oder uns auf einen Waldspaziergang begeben und unsere Lungen mit frischer Waldluft füllen, werden wir die wohltuenden Auswirkungen intensiver erfahren als an anderen Tagen. Wir werden freier atmen können, da wir unseren Körper besser als sonst mit Sauerstoff versorgen und uns noch gesünder und wohler fühlen, als wenn wir die gleichen Dinge an anderen Tagen tun. Auf der anderen Seite wird uns an diesen Tagen alles besonders belasten, was unseren Lungen nicht guttut. Wenn wir in der Stadt unterwegs sind, werden wir die Abgase der Autos deutlicher und unangenehmer wahrnehmen als sonst. Wenn wir rauchen, wird uns an diesen Tagen mehr als sonst bewußt werden, was wir unseren Lungen und damit uns selbst antun.

Wenn Sie erst einmal beginnen, auf diese Zusammenhänge zu achten (anfangs noch mit Hilfe der obigen Tabelle), werden Sie immer deutlicher spüren, was Ihnen wann wohl tut und was Sie vermeiden sollten.

Der Zusammenhang zwischen Mondphasen und Tierkreiszeichen

Bevor wir auf die Bedeutung der einzelnen Tierkreiszeichen eingehen, müssen wir noch kurz über den Zusammenhang zwischen den Mondphasen und dem Mondstand im Tierkreis sprechen. Auf den ersten Blick wirken diese zwei Aspekte unabhängig voneinander, und in der Tat kann ja jede Mondphase auf jedes Tierkreiszeichen fallen.

Doch ein interessanter, regelhafter Zusammenhang besteht dennoch. Der Rhythmus der Mondphasen und der Lauf durch den Tierkreis überlagern sich und bilden ein prägnantes Muster: Eine Hälfte des Jahres fällt der Mondstand in einem Tierzeichen auf den zunehmenden, in der anderen Hälfte auf den abnehmenden Mond. Von Oktober bis März beispielsweise finden wir, daß der Mond immer, wenn er im Widder steht, zunimmt, während der Mond im Widder zwischen April und September stets auf eine abnehmende Phase fällt. Das bedeutet auch, daß die Wirkung eines Zeichens in einer Jahreshälfte eine andere »Färbung« hat als in der anderen.

Der Mond im Tierkreiszeichen Krebs beeinflußt beispielsweise die Leber. Im zunehmenden Mond im Zeichen Krebs (zwischen Januar und Juni) ist die Leber besonders aufnahmebereit und kann daher leichter durch Alkohol geschädigt werden. In der zweiten Hälfte des Jahres wirkt das Zeichen Krebs natürlich auch auf die Leber; aber nun ist ihre Kraft, Gifte auszuscheiden, größer, denn in der Zeit des abnehmenden Mondes »atmen« ja alle Organe aus, und eine Selbstentgiftung findet statt.

In der folgenden Tabelle sehen Sie, wann welches Zeichen auf den zunehmenden oder abnehmenden Mond fällt.

Tierkreiszeichen	im zunehmenden Mond	im abnehmenden Mond
Widder ♈	Oktober bis März	April bis September
Stier ♉	November bis April	Mai bis Oktober
Zwillinge ♊	Dezember bis Mai	Juni bis November
Krebs ♋	Januar bis Juni	Juli bis Dezember
Löwe ♌	Februar bis Juli	August bis Januar
Jungfrau ♍	März bis August	September bis Februar
Waage ♎	April bis September	Oktober bis März
Skorpion ♏	Mai bis Oktober	November bis April
Schütze ♐	Juni bis November	Dezember bis Mai
Steinbock ♑	Juli bis Dezember	Januar bis Juni
Wassermann ♒	August bis Januar	Februar bis Juli
Fische ♓	September bis Februar	März bis August

Im folgenden wollen wir darüber sprechen, welche besonderen Wirkungen die Tage, in denen der Mond in einem bestimmten Zeichen steht, auf unseren Körper haben, wie wir dies nutzen können und welche schädlichen Einflüsse wir an diesen Tagen vermeiden sollten.

Widdertage

An Widdertagen treten häufig ganz unerwartete Kopfschmerzen auf, insbesondere wetterfühlige Menschen spüren den Einfluß des Widdermondes oft deutlich. Jemand, der unter Migräne leidet, wird feststellen können, daß die Anfälle nicht selten an Widdertagen beginnen oder einen Höhepunkt erleben.

Aber der Mond im Widder »macht« natürlich nicht die Kopfschmerzen, das gelingt uns ganz allein. Es ist aber eben so, daß an diesen Tagen der vom Widder regierte Kopfbereich besonders sensibel ist – auch für positive Einflüsse.

Es ist sicherlich nicht das beste, immer gleich zu Medikamenten zu greifen, aber Tatsache ist, daß sich die meisten Menschen bei Kopfschmerzen gern mit einer Tablette über den Tag helfen. Denken Sie bei der Einnahme von Kopfschmerztabletten jedoch daran, daß an Widdertagen oft schon eine viel geringere Dosis wirkt (insbesondere im zunehmenden Mond von Oktober bis März) und die Schmerzen verschwinden läßt. Wir möchten Ihnen jedoch empfehlen, lieber die Verspannungen im Kopfbereich, zu denen es an Widdertagen öfter kommt, mit einigen kleinen Entspannungsübungen zu behandeln. Massieren Sie an Widdertagen (bevor die Kopfschmerzen auftreten!) mehrmals täglich, nur für ein paar Sekunden, Ihre Schläfen und Ihre Stirn – damit beugen Sie nicht nur der erhöhten Kopfschmerzgefahr an diesen Tagen vor, sondern können sich sogar einer erhöhten Konzentrations- und Lernfähigkeit erfreuen.

Nicht selten sind auch die Augen an der Entstehung von Kopfweh beteiligt. Die Augen stehen ebenfalls unter Widdereinfluß und sollten daher an Tagen, an denen der Mond im Widder steht, schonend behandelt werden. Das heißt unter anderem, daß wir an diesen Tagen möglichst vermeiden sollten, Kontaktlinsen zu tragen oder sie wenigstens nicht länger als notwendig im Auge zu behalten.

Mit Augenübungen könnten fast alle Kurzsichtigen ihre Sehfähigkeit stark verbessern; wenn Sie solche Augenübungen machen, sollten Sie Ihre Übungszeiten möglichst auf Widdertage legen – Sie werden überrascht sein. Auch warme Kamillenkompressen an diesen Tagen sind besonders wohltuend und lassen die Augen leuchten.

Stiertage

An Stiertagen ist die Gefahr, Halsschmerzen zu bekommen, besonders groß. Solche plötzlich auftretenden Halsschmerzen sind ein Warnsignal, das einem viel Ärger ersparen kann, wenn man seine Bedeutung erkennt. Oft kündigen sie nämlich eine heraufziehende Erkältung an; es ist dann aber noch Zeit, die Erkältungssymptome abzuwenden: beispielsweise mit einem heißen Bad, einem Glas Tee mit Honig oder auch nur durch einen warmen Schal und etwas Achtsamkeit.

An Stiertagen reagiert der gesamte Hals- und Rachenbereich empfindlich; Menschen, die beruflich viel sprechen müssen, haben vielleicht schon an sich selbst beobachten können, daß die Stimme an manchen Tagen nicht richtig »sitzt« und man schneller heiser wird. (Achten Sie einmal darauf: Wahrscheinlich handelt es sich bei Tagen, an denen Sie von Heiserkeit geplagt werden, obgleich kein besonderer Anlaß zu vermerken ist, häufig um Stiertage!)

An solchen Tagen sollten wir also darauf achten, unsere Stimme nicht zu überanstrengen. Auch diesem Problem läßt sich meist mit dem schon erwähnten Tee mit Honig vorbeugen.

Nicht nur die Stimme, sondern auch ihr »Partner«, das Gehör, ist an Stiermondtagen besonders empfindlich. Sicher ist das für Musiker von Interesse; wichtiger ist aber wohl, daß die Ohren an diesen Tagen auch auf schädliche Einflüsse stark reagieren. Das muß nicht gleich eine Mittelohrentzündung bedeuten, meist fällt einem lediglich auf, daß der Verkehrslärm, schreiende Kinder oder der Rasenmäher lauter erscheinen als sonst. Für Discobesucher, die sich extremen Lautstärkepegeln aussetzen, ist an Stiertagen ganz besonders zu empfehlen, sich wenigstens durch ein kleines Wattebäuschchen im Ohr vor Gehörschäden zu schützen.

Kiefer und Zähne können sich an Stiermondtagen ziemlich unangenehm bemerkbar machen. Wenn Sie an solchen Tagen plötzlich an Zahnschmerzen leiden, die aber sofort wieder verschwinden, wenn der Mond in das folgende Zeichen, die Zwillinge, eintritt, ist es meist noch Zeit, etwas zu unternehmen, ohne den Zahnarzt zu bemühen. Die erhöhte Sensibilität der Zähne an Stiermondtagen hebt auch erst im Entstehen begriffene Schäden ins Bewußtsein – putzen Sie also an diesen Tagen Ihre Zähne besonders gründlich, verwenden Sie Zahnseide, und spülen Sie den Mund mit etwas Zitronenwasser aus (das tötet die Kariesbakterien ab).

An Stiertagen, vor allem wenn sie auf die Zeit um den Vollmond fallen, sollten Sie Zahnarztbesuche vermeiden (wenn voraussichtlich gebohrt wird). Nach Möglichkeit sollten an diesen Tagen keine Operationen im Kieferbereich (z. B. Ziehen der Weisheitszähne) stattfinden. Fragen Sie aber immer Ihren Arzt!

Zwillingetage

An Tagen, an denen der Mond in den Zwillingen steht, lohnt es sich, auf Verspannungen im Schultergürtelbereich zu achten. Das bißchen Aufmerksamkeit kann unvermutet große positive Auswirkungen auf Ihr gesamtes Befinden haben. Wenn Sie bereits beginnenden Spannungen entgegenwirken, wird sich Ihre Haltung verbessern, und der Atem kann freier fließen, wodurch sämtliche Organe besser mit Sauerstoff versorgt werden. Sie werden sich rundum wohler fühlen.

Das Thema Atmung ist an Zwillingemondtagen ohnehin von großer Bedeutung, da die Lungen an diesen Tagen ihre größte Aufnahmefähigkeit haben. Deshalb ist Menschen, die rauchen, zu empfehlen, zumindest an Zwillingstagen ihren Nikotinkonsum etwas zu reduzieren – denken Sie daran, daß schädliche Kräfte an diesen Tagen noch weitaus schädlicher sind als sonst. Aus den gleichen Gründen werden uns unsere Lungen auch dankbar sein, wenn wir in dieser Zeit Abgase und andere schädliche Ausdünstungen meiden. Vor allem in der ersten Jahreshälfte, von Dezember bis Mai, wenn der Zwillingsmond immer auf den zunehmenden Mond fällt, ist dies zu beachten, da in dieser Zeit besonders viel Schadstoffe aufgenommen werden. Es mag zwar nicht immer ganz leicht sein, das Rauchen einzuschränken oder bei dem heutigen Zustand der Umwelt das Einatmen von Giften zu vermeiden; aber schon kleine Schritte können sich lohnen!

Auf der anderen Seite stehen die positiven Dinge, für die unsere Lungen an Zwillingemondtagen ja ebenfalls sehr empfänglich sind. Am direktesten können wir diese Disposition durch Atemübungen (beispielsweise aus dem Yoga) oder Inhalationen mit ätherischen Ölen nutzen; aber auch Spaziergänge – natürlich nicht in der Stadt oder an einer befahrenen Straße, sondern möglichst im Wald – machen die Lungen an Zwillingetagen weit und frei und geben dem Körper eine Extradosis wertvollen Sauerstoff.

Der Mond in den Zwillingen »regiert« auch die Arme und die Hände. Für Musiker und bildende Künstler eignen sich diese Tage deshalb ganz besonders, um schwierige Stellen auf einem Instrument zu üben oder technisch schwierige und feine Arbeiten an einem Gemälde auszuführen. Es ist dabei aber von großer Wichtigkeit, nicht zu übertreiben, da während dieser Zeit die erhöhte Gefahr von Sehnenscheidenentzündungen besteht.

Wer schöne Hände und Fingernägel haben will, kann an diesen Tagen besonders viel dafür tun. (Der Schönheit haben wir übrigens ein eigenes Kapitel gewidmet.)

Krebstage

Die Lunge, eines unserer wichtigsten Organe, wird von zwei Zeichen regiert: von den Zwillingen, die wir gerade besprochen haben, aber auch vom Krebs. Alles, was wir über die Einflüsse des Mondes in den Zwillingen gesagt haben, gilt auch, wenn der Mond im Tierkreiszeichen Krebs steht. Atemübungen, Spaziergänge und Inhalationen entfalten auch an Krebsmondtagen eine besonders positive Wirkung. Der Unterschied zum Einfluß des Mondes in den Zwillingen besteht darin, daß alles, was wir für die Gesundheit unserer Lungen tun, an Tagen, in denen der Mond im Krebs steht, nicht so schnell, dafür aber langfristiger wirkt.

Die Wirkung des Krebsmondes auf den Brustbereich spüren Frauen besonders deutlich; ihre Brüste sind an diesen Tagen empfindlicher, was bei sanften Berührungen angenehm ist, bei intensiverem Kontakt jedoch schnell ins Unangenehme umschlägt. An diesen Tagen fällt es stillenden Frauen oft schwer, ihrem Kind die Brust zu geben, weil es mit Schmerzen verbunden ist. Wenn diese Empfindungen stärker werden, sollten Sie auf Ihre Intuition hören. Da die Gefahr von Entzündungen dann auch besonders hoch ist, tun Sie letztlich auch Ihrem Baby einen Gefallen, wenn Sie ihm die Brust für die zwei oder drei Tage, in denen der Mond im Krebs steht, vorenthalten. Fragen Sie auf jeden Fall Ihren Arzt!

Die deutlichste Wirkung zeigt der Mond im Krebs beim Magen und bei der Leber. Wer an Krebstagen zuviel und zu fett ißt, wird sich am eigenen Leib vom Einfluß des Krebsmondes überzeugen können. Magenschmerzen, saures Aufstoßen, Übelkeit und eine schlechte Verdauung sind leider häufige Begleiterscheinungen der Krebsmondtage. Wenn wir diesen Zusammenhang kennen, können wir ihn jedoch leicht zu unserem Nutzen einsetzen. Zunächst einmal kann man es sich zu einer guten Angewohnheit werden lassen, an Krebsmondtagen darauf zu achten, mäßig und leicht zu essen. Schon das allein wird den Verdauungsproblemen dieser Zeit entgegenwirken. Möchten Sie aber darüber hinaus etwas Besonderes für Ihre Gesundheit tun, ist es eine sehr gute Idee, wenigstens einen der Krebstage zum Obsttag zu machen – die angenehmen Folgen für Ihr gesamtes Verdauungssystem werden Sie zu schätzen lernen.

Aufgrund der Empfindlichkeit der Leber an Krebsmondtagen sollte man Alkohol in dieser Zeit möglichst vermeiden. Der Alkohol macht leichter betrunken und schädigt die Leber stärker als sonst; diese Regel gilt besonders für die Zeit, in der der Krebsmond zunimmt, also die Monate Januar bis Juni.

Ebenso wie vor Alkohol sollten wir uns an Tagen, an denen der Mond im Krebs steht, vor Streß hüten – natürlich ist Streß nie angenehm, doch an diesen Tagen bekommen wir ihn oft unmittelbar an unserem Magen zu spüren.

Löwetage

Wann immer der Mond im Löwen steht, sind die Praxen von Orthopäden und Chiropraktikern voll, denn der Mond beeinflußt nun die Empfindlichkeit des Rückens. Bei Menschen, die bereits einen vorgeschädigten Rücken haben, machen sich an Löwemondtagen die Beschwerden deutlicher bemerkbar.

Wir müssen das aber nicht als durchweg negativ sehen, sondern können es auch als Motivationsreiz betrachten, der es uns nahelegt, doch endlich einmal die Rückenprobleme aktiv anzugehen.

Beginnen Sie doch an einem Löwemondtag damit, darauf zu achten, wie Sie sitzen, und versuchen Sie, Ihre Haltung zu verbessern. Da Ihr Rücken an diesen Tagen besonders »lernfähig« ist, wird alles, was Sie tun, auch über längere Zeit positiv wirken. Vielleicht können Sie sich ja sogar angewöhnen, während dieser Zeit eine halbe Stunde Rückenübungen oder Yoga (vorsichtig!) zu machen.

Der Löwemond wirkt sich auch auf die Herztätigkeit aus. Allerdings werden wohl nur besonders empfindliche Menschen Beschwerden direkt als Herzschmerzen wahrnehmen. Personen, die herzinfarktgefährdet sind, werden wahrscheinlich an einem Löwemondtag zum erstenmal mit ihrem Problem konfrontiert.(Doch wenn Sie außerhalb dieser Zeit Beschwerden haben sollten, suchen Sie auf jeden Fall einen Arzt auf!) Gesunde Menschen spüren die Wirkung des Mondes an diesen Tagen in Form von leichten Kreislaufproblemen. Der Blutdruck steigt oder fällt – er weicht an Löwemondtagen aber fast immer von seinen normalen Werten ab. Das kann natürlich auch von Vorteil sein; jemand, der einen zu hohen Blutdruck hat, profitiert davon, wenn sein Blutdruck von seinen normalerweise hohen Werten ein wenig herunterkommt.

Ob der Löwemond positiv oder negativ wirkt, hängt natürlich nicht vom Zufall ab, sondern es liegt an uns, *mit* oder *gegen* den Mond zu leben, um die angenehmen oder unangenehmen Aspekte des Mondeinflusses zu verwirklichen.

An Löwemondtagen sollten wir größere Belastungen für unseren Kreislauf vermeiden. Eine Tageswanderung oder ein Marathonlauf sind an Löwetagen nicht zu empfehlen – auch deshalb nicht, weil der Mond in dieser Zeit das Zwerchfell besonders empfindlich macht und Anstrengungen oft mit Seitenstechen quittiert.

Aber selbstverständlich ist es auch nicht besser, sich an diesen Tagen überhaupt nicht oder kaum zu bewegen. Gerade an Löwemondtagen können wir durch sanfte Bewegung unseren Kreislauf stabilisieren und günstig beeinflussen (auch deshalb wäre es nicht schlecht, einen der Löwemondtage zum Yogatag zu machen).

Jungfrautage

Auf die Ernährung sollten wir natürlich immer achten; meist genügt es aber, sich auf die Intuition zu verlassen und das zu essen, was einem am besten schmeckt – Genießen ist ja gesund. An Tagen, an denen der Mond in der Jungfrau steht, ist es jedoch empfehlenswert, ganz besonders darauf zu sehen, was und wie wir essen.

Auch an Jungfrautagen ist es von Vorteil, auf die wahren Bedürfnisse zu achten; das kann ein Fastentag sein, aber auch ein Festmahl. Beide Extreme werden allerdings an den Tagen, an denen der Mond in der Jungfrau steht, nur selten auftreten.

In der Regel sind die Bedürfnisse an diesen Tagen auf Ruhe hin ausgerichtet; unsere Ernährung sollte also nicht zu reichlich, nicht zu fett, nicht zu stark gewürzt oder zu einseitig sein – was ohnehin nie verkehrt ist. Aber an Jungfraumondtagen ist eine harmonische Ernährung eben besonders wichtig; insbesondere in der Zeit des zunehmenden Mondes, zwischen März und August.

An Jungfrautagen reagiert die Verdauung nicht selten mit Verstopfung oder Durchfall; das ist aber nicht nur von der Ernährung abhängig; auch unser vegetatives Nervensystem spielt für die Verdauung eine wichtige Rolle. Und interessanterweise beeinflußt gerade der Jungfraumond auch die Nerven!

An Jungfrautagen kann man oft bemerken, daß alle Menschen etwas leichter reizbar oder besonders nervös sind. Wir sind an diesen Tagen aber eben auch sensibel für die Vorgänge in unserem Körper – das ist ungewohnt und kann uns nervös und hektisch machen, wenn wir die Zusammenhänge nicht kennen. Wenn wir Jungfrautage dagegen mit wachem Bewußtsein erleben, um nach innen zu gehen und uns selbst besser kennenzulernen, werden wir großen Nutzen für unser Wohlbefinden und nicht zuletzt auch für unsere Gesundheit daraus ziehen.

Die Jungfrautage sind gute Tage zum Meditieren und Nachdenken. Wenn wir unser »Nervenkostüm« an diesen Tagen in Ordnung bringen, werden wir im gesamten folgenden Mondmonat in jeder Hinsicht belastbarer sein.

Waagetage

Wenn der Mond in der Waage steht, sollten wir besonders gut auf unsere Nieren aufpassen, da sie in dieser Zeit recht empfindlich reagieren können.

Nieren- und Blasenentzündungen beginnen oft in dieser Zeit, aber selbstverständlich bringt Ihnen der Waagemond nicht jedesmal gleich eine Krankheit, ja nicht einmal irgendwelche akuten Probleme. Wir sollten jedoch an Waagemondtagen daran denken, daß das, was den

Nieren schadet, an diesen Tagen doppelt schadet und daß sich die Schäden im Laufe der Zeit addieren. Besonders belastend sind die Waagemondtage zwischen April und September, wenn der Mond zunimmt.

Wenn Sie bereits unter Nierenbeschwerden leiden, sind die Waagemondtage besonders wichtig für Sie. Sie selbst haben es aber in der Hand, ob Ihnen diese Tage schaden oder nützen. Erinnern wir uns: Der Mond *schadet* dem Organ, das er »regiert«, nicht, er macht es nur *empfänglicher* – auch für wohltuende Kräfte.

An Waagemondtagen ist ein morgendlicher Nieren- und Blasentee das »Heilmittel des Tages« – eine Tasse am Morgen verbessert den ganzen Tag, übrigens auch im psychischen Bereich: Die Sorgen, die einem sonst an die Nieren gehen, können leichter genommen werden. Der Geist und der Körper sind eben untrennbar miteinander verbunden; alle geistigen Vorgänge wirken auf den Körper, und alle körperlichen Vorgänge auf unseren Geist.

Der Tee hilft auch, die Blasenentzündungsgefahr dieser Tage zu bannen; aber es wäre zudem sinnvoll, darauf zu achten, sich an Tagen, an denen der Mond in der Waage steht, nicht unbedingt stundenlang auf kalte Steinplatten oder nassen Boden zu setzen. Der Tee, der Nieren und Blase beim Entgiften hilft, wirkt übrigens in der Zeit des abnehmenden Waagemondes, also zwischen Oktober und April, am besten.

Ältere Menschen haben an Waagemondtagen oft mit Hüftproblemen zu tun. Wenn das Hüftgelenk nicht allzusehr schmerzt, tut eine leichte Bewegungstherapie – idealerweise im Wasser – an diesen Tagen besonders gut. Um längerfristig Besserung zu erreichen, ist oft auch eine Ernährungsumstellung auf weniger fettreiche Kost und eine ausreichende Zufuhr von Vitaminen und Mineralstoffen nötig: Beginnen Sie doch einmal damit, nur an den Waagemondtagen leichter und gesünder zu essen, und beobachten Sie, was sich verändert.

Wenn eine Hüftgelenksoperation notwendig wird, sollte darauf geachtet werden, sie möglichst nicht gerade dann anzusetzen, wenn der Mond in der Waage steht, insbesondere nicht, wenn auch noch Vollmond herrscht! Fragen Sie auf jeden Fall Ihren Arzt!

Skorpiontage

Der Mond im Skorpion beeinflußt hauptsächlich die Geschlechtsorgane, über die Hormone aber auch sehr stark das Gefühlsleben.

Männer spüren an Skorpiontagen Prostatabeschwerden deutlicher als sonst. Abwechselnd warme und kalte Kneipp-Sitzbäder sind an diesen Tagen (vor allem im abnehmenden Mond, zwischen November und April) besonders wirksam. Auch bei Frauenleiden, die in dieser

Zeit häufiger zu erwarten sind, können wechselnde Sitzbäder empfehlenswert sein.

Schwangere sollten sich an diesen Tagen schonen und etwas vorsichtig sein, da es an Skorpiontagen öfter als sonst zu Fehl- oder Frühgeburten kommt; das gilt um so mehr, wenn gerade Neu- oder Vollmond herrscht.

Auf der anderen Seite geht vom Mond im Skorpion ein fruchtbarer Impuls aus, der, wenn auch die anderen Bedingungen stimmen, der entscheidende Auslöser für das Zustandekommen einer Schwangerschaft sein kann. Paare, die es schon oft erfolglos versucht haben, können mit Hilfe des Wissens über die Mondkräfte neue Hoffnung schöpfen. (Über Schwangerschaft und Fruchtbarkeit werden wir in einem eigenen Kapitel noch ausführlicher sprechen.)

Wir wollen hier auf keinen Fall den moralischen Zeigefinger erheben, wenn wir darauf hinweisen, daß zumindest an Skorpiontagen von »one night stands«, sexuellen Abenteuern oder Bordellbesuchen dringend abzuraten ist. An diesen Tagen ist nämlich die Gefahr, sich Geschlechtskrankheiten oder genitale Pilzerkrankungen zuzuziehen, besonders hoch.

Das heißt nun nicht, daß wir an Skorpiontagen auf Sex verzichten müßten oder sollten – ganz im Gegenteil, in dieser Zeit ist Sex meist besonders schön.

Interessanterweise wird auch die Nase vom Skorpion »regiert« – ein Zeichen dafür, wie sehr Geruchssinn und Sexualität miteinander zusammenhängen. Die Nase ist an Skorpiontagen öfter verstopft, unabhängig von Schnupfen und Erkältung – sie ist einfach zu: ein Zeichen dafür, daß man die Menschen in seiner unmittelbaren Umgebung nicht riechen kann. Um unsere Streßbelastung zu reduzieren, sollten wir dann auf unser Unterbewußtsein hören und uns zurückziehen. Wenn wir mit Menschen, mit denen wir harmonieren, zusammen sind, wird unsere Nase gleich freier: Wir haben an Skorpiontagen eine »gute Nase« für die richtige Partnerwahl!

Schützetage

Etwa eine Woche zuvor, als der Mond im Löwen stand, hatten wir vielleicht schon einmal mit Rückenproblemen zu kämpfen. Nun meldet sich der Rücken unter dem Einfluß des Schützemondes wieder, allerdings an seinem untersten Ende. Ischias- und Kreuzschmerzen sind an diesen Tagen leider verhältnismäßig häufig. Am besten beugen Sie schon an Skorpiontagen durch längere Spaziergänge oder sanfte Gymnastik möglichen Beschwerden vor. Natürlich ist es auch nicht besonders günstig, an einem Schützetag umzuziehen und schwere Möbel in den fünften Stock hinaufzuschleppen – die Gefahr, sich zu »verheben«, ist größer als sonst (Löwetage ausgenommen). Manchmal lassen sich Belastungen an

Schützetagen natürlich nicht völlig vermeiden – ein Möbelpacker wird bei seinem Arbeitgeber wohl kaum mit einen Hinweis auf den Mondstand arbeitsfreie Tage herausschinden können. Wir können Kreuzschmerzen aber schon dadurch vermeiden, daß wir bewußter auf unsere Haltung und unsere Bewegung achten.

Viele Menschen spüren Schützemondtage in Form von Schmerzen in den Oberschenkeln, insbesondere beim Treppensteigen. Gerade älteren Menschen fällt es schwer, längere Strecken zu Fuß zurückzulegen. Es sind also keine Tage für lange Wanderungen, für Berg- oder Radto(rt)uren.

Dagegen tun passive, leichte Anregungen, Kneippgüsse und Massagen in dieser Zeit besonders gut – am besten wirken diese Maßnahmen zur Zeit des abnehmenden Schützemondes, also zwischen Dezember und Mai.

Alkohol tut uns an Schützetagen nicht gut, denn der Mond im Schützen regiert (allerdings in geringerem Ausmaß als an Krebstagen) auch die Leber, vor allem ihre Ausscheidungsfunktionen. Die Leber befreit sich in dieser Zeit von Giften. Wenn wir gerade dann wieder Gift hinzugeben (und Alkohol ist ein Gift für die Leber), fügen wir nicht nur einen weiteren Schaden hinzu, sondern behindern auch noch die natürliche Selbstreinigung, die es der Leber ermöglicht, uns auch einmal einen kleinen Rausch zu gestatten. Zur Zeit des abnehmenden Schützemondes, zwischen Dezember und Mai, entgiftet sich die Leber besonders stark, und wenigstens an diesen Tagen sollten wir Alkohol und andere Gifte unbedingt meiden.

Steinbocktage

Da der Steinbock Gelenke und Knochen regiert, sollten wir an Tagen, an denen der Mond in diesem Zeichen steht, möglichst auf starke Belastungen verzichten. Andererseits sollten wir dafür jedoch ganz besonders an diesen Tagen leichtere Belastungen wie Gymnastik, leichtes Gewichttraining, Yoga oder Qi Gong suchen, da diese Maßnahmen an Steinbocktagen noch stärker als sonst dazu beitragen, unsere Knochen zu festigen (was beispielsweise bei Osteoporose von großer Bedeutung ist!) und die Gelenke zu kräftigen. Denn Knochen und Knorpel regenerieren sich an diesen Tagen – wenn wir sie lassen.

Das an Steinbocktagen am meisten betroffene Gelenk ist das Knie. Fußballer und Skifahrer sollten an diesen Tagen auf ihre Knie aufpassen, denn an Steinbocktagen werden bei Sportunfällen die meisten Knieverletzungen gemeldet.

Von großer Bedeutung ist auch der Einfluß von Steinbocktagen auf unser größtes Organ, die Haut. An Steinbocktagen lohnt es sich, unserer Haut etwas Gutes zu tun, indem wir sie durch eine kalte Dusche stimulieren und damit die Durchblutung fördern. Hautcremes tun der Haut ganz besonders wohl – aber sie sollten nicht stark parfümiert sein.

Make-up macht – das wird zumindest behauptet – schöner, doch es verstopft leider auch die Poren der Haut, die dann nicht mehr richtig atmen kann. Die Folgen sind vorzeitige Hautalterung und Hautunreinheiten. Sie müssen aber auch an Steinbocktagen nicht völlig auf Make-up verzichten, doch etwas sparsamer damit umgehen sollten Sie schon. Es ist auch empfehlenswert, darauf zu achten, daß die verwendeten Kosmetika nur natürliche und hautfreundliche Substanzen enthalten.

Die Haut reagiert an Steinbocktagen stärker auf Sonnenstrahlung als sonst. An diesen Tagen sollte man möglichst nur halb so lange in der Sonne bleiben als gewohnt. (Die Bräunung wird selbst dann stärker sein!)

Wenn Sie an einem Steinbocktag ein öffentliches Bad, eine Sauna oder ähnliches aufsuchen, denken Sie daran, sich gründlich abzutrocknen, da die Haut empfänglicher für Pilzinfektionen ist.

Wassermanntage

Der Mond im Wassermann regiert den Bereich der Unterschenkel, die unteren Beinvenen und die Sprunggelenke.

An diesen Tagen machen Krampfadern mehr Probleme als sonst. Menschen, die eine Veranlagung zu diesen Beschwerden haben (das sind viele Wassermannmondgeborene), werden, wenn der Mond im Wassermann steht, oft ein etwas unangenehmes Kribbeln in den Unterschenkeln spüren. Nachts werden sie dann von unruhigen Beinen gequält, schlafen dadurch unruhig und wälzen sich im Schlaf hin und her.

Wenn Sie spüren, daß diese Probleme Sie eventuell betreffen, sollten Sie an Wassermanntagen langes Stehen vermeiden, größere Einkäufe auf die nächste Woche verschieben und ab und zu einmal die Beine hochlegen.

Bei zunehmendem Wassermannmond (August bis Januar) ist es besonders wichtig, daß Sie Ihren Beine soviel Ruhe wie möglich gönnen und mit kalten Güssen Ihre Venen kräftigen. Bei abnehmendem Mond (Februar bis Juli) ist dagegen eher leichte, entspannte Bewegung anzuraten, zum Beispiel in Form mehrerer kleiner Spaziergänge.

Beim Sport gilt es an Wassermanntagen vorsichtig zu sein und besonders auf die Sprunggelenke zu achten. Vor allem Tennis, Squash und Leichtathletik sind Sportarten, die an diesen Tagen gewisse Risiken bergen.

Fischetage

Fußbäder sind ein erstaunliches Heilmittel gegen vielerlei Beschwerden. Heiße Fußbäder sind geradezu ein Wundermittel gegen heraufziehende Erkältungen, und kalte Fußbäder stärken den gesamten Organismus.

Die Erklärung dafür ist, daß in den Füßen nicht nur Reflexzonen liegen, die mit sämtlichen Organen verbunden sind, sondern auch die Endpunkte der Meridiane, der Energiebahnen der chinesischen Heilkunde.

An Fischetagen, an denen der Mond die Füße regiert, sind Fußbäder natürlich von ganz besonders starker Wirkung. Verzichten Sie nicht auf diese einfache Möglichkeit, Ihrem gesamten Körper etwas Gutes zu tun!

Wenn Fischetage auf den abnehmenden Mond fallen (das ist zwischen März und August der Fall) sind kalte Fußbäder besonders wirksam, bei zunehmendem Mond (September bis Februar) sind warme oder heiße Fußbäder besser.

Auch für die Behandlung von Problemen, die direkt mit den Füßen zu tun haben, beispielsweise Warzen, Druckstellen von zu engen Schuhen oder Hühneraugen, sind Fischetage gut geeignet. Allerdings sollten an Fischetagen keine Hühneraugen- oder Warzenoperationen durchgeführt werden!

Bei der Behandlung von Warzen ist aber die Mondphase noch viel wichtiger als das Zeichen: Warzen sollten nie bei zunehmendem Mond behandelt werden! Konsultieren Sie auf jeden Fall Ihren Arzt!

Einige grundlegende Mondregeln für die Gesundheit

Sie haben ja nun schon eine ganze Reihe von »Mondregeln« kennengelernt – aber es ist nicht gerade leicht, sich die vielen Informationen alle sofort einzuprägen. Deshalb wollen wir Ihnen hier die grundlegenden Regeln, von denen sich alle konkreten Ratschläge ableiten, noch einmal zusammenfassend darstellen:

Mondphasen

Die Wirkung der Mondphasen übertrifft alle anderen astrologischen Einflüsse. Wenn Mondphase und der Mondstand im Tierkreis gegensätzliche Kräfte ausüben, überwiegt die Energie der Mondphase: Im Zweifelsfall sollten Sie also auf die Phasen achten.

Im abnehmenden Mond entgiftet sich der Körper. In dieser Zeit werden besonders viele Gifte und Schlackstoffe ausgeschieden. Die Mondkraft wirkt zusammenziehend und heilt Verletzungen.

Im zunehmenden Mond nimmt der Körper alles von außen Kommende besser an. Therapeutische Maßnahmen, die den Körper nähren und aufbauen, sind besonders effektiv.

Zeichen

Der Mondstand im Tierkreis macht jeweils eine bestimmte Körperregion besonders empfänglich.

Alles, was dem Organ, das der Mond »berührt«, nützt, wirkt überdurchschnittlich positiv.

Alles, was dem Organ, das der Mond »berührt«, schadet, wirkt überdurchschnittlich negativ.

Kuren und Entziehung

Wenn Sie das Rauchen, den Alkohol oder eine andere schlechte Gewohnheit aufgeben wollen, ist es das wichtigste, daß Sie die ersten Tage überstehen, in denen das Gewohnte fehlt. Besonders bei Stoffen wie Alkohol oder Nikotin ist der gesamte Körper dermaßen an die ständige Zufuhr gewöhnt, daß es beim Absetzen zu mehr oder weniger starken Entziehungserscheinungen kommt. Damit der Anfang einer Entziehung oder Entwöhnung erfolgreich wird, können wir die Mondkräfte als Helfer heranziehen:

- Beginnen Sie an einem Neumondtag oder einen Tag vorher mit einer Alkohol- oder Zigarettenpause. An diesen Tagen reinigt sich der Körper ganz besonders stark von Giften.
- Reduzieren Sie an den folgenden 14 Tagen den Genußmittelkonsum.
- Am Vollmondtag nehmen Sie das letzte Mal bewußt Abschied von Ihrer alten, ungeliebten Gewohnheit und lassen sie los.
- Zwillinge- oder Löwetage im abnehmenden Mond sind gute Termine, um Gewohnheiten von einem Moment zum anderen aufzugeben.
- An Jungfraumondtagen sind wir besonders nervös, deshalb ist es hilfreich, darauf zu achten, daß diese Tage nicht auf die ersten Tage unserer Entwöhnung fallen.

Für Schönheits-, Aufbau- und Vitaminkuren gilt dagegen:

Im zunehmenden Mond nimmt der Körper alles, was ihm guttut, besonders intensiv an. Wenn Sie nun noch darauf achten, daß auch einige Steinbocktage in die Zeit der Kur fallen, ist es noch besser.

Massagen

Massagen sind eine wunderbare und natürliche Form der Be*hand*lung; kein Wunder, daß zu allen Zeiten und von vielen Völkern Massagetechniken entwickelt wurden, um die Gesundheit zu fördern oder zu verbessern, ja, mitunter sogar, um Krankheiten zu heilen. Besonders aus dem östlichen Kulturraum gibt es eine Reihe interessanter Massagetechniken; am bekanntesten dürfte wohl *Shiatsu*, die japanische Fingerdruckmassage sein.

Aber ganz gleich, um welche Massageform es sich handelt – der Mond kann die Wirkung einer Massage fördern. Dabei müssen wir uns klarmachen, wozu die Massage dient.

Massagen, die den Körper reinigen, entgiften und von schlechten Energien befreien sollen, wirken am besten in der Zeit des abnehmenden Mondes (ab zwei Tage nach Vollmond).

Für Massagen, die aufbauend, regenerierend und energiezuführend wirken sollen, eignet sich am besten die Zeit des zunehmenden Mondes.

Arzt- und Behandlungstermine

Nach dem, was Sie nun über die Zusammenhänge zwischen Mond und Gesundheit wissen, werden Sie sich wohl schon gedacht haben, daß eine Heilbehandlung und die Wahl der Mittel wohlüberlegt und möglichst auf den Mondrhythmus abgestimmt sein sollten – aber schon beim Vereinbaren Ihres nächsten Arzttermins sollten Sie auch an den Mond denken.

Machen Sie sich bewußt, daß jedes Organ auf die Zeichen unterschiedlich empfindlich reagiert. Manchmal ist es deshalb sinnvoller, abzuwarten, ob die Beschwerden, wenn der Mond in das nächste Zeichen eintritt, nicht von selbst verschwinden. Vielleicht kennen Sie es ja besonders von Zahnschmerzen: An einem Tag (meist Stier- oder Widdermondtage!) tut ein Loch im Zahn dermaßen weh, daß man sich aufrafft und einen Termin beim Zahnarzt vereinbart. Doch sitzt man dann auf dem »Folterstuhl«, ist von den Schmerzen nichts mehr zu spüren.

Andererseits kann gerade die erhöhte Sensibilität auch erwünscht sein – mitunter kann die Schulmedizin nichts finden, doch das gesteigerte subjektive Empfinden zeigt bereits ein in der Entstehung befindliches Problem an. Der Mond kann also sogar ein diagnostisches Hilfsmittel sein.

Wir können uns also, um aus einem Arztbesuch möglichst großen Nutzen zu ziehen, an folgendes halten:

- Bei Bagatellkrankheiten, leichtem Unwohlsein, Erkältungen usw. erst einmal abwarten (maximal 3 Tage), ob nicht mit dem Wechsel des Mondes in das nächste Zeichen die Beschwerden verschwinden.
- Wenn ein Gesundheitsproblem immer wieder auftaucht, sollten Sie, auch wenn der Arzt bei der ersten Untersuchung nichts findet, nicht nachlassen.
- Bei stärkeren Beschwerden sollten Sie dagegen unabhängig vom Stand des Mondes auf jeden Fall umgehend einen Arzt aufsuchen!

- Für eine *Behandlung* ist dagegen die Mondphase am wichtigsten, nämlich der zunehmende Mond (außer wenn es sich um chirurgische Eingriffe handelt). An Tagen, an denen der Mond in dem Zeichen steht, das den behandlungsbedürftigen Organbereich sensibilisiert, sind Behandlungen besonders wirkungsvoll.
- Voll- oder Neumondtage sollten Sie, wenn möglich, sowohl für Untersuchungen als auch für Behandlungen und ganz besonders für Operationen meiden, und zwar vor allem dann, wenn sie auf Tage fallen, an denen der Mond in dem Zeichen steht, das den betroffenen Körperteil »regiert«. Doch auch in diesen Fällen sollte Ihr Arzt das letzte Wort haben.

Operationen

Da dieses Thema so wichtig ist, wollen wir die wesentlichen Regeln, die für Operationen gelten, hier noch einmal ganz ausdrücklich darstellen:
- Möglichst nicht an Vollmondtagen eine Operation vornehmen lassen (außer Notoperationen).
- Ebenso wichtig ist es, Operationen nicht auf Tage zu legen, an denen der Mond in dem Zeichen steht, das den betroffenen Körperteil regiert. (Diese Mondregel kannte schon Hippokrates [460–370 v.Chr.]: *»Berühre den Teil des Körpers, der von dem Zeichen, in dem der Mond gerade steht, regiert wird, nicht mit Eisen«,* schrieb er – mit dem »Eisen« sind natürlich chirurgische Instrumente gemeint.)
- Neumondtage sowie jeweils zwei Tage vor und nach Voll- und Neumond sind ebenfalls ungünstig.
- Der zunehmende Mond wirkt sich nicht *besonders* ungünstig aus, aber Blutungen können nicht so schnell gestillt werden wie an den Tagen des abnehmenden Mondes.
- Am günstigsten für operative Eingriffe sind die zehn Tage im abnehmenden Mond, zwei Tage nach Vollmond bis zwei Tage vor Neumond (außer wenn der Mond dann in dem zu vermeidenden Tierkreiszeichen steht).

Zahnbehandlungen

Für Zahnbehandlungen gelten keine besonderen Regeln, doch wir sollten uns klarmachen, daß es sich bei ihnen praktisch immer um Eingriffe handelt, die mit kleinen Operationen zu vergleichen sind. Es gelten also die Mondregeln für Operationen: Möglichst keine Behandlungen an Vollmond- und Neumondtagen und wenn der Mond im Zeichen Widder oder Stier steht.

- Der abnehmende Mond ist für einige Zahnarzttermine auch aus einem weiteren Grund von Bedeutung: Zahnfüllungen, Brücken und Kronen halten besser, wenn sie in dieser Zeit – am besten an Löwe-, Skorpion- oder Wassermondtagen – gemacht werden.
- Für sonstige Zahnbehandlungen sind Zwillinge- und Jungfrautage im abnehmenden Mond ideal.

Wir haben Ihnen nun eine ganze Reihe an »Regeln« vorgestellt, die Sie sich natürlich nicht alle merken konnten. Das ist aber auch nicht so wichtig – Sie werden nun vielleicht etwas mehr auf die Rhythmen des Mondes achten, immer mehr Erfahrungen mit dem Mond machen und schließlich *spüren*, was zu welchem Zeitpunkt gut für Ihre Gesundheit ist. Und Sie können auch jederzeit wieder dieses Buch zur Hand nehmen und nachschlagen.

Gerade wenn es um unsere Gesundheit geht, genügt es jedoch nicht, nur ein paar einfache Regeln zu beachten.

Die Mondregeln für die Gesundheit zu kennen, erleichtert es uns, zu dem Rhythmus der Natur, die ja auch unsere Natur ist und von der wir ein Teil sind, zurückzufinden. Haben wir ihn erst wiedergefunden, benötigen wir die Regeln nicht, ebensowenig, wie wir Regeln benötigen, die uns sagen, wann wir ein- und ausatmen müssen.

Ernährung im Zeichen des Mondes

»Man ist, was man ißt.« Was zunächst vielleicht etwas übertrieben erscheint (schließlich sind wir keine Kartoffeln, selbst wenn wir ausschließlich Kartoffeln äßen), ist nichts als die Wahrheit: Unser Körper wird ja aus dem Material aufgebaut, das wir uns einverleiben!

Auf die Bedeutung unserer Nahrung haben die unterschiedlichsten Menschen aus allen Kulturkreisen schon seit Tausenden von Jahren hingewiesen und mehr oder weniger sinnvolle Regeln aufgestellt, was gesund ist und was nicht, was wir essen und was wir meiden sollten.

Dabei wird manchmal vergessen, daß jeder Mensch einzigartig ist und dementsprechend individuelle Bedürfnisse hat. Eine strenge Ernährungslehre, die nicht auf die Unterschiedlichkeit der Menschen Rücksicht nimmt, wird daher auch nur bei einigen wenigen Menschen erfolgreich wirken – bei denjenigen, zu denen diese Regeln passen.

Harmonische Ernährung

Ein gesunder Mensch sollte eigentlich überhaupt keine Regeln für seine Nahrung brauchen, ebensowenig wie er eine Anleitung zur Verdauung oder zur Atmung benötigt. Ein körperlich und seelisch gesunder Mensch überläßt die Auswahl seiner Nahrung seinem Gefühl und seiner Intuition – er folgt dem Genußprinzip. Das hat aber nichts mit Völlerei, Fast food oder Unbedachtheit zu tun; Genießen ist ja eine Kunst!

Unbewußt nutzen Genießer den Mond öfter, als sie vielleicht denken.

Dazu muß man wissen, daß bei zunehmendem Mond beispielsweise Früchte und Obst nicht nur gesünder und nahrhafter, sondern auch saftiger und wohlschmeckender sind. Wer also zu genießen versteht, wird sich gerade an den Tagen, an denen Obst gesünder ist, zu diesen Nahrungsmitteln hingezogen fühlen, nicht weil er *weiß,* daß nun die Zeit dafür ist, sondern weil er es *fühlt*, weil er dem Genuß folgt.

Wenn wir andererseits wissen, wann der Mond welche Nahrung am bekömmlichsten macht und ein wenig darauf achten, werden wir schließlich entdecken, daß wir das Wissen immer weniger brauchen und allmählich zu gesunden Genießern werden. Hier nun ein paar einfache Regeln für eine harmonische Ernährung nach dem Rhythmus des Mondes:

- Bei zunehmendem Mond sind Obst und Früchte schmackhafter und vitaminreicher.
- Alle wichtigen Nährstoffe, Vitamine und Spurenelemente werden bei zunehmendem Mond am besten aufgenommen.
- Bei abnehmendem Mond schmecken Speisen oft zu süß oder zu

salzig. In dieser Zeit scheidet der Körper Schlacken, Gifte und Salze besonders gut aus, und wir sollten daher diese Stoffe (zuviel Salz, Zucker, Alkohol, Fleisch) auch meiden oder reduzieren – was uns leichtfällt, wenn wir auf die Signale unseres Körpers zu hören gelernt haben.

– Bei abnehmendem Mond arbeitet unser Geschmackssinn besser als sonst. Kleinere Geschmacksreize lösen stärkere Empfindungen aus. Gutes, nicht salziges Mineralwasser schmeckt in dieser Zeit besser als jedes andere Getränk und unterstützt außerdem den Körper bei seiner Selbstreinigung.

Heilende Ernährung

Wenn wir vor allem unter chronischen Krankheiten leiden, kann es sinnvoll sein, unsere Ernährungsweise genauer zu überprüfen. Auch in diesem Fall ist es im Grunde ausreichend, wieder mehr auf die Intuition zu hören. Eine Krankheit zeigt aber gerade an, daß die Intuition blokkiert ist.

Daher können wir zunächst einige »Regeln« beachten, die unsere Aufmerksamkeit schärfen und auf diese Art und Weise unsere Intuition wieder »in Gang« bringen.

Die bei der harmonischen Ernährung genannten Mondregeln gelten auch für die heilende Ernährung. Darüber hinaus sollten wir aber auch die Tagesqualitäten des Mondstandes im Tierkreis kennenlernen.

Feuertage (Widder, Löwe, Schütze): Eiweiß ist besonders wichtig. Kaffee und Alkohol sollten an diesen Tagen möglichst vermieden werden. Ganz allgemein sollten wir ja weniger Fleisch essen; an Feuertagen vertragen und verwerten wir Fleisch jedoch besonders gut, so daß wir, *wenn* wir schon Fleisch essen, es möglichst an diesen Tagen tun sollten. Es darf auch nicht verschwiegen werden, daß einige im Fleisch besonders reichlich vorhandene lebenswichtige Nährstoffe nur schwer durch ausschließlich pflanzliche Nahrung ersetzt werden können. Wenn wir an Feuertagen ein wenig Fleisch essen, werden wir uns leichter gesund ernähren können.

Erdtage (Stier, Jungfrau, Steinbock): An diesen Tagen braucht der Körper mehr Salz – aber da wir ohnehin immer viel zuviel Salz aufnehmen (Sie würden gar nicht glauben, wie viele Speisen Salz enthalten!), ist der »Salzhunger«, den wir an Erdtagen verspüren, mit Vorsicht zu genießen. Der Körper nimmt das Salz besser auf – aber er hat ohnehin zuviel davon, und somit schaden wir durch Salzgenuß an diesen Tagen unserer Gesundheit. Paradoxerweise sollten wir also gerade an den Salztagen mit Salz besonders sparsam umgehen.

Lufttage (Zwillinge, Waage, Wassermann): An diesen Tagen verarbeitet unser Körper Fett besonders gut (das heißt, er benötigt *ausreichend* Fette, aber nicht übertrieben viel). Vitamine werden ebenfalls gut resorbiert. Für Gesund-Genießer ist vielleicht besonders folgendes interessant: Luft-Tage sind »Schokoladetage«! Lufttage sensibilisieren das Drüsensystem, und in der Schokolade sind viele wertvolle Stoffe enthalten, die unseren Hormonhaushalt harmonisieren und unsere Stimmung heben.

Wassertage (Krebs, Skorpion, Fische): Kohlehydrate sind in dieser Zeit besonders wichtig, frisches Brot schmeckt an diesen Tagen auch am besten. Obst ist während dieser Zeit auch bei abnehmendem Mond sehr saftig und vitaminreich.

Gewichtsregulierung

Ein erschreckend hoher Anteil der Bevölkerung hierzulande leidet an Übergewicht. Nun muß gesagt werden, daß keineswegs jeder, der nach den gängigen Regeln Übergewicht hat, auch unter seinem Gewicht *leidet*. Und wer sich wohl fühlt, macht eigentlich alles richtig. Natürlich spielen aber auch die Macht der Gewohnheit und ein Verlernen des natürlichen Körpergefühls eine gewisse Rolle. Manche Menschen spüren gar nicht, wie sie ihr extremes Körpergewicht belastet und beeinträchtigt – und sie wissen ja nicht mehr, wie es sich anfühlt, weniger überflüssiges Gewicht mit sich herumzutragen. Ein wenig In-sich-Gehen ist oft nötig, um zu erfahren, was man wirklich fühlt. Mitunter eröffnen sich beim In-sich-Hineinhören sehr interessante Zusammenhänge: Das Übergewicht ist nicht selten ein Zeichen des Unterbewußtseins, mit dem es signalisieren will, daß es an Liebe im Leben des Betroffenen fehlt. Das viele Essen, das sich der Eßsüchtige einverleibt, ist Stellvertreter für die Liebe, nach der jeder Mensch hungert.

Aber nicht jeder, der gerne gut und reichlich ißt und ein paar Pfunde mehr auf die Waage bringt, *leidet* an Übergewicht, und erst recht nicht jeder, der dem gängigen Schönheitsideal nicht entspricht. Die absolut fettröllchenfreien, braungebrannten, gertenschlanken »Schönheiten« der Werbung vermitteln vielen Menschen, daß dieses »Ideal« unbedingt anzustreben sei: Nur schlanke, jugendliche, kantenlose Menschen sind erfolgreich, beliebt, glücklich und zufrieden. Das ist natürlich ein Trugbild – das jedoch fatalerweise dazu tendiert, sich selbst zu realisieren. Je mehr Menschen das Werbeideal vom schönen schlanken Menschen verinnerlichen, desto mehr wird es zu einem Stück Wahrheit. Es entspricht allerdings nicht unbedingt unserer Natur, unseren inneren Rhythmen und lenkt uns von unserer inneren Wahrnehmung und Intuition ab.

Bevor wir uns also dazu entschließen, unser Gewicht zu reduzieren, sollten wir in uns hineinhorchen, ob wirklich wir oder aber die anderen das wollen und ob es tatsächlich notwendig ist. Fühlen Sie sich wohler, wenn Sie sich vorstellen, Sie wögen ein paar Kilo weniger? Woher stammt dieses Wohlgefühl? Wenn Sie sich solche Fragen stellen, werden Sie schnell Ihren wahren Bedürfnissen auf die Spur kommen.

Wir wollen hier den Tausenden von Diäten keine weitere hinzufügen, da wir der Ansicht sind, daß nur unser Körper weiß, was ihm guttut – und das ist bei jedem Menschen anders. Was wir tun können und wollen, ist, die Aufmerksamkeit auf den Mondrhythmus zu lenken, der mit unseren inneren Rhythmen harmoniert und andeuten, wie der Mond uns bei unseren Vorhaben unterstützen kann.

Wenn Sie mit einer Diät, einer Fastenkur, einer Nahrungsumstellung oder auch nur mit einer neuen Bewußtheit für Ihre Ernährungsweise beginnen wollen, ist der Vollmondtag ideal – die folgenden zwei Wochen scheidet der Körper Gifte besser aus und verliert leichter überschüssiges Fett.

Für eine Nahrungsumstellung oder eine neue achtsame Ernährungsweise gibt es eine andere Möglichkeit, wenn nicht in erster Linie eine schnelle Gewichtsreduktion das Ziel ist, sondern eine dauerhafte Änderung der Lebensweise: Am Neumondtag entgiftet sich der Körper ganz besonders stark; mit einem Fastentag können wir diesen Prozeß fördern und uns für die nächste Zeit reinigen. Es fällt uns danach leichter, unsere wahren Bedürfnisse und den tatsächlichen Geschmack unserer Nahrung wahrzunehmen.

Von Bedeutung für eine Veränderung des Gewichts (es soll ja auch heute noch Menschen geben, die zunehmen wollen: alle genannten Regeln gelten auch für sie – mit umgekehrten Vorzeichen) ist auch der Mondstand im Tierkreis:

Feuertage (Widder, Löwe, Schütze): In dieser Zeit verbrennt der Körper Fett besser. Mit einer Diät an solchen Tagen zu beginnen, bringt schnelle Anfangserfolge (natürlich müssen Sie zusätzlich darauf achten, zur Zeit des abnehmenden Mondes zu beginnen). Achten Sie an diesen Tagen auf Ihre Wahrnehmung; wenn Sie glauben, etwas undeutlicher zu sehen oder nicht ganz so klar zu hören, kann das durchaus der Fall sein. Es ist ein Zeichen dafür, daß Ihre Nahrungsumstellung Ihnen nicht guttut. An Feuertagen sind nämlich unsere Sinnesorgane sensibler als an anderen Tagen und reagieren am empfindlichsten auf Störungen unseres Gleichgewichts.

Wassertage (Krebs, Skorpion, Fische): An diesen Tagen nehmen wir leichter zu. Wenn wir unser Gewicht reduzieren, uns aber dennoch wohl fühlen wollen, sollten wir ausreichend essen, dabei aber darauf achten, wenig Fett zu uns zu nehmen. Wenn Sie es mit Ihrer Diät übertreiben, spüren Sie es an diesen Tagen meist daran, daß Sie nervös und unruhig werden, denn Wassertage machen das Nervensystem besonders sensibel. Auch deshalb ist es keine gute Idee, in dieser Zeit mit einer Diät zu beginnen. Wassertage, die auf den zunehmenden Mond (mit dem Höhepunkt des Vollmondes) fallen, sind kritische Tage und oft der Zeitpunkt, an dem alle guten Vorsätze über Bord geworfen werden. Wenn Sie das wissen, können Sie mit dem Problem sicherlich besser zurechtkommen.

Schönheitspflege im Zeichen des Mondes

Wenn wir mit dem Mond leben, werden wir in jeder Hinsicht davon profitieren – auch was unsere »Schönheit« angeht. Vor allem, wenn es um die wahre, von innen kommende Schönheit geht, wird uns ein Leben im Einklang mit unseren inneren Rhythmen und den anderen Rhythmen der Natur diesem Ideal näherbringen. Natürlich profitiert unsere äußere Erscheinung auch von einer guten Gesundheit, die ja die Voraussetzung für eine gesunde Haut, schöne Haare, Fingernägel und eine gute »Ausstrahlung« ist.

Vieles, wenn nicht alles, was Sie mit Hilfe der Kenntnis der Mondkräfte für Ihre Schönheit tun können, wissen Sie eigentlich bereits aus den vorangegangenen Kapiteln – Sie müssen lediglich die Mondregeln, die Sie kennen, auf den Bereich »Schönheit« anwenden. Aber es bedarf ja einiger Erfahrung mit den Mondkräften, bis man alle Mondregeln verinnerlicht hat – wir wollen es Ihnen daher einfacher machen und im folgenden ganz konkrete und praktische Hinweise geben, wie Sie die Kräfte des Mondes für schöne Haare, Nägel, Haut und Ausstrahlung nutzen können.

Zur äußeren wie zur inneren Schönheit gehören auch eine förderliche Ernährung und der Verzicht auf Gifte wie Alkohol, Nikotin oder Rauschmittel. Zu diesen Themen finden Sie in den vorausgegangenen Kapiteln konkrete Ratschläge.

Haare schneiden

Unsere Haare tragen viel zu unserem guten Aussehen bei. Volle, glänzende, gesunde Haare sind nicht nur eine Frage der richtigen Pflege, sondern sicherlich auch der ererbten Veranlagung. Gerade die männliche Glatze ist eine Sache der Gene, nicht zu verhindern und völlig natürlich, auch wenn viele betroffene Männer psychisch darunter leiden. Dabei haben Untersuchungen gezeigt, daß eine Glatze keineswegs unattraktiv macht, sondern daß ein großer Teil der Frauen eine Glatze als besonders männlich empfindet.

Die Haare, die wir aber (noch) auf dem Kopf tragen, sollten möglichst kräftig und glänzend sein. Eine gesunde Ernährung ist natürlich auch für gesunde Haare eine Voraussetzung. Außerdem sollten wir den Zeitpunkt des Haareschneidens so legen, daß der Mond ein kräftiges Wachstum fördert.

Zur Pflege dünner Haare, die schnell überbeansprucht werden, empfiehlt sich die Zeit des abnehmenden Mondes, am besten die Tage kurz nach Vollmond. Wenn der Mond dabei im Löwen steht, ist es noch besser – das ist allerdings nur von August bis Januar der Fall. Die Löwetage von Februar bis Juli, drei Tage *vor* dem Vollmond, sind ebenfalls sehr günstig. In dieser Zeit kann man auch sehr gut eine Haarkur durchführen: Von März bis Juni werden an jedem ersten Löwemondtag die Haarspitzen geschnitten – nach jedem Schnitt werden die Haare gesünder und fester.

Wenn Sie bereits kräftige Haare haben und wollen, daß sie möglichst schnell wachsen, sind Löwemondtage drei Tage nach Neumond (von Februar bis Juli) oder drei Tage vor Neumond (August bis Januar) am günstigsten. Wenn Sie wollen, daß Ihre Haare langsamer wachsen (damit Sie nicht so oft zum Friseur müssen), sollten Sie einen Steinbocktag wählen.

Fische- und Krebsmondtage sind nicht gut zum Haareschneiden geeignet; die Haare werden dann stumpf, oder es bilden sich Schuppen.

Haare färben

Aus den unterschiedlichsten Gründen wechseln viele Menschen heute ihre Haarfarbe. Sie schämen sich ihrer grauen Haare, sie sind mit sich nicht zufrieden und glauben, es durch eine andere Haarfarbe zu werden, wollen zu einer bestimmten Gruppe gehören, suchen nach einer Abwechslung oder sind einfach neugierig darauf, wie sie mit anderen Haaren aussehen.

Glücklicherweise sind die heute verwendeten Mittel nicht mehr so aggressiv wie die einst gebrauchten – aber jede Färbung strapaziert das Haar.

Am günstigsten für einen langen Halt der Farbe sind die Tage des abnehmenden Mondes, für eine möglichst haarschonende Färbung Tage, an denen der Mond in der Jungfrau steht.

Dauerwellen

Nicht nur die Haarfarbe können wir heute frei wählen, sondern auch, ob wir glatte oder gelockte Haare tragen wollen. Der Wunsch, anders zu sein, als man ist, scheint dabei eine große Rolle zu spielen. Das kann man beispielsweise in Amerika, wo Menschen asiatischer und afrikanischer Abstammung nahe beieinander wohnen, gut beobachten: Bei den natürlicherweise kraushaarigen Schwarzen ist es Mode, die Haare zu glätten, während sich wohl beinahe die Hälfte der glatthaarigen Asiatinnen die Haare kräuseln läßt.

Sicherlich kann eine Dauerwelle bei Menschen, denen sie steht, gut aussehen. Wenn Sie sich eine Dauerwelle machen lassen, sollten Sie auf folgendes achten:

Grundsätzlich nimmt das Haar die Farbe bei zunehmendem Mond besser an.

Eine Dauerwelle strapaziert das Haar sehr. An Jungfraumondtagen ist eine Dauerwelle am schonendsten und überdies lange haltbar.

Eine an Löwemondtagen gelegte Dauerwelle hält noch länger, aber die Haare neigen dazu, sich stark zu kräuseln (was ja aber mitunter erwünscht ist).

Haare waschen und pflegen

Beim Haarewaschen können wir auf den Mondstand nicht so viel Rücksicht nehmen, da wir uns natürlich schon öfter als einmal im Monat die Haare waschen möchten. Dennoch sollte es nicht unbedingt jeden Tag sein, da tägliches Haarewaschen jedes Haar auf Dauer strapaziert.

Wichtig für das Haarewaschen und das Anwenden von Haarkuren sind vor allem zwei Punkte. Erstens: Bei abnehmendem Mond benötigen wir deutlich weniger Shampoo und sollten daher auch weniger verwenden, um unsere Kopfhaut und unsere Umwelt zu schonen. In dieser Zeit müssen wir auch weniger oft waschen, da die Haare länger »frisch« bleiben. Zweitens: Bei zunehmendem Mond ist es sinnvoll, nach dem Waschen Haarkuren anzuwenden.

Schuppenprobleme

Wenn Sie an Schuppen leiden, wissen Sie ja aus eigener Erfahrung, wie lästig und manchmal vielleicht sogar peinlich das sein kann. Bei der großen Mehrheit der Betroffenen spielt Streß eine große Rolle bei der Entstehung von Schuppen. Hier hilft keine einzelne Mondregel – doch dadurch, daß wir im Einklang mit den inneren und äußeren Rhythmen leben (und darum geht es ja in diesem Buch vor allem!), werden wir entspannter und streßfreier leben, und dann werden möglicherweise die Schuppen ganz nebenbei verschwinden.

Durch aggressive Haarwaschmittel, durch übertrieben häufiges Waschen und durch konsequentes Nichtbeachten der Mondkräfte können wir unserem Haar aber ebenfalls Schuppen »anhängen«.

Am wichtigsten bei Schuppen ist: Nie an Fischetagen schneiden oder waschen!

Medizinische Schuppenkuren wenden Sie am besten an Steinbocktagen bei zunehmendem Mond an.

Enthaaren und Epilieren

Vielleicht wollen Sie Haare an bestimmten Stellen loswerden. Bei chemischen Haarentfernungsmitteln (mit denen man vorsichtig umgehen sollte!) ist der letzte Tag des ersten Quartals am günstigsten; die enthaarenden Substanzen wirken dann am nachhaltigsten. Bei physikalischen Methoden (Zupfen, Rasieren, Epilieren, Wachs) empfiehlt sich der abnehmende Mond. An Steinbocktagen im abnehmenden Mond (Januar bis Juni) sind Haarentfernungen besonders wirksam; allerdings ist an diesen Tagen die Haut empfindlicher, so daß Menschen mit sensibler Haut in dieser Zeit vorsichtig sein sollten.

Hautpflege

Unsere Haut ist nicht »nur« unser größtes Organ, sondern auch unsere Visitenkarte. Unserer Haut ist unser Lebensstil anzusehen; unser Alter (auch im positiven Sinn!), Sorgen und Belastungen graben sich in unsere Haut, und auch unsere Gesundheit und unsere Ernährungsweise spiegeln sich in der Haut wider. Somit dürfte klar sein, daß eine schöne Haut nicht durch Beachtung von ein, zwei kleinen Mondregeln zu erzielen ist.

Doch gibt es auch für die Haut ein paar *zusätzliche* Mondregeln, die ihren Teil dazu beitragen, unsere Haut glatter, geschmeidiger und reiner zu machen.

Am besten für die Hautpflege sind Steinbocktage. Dabei gilt die gewohnte Regel: Bei abnehmendem Mond wirken alle reinigenden Maßnahmen besonders gut, bei zunehmendem Mond werden Pflegemittel und Feuchtigkeit von der Haut am besten aufgenommen. (Von Juli bis Dezember, wenn der Steinbockmond nie im Abnehmen begriffen ist, ist die Mondphase für die Hautreinigung wichtiger als das Tierkreiszeichen, in dem der Mond steht.)

Für Gesichtsmasken eignen sich neben den Steinbocktagen auch Widdertage, wiederum für reinigende Masken bei abnehmendem (April bis September), für aufbauende Masken bei zunehmendem Mond (Oktober bis März).

Pickel, Mitesser & Co.

Pickel, Pusteln und Mitesser, besonders im Gesicht, sind für die Betroffenen meist ein großes Ärgernis. Gerade Jugendlichen wird eingeredet, daß diesem Problem mit täglichem Chemikalieneinsatz entgegengewirkt werden kann. Daß die Haut von solchen Mitteln ausgetrocknet und geschädigt und somit auf Dauer gesehen auch anfälliger für Entzündungen und Hautprobleme wird, wird dabei oft vergessen.

Am wichtigsten für eine gesunde Haut sind Ernährung und Lebensweise. Aber eine regelmäßige, nicht übertriebene Hautreinigung, möglichst im Einklang mit den Mondkräften, kann der Entstehung von Pickeln und Mitessern bis zu einem gewissen Grad vorbeugen.

Wir erwähnen das Problem Pickel und Mitesser deshalb besonders, weil hier nicht die übliche Regel für reinigende Vorgänge gilt – ausnahmsweise sollten gröbere Hautunreinheiten bei *zunehmendem* Mond und *nicht* an Steinbocktagen entfernt werden.

Maniküre und Pediküre

Die Fingernägel fallen als erstes ins Auge, wenn man auf die Hände eines Menschen sieht. Gesunde, gleichmäßige, glänzende (und saubere) Fingernägel tragen damit einiges zum Gesamteindruck bei. Gesunde Fingernägel sind aber ebenso wie Haut und Haare nicht unabhängig vom allgemeinen Gesundheitszustand zu sehen.

Mit der Nagelpflege zur rechten Zeit, im Einklang mit dem Mond, können wir aber durchaus etwas für das Aussehen unserer Finger- und Fußnägel tun.

Brüchige Nägel sollten bei zunehmendem Mond so oft und bei abnehmendem Mond so selten wie möglich geschnitten werden. Bei Neumond nie, bei Vollmond immer! Diese Regel gilt auch für den Fall, daß Sie möchten, daß Ihre Nägel möglichst schnell wachsen.

Bei zunehmendem Mond können Sie Ihren Finger- und Fußnägeln ebenfalls etwas Gutes tun: Cremen Sie an diesen Tagen Ihre Nägel vor dem Schlafengehen mit einer nicht parfümierten, möglichst hautneutralen Lotion ein.

Strahlende Augen

»Die Augen«, heißt es, »sind der Spiegel der Seele.« Wenn die Seele »schön« ist, sind also auch die Augen schön – sie strahlen dann Ruhe, Selbstsicherheit, Mitgefühl und Lebensfreude aus. Diese seelische Schönheit, die die Augen ausstrahlen können, ist sicherlich ein erstrebenswertes Ziel – aber nicht nur, um strahlende Augen zu bekommen.

Dieses Ziel ist natürlich etwas hoch gesteckt. Es gibt jedoch einen interessanten Zusammenhang zwischen seelischen und körperlichen Vorgängen, der weithin unbekannt ist. Die Aussage »eine schöne Seele macht auch die Augen schön« leuchtet den meisten Menschen bei etwas Nachdenken ein. Kaum jemand weiß dagegen, daß auch das Umgekehrte bis zu einem gewissen Grad richtig ist: »Strahlende, klare Augen erhellen die Seele.« Oder allgemeiner gesagt: Körperliche Veränderungen führen zu psychischen Veränderungen.

Probieren Sie doch einmal folgendes aus: Stellen Sie sich gerade hin, heben Sie Ihren Blick, und ziehen Sie die Mundwinkel etwas nach oben wie bei einem Lächeln. Versuchen Sie jetzt, an etwas Trauriges zu denken – Sie werden feststellen, daß es sehr schwerfällt. Die positive körperliche Haltung zieht eine positive seelische Haltung nach sich!

Wenn wir unsere Augen zum Strahlen bringen, tun wir also auch etwas für unser seelisches Wohlbefinden. Wir wollen Ihnen hier zwei Methoden vorstellen, die Ihren Augen guttun (mitunter verbessern sie sogar die Sehfähigkeit).

Beide Möglichkeiten sollten Sie vor allem an Widder- und an Fischemondtagen (am besten bei zunehmendem Mond) sowie an allen Vollmondtagen nutzen.

Die erste Möglichkeit ist eine Fingerdruckmassage (Shiatsu). Dabei drücken Sie vier Punkte mit Ihrem Zeigefinger; der erste dieser Punkte liegt im Augeninnenwinkel, der zweite im Augenaußenwinkel, der dritte in der Mitte des unteren und der vierte in der Mitte des oberen Augenrandes. Drücken Sie diese Punkte für jeweils zehn Sekunden. Machen Sie dann eine Minute lang Pause und wiederholen die Übung noch zweimal.

Sie werden die entspannende Wirkung auf Ihre Augen und Ihre Seele sofort spüren können!

Die zweite Möglichkeit ist ein Augen- oder Gesichtsdampfbad. Erhitzen Sie dazu etwas Wasser und geben Sie ein wenig Salz hinzu. Beugen Sie sich dann mit einem Handtuch über dem Kopf über das dampfende Wasser. Nach zwei Minuten spülen Sie Ihre Augen mit kaltem Wasser und trocknen sie ab. Dann wiederholen Sie das Dampfbad noch zweimal. Diese Maßnahme macht nicht nur die Augen klarer, sie reinigt auch die Tränendrüsen, beugt Gerstenkörnern vor, reinigt die Haut um die Augen und läßt sogar kleinere Fältchen verschwinden.

Fruchtbarkeit, Schwangerschaft und Geburt

Fruchtbare und unfruchtbare Tage

Wir haben bereits im ersten Teil unseres Buches erwähnt, daß an Vollmondtagen mehr Kinder auf die Welt kommen und daß, da ja die Schwangerschaft neun Mondmonate dauert, folglich die Zeugung am häufigsten um den Vollmond herum erfolgreich war. Selbst in unserer Zeit ist dieses Phänomen noch zu beobachten. Allerdings nehmen eine Reihe von Faktoren heutzutage großen Einfluß auf die natürlichen Rhythmen.

Vor allem seit der Erfindung der Pille ist die Zeit der Fruchtbarkeit weitaus eher von der Chemie als vom Mond beeinflußt. Frauen, die die Pille nicht vertragen oder nicht nehmen wollen, oder Frauen, die gerne schwanger werden würden und die dazu die Zeit ihrer größten Fruchtbarkeit nutzen wollen, können auch heutzutage auf die Hilfe des Mondes rechnen.

In den sechziger Jahren entdeckte der tschechische Arzt Dr. E. Jonas, daß der Mond die Fruchtbarkeit jeder Frau sehr stark bestimmt; doch diese Zeit ist nicht allein von der aktuellen Mondphase abhängig, sondern ebenso von der Mondphase zum Zeitpunkt der Geburt der Frau!

Die Sicherheit, die mit der Jonas-Methode erzielt werden kann, soll mit der der Pille vergleichbar sein – aber ohne Nebenwirkungen und im Einklang mit den natürlichen Rhythmen.

Die Berechnung ist leider zu umfangreich, als daß wir sie hier genauer vorstellen können. Wenn Sie dieses Thema besonders interessiert, werfen Sie doch einmal einen Blick auf das Literaturverzeichnis im Anhang dieses Buches. Dort finden Sie auch weiterführende Literatur zur »Kosmobiologischen Geburtenkontrolle«.

Dr. Jonas entdeckte übrigens noch einen anderen interessanten Zusammenhang: Der Stand des Mondes hat anscheinend einen großen Einfluß auf das Geschlecht des Kindes. Am deutlichsten ist das Phänomen an Löwe- und Jungfraumondtagen: Ist der Zeugungstag ein Löwemondtag, wird das Kind in 98% aller Fälle ein Junge; an Tagen, an denen der Mond in der Jungfrau steht, wird es mit derselben Wahrscheinlichkeit ein Mädchen.

Hierzulande wird wohl kaum eine/r auf die Idee kommen, wegen des Geschlechts des Kindes großen Aufwand zu treiben – sollten wir das nicht lieber der Natur überlassen? Von großer Bedeutung könnte dieses Wissen allerdings in Ländern sein, in denen weibliche Embryos abgetrieben werden, weil nur männliche Nachkommen erwünscht sind. Mit Hilfe des Wissens über den Einfluß des Mondes auf das Geschlecht des Kindes könnten somit viele unnötige Abtreibungen oder gar Kindstötungen vermieden werden.

Schwangerschaft

Eine Schwangerschaft ist ein wunderbarer Vorgang; immer wieder ist es faszinierend, das Werden eines neuen Lebens zu beobachten. Während sich die winzige Eizelle zu einem kleinen Menschen entwickelt, müßte es da nicht äußerst hilfreich sein, gerade in dieser Entwicklungsphase die Kräfte des Mondes zu nutzen?

Wie Sie nun schon wissen, können Sie bereits *vor* der Schwangerschaft den Mond zu Rate ziehen, damit es überhaupt zu einer Schwangerschaft kommt.

Im folgenden möchten wir Ihnen ein paar Ideen vorstellen, wie Sie sich und Ihrem Kind mit Hilfe des Mondes in jeder Entwicklungsphase etwas Gutes tun können.

1. Monat

Der Embryo ist von einer einzigen Zelle, die nur unter einem starken Mikroskop sichtbar wäre, auf die stattliche Größe von 6 mm angewachsen. Herz und Leber haben sich bereits gebildet, und es existieren schon Anlagen für Hirn und Rückgrat. Der Embryo hat mit einem Menschen noch keine Ähnlichkeit, sondern sieht eher wie eine kleine Kaulquappe aus: Er hat Kiemen und ein kleines Schwänzchen.

In dieser Phase sollte die Mutter nicht mehr rauchen, keinen Alkohol und möglichst keine Medikamente zu sich nehmen, um die Entwicklung des Embryos nicht zu gefährden.

An Stier-, Löwe- und Steinbockmondtagen ist es besonders förderlich für Ihr Kind, wenn Sie darauf achten, daß Ihre Nahrung frei von Giften ist. Man könnte vielleicht meinen, daß das für alle Tage gelten müßte; wenn wir jedoch über lange Zeit Gifte aufgenommen haben, führt eine plötzliche Nahrungsumstellung (vor allem im abnehmenden Mond) zur Ausscheidung von Giften – was ja an sich sehr nützlich ist. Doch in der Schwangerschaft ist solch ein plötzlicher »Giftstoß« schädlich für das Kind.

Bei zunehmendem Mond sollten Sie beim Essen Ihren Gelüsten folgen; bei abnehmendem Mond ist es gut, wenn Sie etwas mehr Flüssigkeit als sonst zu sich nehmen.

2. Monat

Im ersten Monat ist der Embryo um das über 60fache(!) gewachsen; er ist nun etwa 3,5 cm groß. Alle Organe sind jetzt angelegt. Nervenzellen entstehen in atemberaubendem Tempo: 100.000 in jeder Minute(!), die sich miteinander verbinden, so daß die ersten Nervenbahnen entstehen.

Im 2. Monat besteht die größte Gefahr von Mißbildungen und Fehlgeburten, und die werdende Mutter muß nun unbedingt den Arzt fragen, bevor sie Medikamente einnimmt.

In diesem Monat ist eine ausgewogene Ernährung zur Zeit aller Zeichen des abnehmenden Mondes wichtig. Bei zunehmendem Mond haben die Zeichen Jungfrau und Widder eine besondere Bedeutung: An diesen Tagen ist das sich bildende Nervensystem des Embryos besonders beeinflußbar.

3. Monat

Der Embryo ist jetzt 7 cm groß. Er wird nun zum Fötus; sein Gesicht bekommt allmählich menschliche Züge. Die Augen sind schon relativ weit entwickelt, und die Lider schließen sich für die nächsten drei Monate.

In dieser Phase sind es die Widder- und Stiertage, in denen Sie besonders gut auf sich und Ihr Kind achtgeben sollten. Besonders dann, wenn diese Tage auf den zunehmenden Mond fallen, wird alles, was Sie für sich tun, der Entwicklung Ihres Kindes besonders guttun.

4. Monat

Wieder ist der Fötus um das Doppelte gewachsen; er ist inzwischen ca. 15 cm groß. Die winzigen Händchen können jetzt bereits greifen, und der Fötus macht erste »Atemübungen«. Ab dem vierten Monat kann der Fötus bereits hören – vor allem den beruhigenden Herzschlag der Mutter, aber auch ihre Stimme und die Stimme des Vaters. Das werdende Kind reagiert auch oft sehr sensibel auf Musik; bestimmte Musik mag es sehr gern, beispielsweise Bach oder Mozart, bei anderen Stücken, beispielsweise bei den meisten Werken Beethovens, beginnt es unruhig zu strampeln. In vielen Kulturen ist es Brauch, dem werdenden Kind etwas vorzusingen – das ist in der Tat eine wunderbare Möglichkeit, eine emotionale Verbindung zu seinem Kind aufzunehmen.

Die Stiermondtage sind in dieser Zeit besonders interessant, da jetzt das Gehör des Kindes sensibler wird – dies sind also die Tage, an denen Sie Ihr Kind mit sanfter Musik verwöhnen können.

An Zwillinge- und Krebstagen sollten Sie größere Anstrengungen, die Ihnen den Atem nehmen, dem Kind zuliebe vermeiden.

5. Monat

Der Fötus ist nun 23 cm groß. Es bilden sich die Geschlechtsorgane aus, und es entstehen bereits primitive Eizellen und Spermien. Der Bauch rundet sich, und die ersten koordinierten Bewegungen des Fötus werden für die Mutter spürbar.

Wenn Sie sich an die Mondregeln für die Gesundheit erinnern, so wird Ihnen sicherlich klar sein, daß in dieser Zeit die Tage, an denen der Mond im Skorpion steht, besonders wichtig sind, denn der Skorpion beeinflußt die Entwicklung der Geschlechtsorgane. An diesen Tagen lohnt es sich auch, mit dem werdenden Kind liebevoll zu kommunizieren und ihm liebende Gedanken zu schicken – so ist bereits bei der Entstehung der Sexualität die Liebe mit im Spiel. Klingt das ein wenig verrückt? Vielleicht, aber es hat sich in umfangreichen Untersuchungen herausgestellt, daß Embryos bereits ab dem 3. oder 4. Monat die Gefühle der Mutter, die sich in bestimmten hormonellen Vorgängen widerspiegeln, wahrnehmen können! Zumindest wird es Ihrem Kind nicht schaden, wenn Sie ihm – nicht nur im Skorpionmond – Liebe schenken.

6. Monat

Der Fötus ist 28 cm groß – manche Föten (ca. 20%) sind in diesem Alter bereits so weit entwickelt und so widerstandsfähig, daß sie als Frühgeburt überleben können.

Tage, denen Sie besondere Aufmerksamkeit schenken sollten, sind Krebs-, Löwe-, Jungfrau- und Waagemondtage. Bei abnehmendem Mond sollten Sie sich leicht ernähren, genug trinken und sich ausreichend bewegen. Bei zunehmendem Mond schonen Sie sich etwas mehr und verwöhnen Sie sich.

7. Monat

Der Fötus ist 35 cm groß. Die lange geschlossenen Augen öffnen sich wieder, und der Fötus kann helles Licht als rötlichen Schimmer durch die Bauchdecke wahrnehmen.

Die Entwicklung der visuellen Wahrnehmung können Sie unterstützen, indem Sie einige Minuten am Tag Ihren Bauch mit farbigem, nicht zu grellem Licht beleuchten.

Widdertage sind besonders förderlich für die Entwicklung der visuellen Wahrnehmung. Bei abnehmendem Mond können die sanften Lichtreize auf der Bauchdecke der Mutter vom Kind länger aufgenommen werden, bei zunehmendem Mond ist eine kürzere Lichtbestrahlung besser.

8. und 9. Monat

Das Kind ist nun allmählich reif, die abenteuerliche Reise in die Außenwelt anzutreten. Helfen Sie Ihrem Kind, sich auf diese Reise zu freuen und mit positiven Gefühlen auf die Welt zu kommen.

In den letzten zwei Monaten sollten Sie besonders auf die Neu- und Vollmondtage achten. An diesen Tagen wirken starke Mondkräfte: Wenn Sie für die seelische Entwicklung Ihres Kindes etwas tun wollen, um seine Verbindung mit den natürlichen Rhythmen zu festigen, nutzen Sie diese Tage zur besonderen Ruhe und inneren Einkehr, versuchen Sie, möglichst positive Gefühle aufzubauen, und »schicken« Sie sie an Ihr Kind.

Die Geburt

Mit der Geburt erblickt das Kind zum ersten Mal das grelle, nicht durch den Mutterbauch gefilterte Licht der Welt, spürt nach neun Monaten Wärme die Kälte und muß seine schmerzhaften ersten Atemzüge tun. Doch es gibt auch Vertrautes und Beruhigendes: Die Stimmen von Mutter und Vater, der Herzschlag der Mutter, wenn das Baby auf ihrem Bauch liegt. Jedes Kind ist ein einmaliges Wunder und eine einmalige »Mondpersönlichkeit«.

Wenn Sie die positiven Anlagen der Mondpersönlichkeit Ihres Kindes kennen, wird es Ihnen leichter fallen, seine Bedürfnisse zu verstehen und seine schlummernden Fähigkeiten zu wecken.

Weitaus wichtiger als jeder Mondeinfluß ist aber natürlich: Liebe!

Stillen und Abstillen

Die Muttermilch ist immer noch die beste Ernährung für Neugeborene.

Beim Stillen sind ein paar Mondeinflüsse von Interesse.

An Tagen, an denen der Mond im Krebs steht (vor allem im zunehmendem Mond), sind die Brüste empfindlicher und anfälliger für Entzündungen – also Vorsicht!

Bei zunehmendem Mond ist die Muttermilch besonders nahrhaft, während bei abnehmendem Mond mehr Schadstoffe ausgeschieden werden. Geben Sie Ihrem Kind also bei zunehmendem Mond öfter die Brust.

An Neumondtagen wollen manche Kinder nur ungern an die Brust – nicht von ungefähr, denn an diesen Tagen hat die Milch den geringsten Nährwert und den höchsten Schadstoffgehalt.

Für das Abstillen gibt es ebenfalls eine Mondregel. Beginnen Sie an einem Neumondtag, Ihrem Kind weniger oft die Brust zu geben. In der Zeit des zunehmenden Mondes reduzieren Sie das Stillen immer weiter, bis Sie schließlich, am Vollmondtag, das letzte Mal stillen.

Alltag und Haushalt im Zeichen des Mondes

In diesem Kapitel werden wir zeigen, wie wir die Mondkräfte in unserem ganz normalen Alltag nutzen können. Wahrscheinlich ist es sogar eine gute Idee, wenn man beginnt, sich auf den Mond einzulassen, zunächst auf seinen Einfluß auf die alltäglichen Dinge zu achten.

Sicherlich, Gesundheit und seelische Entwicklung sind viel wichtiger als, sagen wir, der rechte Zeitpunkt für den Hausputz. Doch gerade die Bedeutung der Gesundheit erschwert es verständlicherweise manchen Menschen, in diesem Bereich Neues zu wagen.

Bei den Dingen des Alltags scheuen sich die wenigsten, auch einmal etwas anderes auszuprobieren. Doch es lohnt sich auch im Alltag, auf den Mond zu achten: Lästige Arbeiten gehen uns leichter von der Hand, die Wäsche wird mit weniger Waschmittel sauberer usw.

Wir können Ihnen nur raten: Probieren Sie es aus!

Rund um die Sauberkeit

In jedem Supermarkt findet sich ein großes Regal mit aggressiven, meist giftigen und so gut wie immer umweltbelastenden Stoffen, die uns zum Putzen, Reinigen und Waschen angepriesen werden. Nur so wird die Wäsche weißer als weiß, nur so glänzt der Boden dermaßen, daß jeder Spiegel überflüssig wird, und ohne kräftige Desinfektionsmittel holen wir uns in Bad und Toilette mindestens die Pest. Auch psychische Gefahren lauern auf uns, wenn wir etwa zum Geschirrspülen das falsche Mittel verwenden: Wie viele junge Geschirrspülerinnen sind wohl schon dem Wahnsinn anheimgefallen, da es mit dem Nachbarn nicht klappte, weil der im Wasser enthaltene Kalk Spuren an den Weingläsern zurückließ?

Aber im Ernst: Natürlich ist Hygiene wichtig, aber nicht jedes Staubkorn ist giftig, und nicht jeder Winkel des Hauses muß desinfiziert werden. Die vielen Chemikalien, die wir infolge der Anwendung aller möglichen Haushaltsmittel einatmen, bilden wohl eine größere Gefahr.

Mit Hilfe des Mondes können wir, auch wenn wir unsere möglicherweise ein wenig übertriebene Reinlichkeit beibehalten wollen, dennoch etwas Sinnvolles tun. Wenn wir nämlich zum rechten Zeitpunkt reinigen, benötigen wir weitaus weniger Chemikalien, um die gleiche Reinigungswirkung zu erzielen. Manche Tätigkeiten werden, wenn der Mond nicht mitspielt, auch mit noch so viel Aufwand nicht effektiv sein.

Die Hauptregel für alle reinigenden Arbeiten im Haushalt lautet: Während des abnehmenden Mondes geht alles leichter und mit weniger Aufwand.

Diese Regel gilt für alle Putzarbeiten, für das Wäschewaschen und für das Geschirrspülen. Das bedeutet, daß nur eine Hälfte des Mondmonats für diese Arbeiten optimal geeignet ist. Das ist natürlich in der Praxis kaum zu verwirklichen. Wenn der Mond *zunimmt,* kann man aber auch dadurch, daß man auf den Mondstand im Tierkreis achtet, die Mondkraft nutzen.

Der Mond in einem Wasserzeichen (Krebs, Skorpion, Fische) ist günstig für alle reinigenden Tätigkeiten.

Die Ausnahmen von diesen Regeln:

- Holzböden: Nicht an Wassertagen (Krebs, Skorpion, Fische) und bei zunehmendem Mond mit Wasser reinigen! Das Holz fault dann leichter.
- Staubsaugen, Staubwischen: An Tagen, an denen der Mond zunimmt, setzt sich der Staub eher ab, was die Arbeit effektiver macht. (Aber nie bei einem Wasserzeichen feucht über Holz wischen!)
- Desinfizierende Arbeiten: Bei zunehmendem Mond werden mehr Krankheitskeime abgetötet.
- Fenster: Luft- und Feuertage (Widder, Zwillinge, Löwe, Waage, Schütze, Wassermann) sind besonders günstig.

Frühlings- und Herbstputz

Mindestens einmal im Jahr ist Großreinemachen angesagt.

Die meisten Menschen kennen die Sitte des Frühjahrsputzes. Das Frühjahr ist die Zeit, in der neue Kräfte in der Natur wach werden. Bestimmte Krankheitskeime verbreiten sich schneller als sonst, und deshalb ist ein großer Hausputz besonders effektiv. Hinzu kommt, daß Menschen in dieser Jahreszeit meist viel Energie haben, wenn es darum geht, Neues anzupacken – unter anderem eben auch den Frühjahrsputz.

Im Frühjahr liegen übrigens die für das Reinigen günstigen Wassermanntage immer in der Zeit des abnehmenden Mondes – es ist also recht einfach, einen geeigneten Zeitpunkt zu finden.

Der Herbst bietet sich aus einem anderen Grund für einen zweiten Großputz an: In dieser Zeit kommt die Natur allmählich zur Ruhe. Parasiten, Pilze usw. können dann besonders effektiv beseitigt werden.

Für den Herbstputz sollten Sie auf jeden Fall ebenfalls die Zeit des abnehmenden Mondes wählen; da die Wassermanntage im Herbst nie auf den abnehmenden Mond fallen, Zwillinge- oder Waagemondtage wählen.

Möbel pflegen

Wenn Sie in Acryl, Glas und Stahl leben, beachten Sie einfach die obigen Regeln für das Reinigen.

Holzmöbel benötigen jedoch mehr als Sauberkeit, nämlich Pflege. Das Holz lebt und atmet – im Rhythmus des Mondes. Beim »Einatmen« während des zunehmenden Mondes ziehen pflegende Substanzen wie Öle ins Holz ein, machen es widerstandsfähiger und schöner.

Reinigungsmittel, auch Wasser, sollten dagegen nur bei abnehmendem Mond verwendet werden, wenn die Möbel mit dem Mond »ausatmen«.

Ein »Holzpflegeprogramm« könnte also etwa so aussehen:

1. Quartal: Das Holz wird trocken abgewischt.
2. Quartal: Pflegemittel oder Imprägnierungen werden aufgebracht.
3. Quartal: Das Holz wird feucht abgewischt und abgetrocknet.
4. Quartal: Holzreinigungsmittel können verwendet werden. Nach der Reinigung einmal feucht mit Wasser abwischen, danach nur noch trocken.

Schuhe

Der ideale Termin, um Schuhe zu pflegen, mit Schuhcreme zu putzen oder zu imprägnieren, ist der Tag nach Vollmond.

Wenn Sie neue Schuhe bei abnehmendem und aufsteigendem Mond frisch imprägnieren, bleiben sie besonders haltbar und tragen sich auch gut ein. (Allerdings sollten Sie nicht gerade an Fischetagen Ihre Schuhe eintragen. An diesen Tagen Schuhe zu kaufen, ist dagegen sehr gut, da die Füße besonders empfindlich sind und gegen Druckstellen schneller protestieren.)

Heizen und Lüften

Ob wir heizen oder lüften, wird natürlich nicht in erster Linie vom Mondstand abhängig sein, sondern von der Witterung. Das heißt jedoch nicht, daß uns die Kenntnisse der Mondkräfte hier nicht nutzen könnten.

Bei abnehmendem Mond und ganz besonders an Luft- und Feuertagen können wir ausgiebig lüften; Feuchtigkeit wird an diesen Tagen besonders gut abgegeben.

Bei zunehmendem Mond sollten wir dagegen nur kurz durchlüften, insbesondere an Erd- und Wassertagen, da in dieser Zeit bei längerem Lüften alles feucht wird.

Für das Heizen gelten ähnliche Regeln: Bei abnehmendem Mond in einem Feuerzeichen (Widder, Löwe, Schütze) müssen wir nur wenig heizen, an Erd- und Wassertagen dagegen kräftiger. Übrigens sollten wir die Heizung in dieser Zeit immer eine Stunde vor kurzem Durchlüften ausschalten und mit dem Beginn des Lüftens wieder anschalten (denn es dauert ja eine Weile, bis sich die Heizung überhaupt erwärmt).

Malern, Anstreichen und Lackieren

Wenn wir wieder einmal einen Tapetenwechsel vornehmen oder unseren Räumen einen neuen Anstrich verpassen, ist es aus mehreren Gründen sinnvoll, den Zeitpunkt dieser Maßnahmen mit günstigen Mondkräften zu koordinieren.

Wenn wir tapezieren, wollen wir, daß die Tapete problemlos haftet, und bei Malerarbeiten ist es gut, wenn die Farben gleichmäßig leuchten und gut trocknen.

Für beide Tätigkeiten gilt: Am günstigsten sind Lufttage (Zwillinge, Waage, Wassermann) bei abnehmendem Mond.

Am leichtesten finden sich solche Termine im Hochsommer, wenn sowohl Zwillinge- als auch Wassermannmondtage auf den abnehmenden Mond fallen. Juli und August sind auch deshalb für Malerarbeiten gut geeignet, weil es in der warmen Jahreszeit weniger Probleme bereitet, nach dem Malern längere Zeit gut durchzulüften.

Handwerks- und Elektroarbeiten im Haus

Kleinere Arbeiten im Haus machen heute viele Menschen selbst. Kann uns der Mond auch bei solchen »technischen« Tätigkeiten beistehen? Aber sicher!

Wer schon einmal stundenlang versucht hat, eine Schraube in einem schwer zugänglichen Winkel festzuziehen, oder wer eine andere komplizierte Arbeit verrichtet hat, die Geduld und ruhige Hände erfordert, weiß, daß psychologische Faktoren bei solchen Tätigkeiten eine wichtige Rolle spielen. Und wir wissen ja nun schon, daß der Mond unseren Körper und unsere Gefühle beeinflußt.

Wenn Sie sich noch daran erinnern, welchen Einfluß Jungfraumondtage auf uns ausüben, werden Sie wissen, weshalb diese Tage für nervenzehrende Tätigkeiten ungeeignet sind: An Jungfraumondtagen sind wir nervöser als sonst; und wenn wir gerade an diesen Tagen zu basteln anfangen, müssen wir uns nicht wundern, wenn wir bald schon wieder genervt aufgeben. (Dagegen sind Jungfraumondtage für beruhigende Gartenarbeiten ideal!)

Aus ähnlichen Gründen sollten wir an Vollmondtagen von komplizierten Arbeiten absehen; die Konzentration springt hin und her, so daß es leichter zu Mißgeschicken kommt.

Für Elektroarbeiten sind auch Wasser- und Feuertage (Widder, Krebs, Löwe, Skorpion, Schütze, Fische) weniger gut, da die Gefahr von Elektrounfällen in dieser Zeit größer ist.

Einkaufen

Beim täglichen Einkauf können wir natürlich nicht auf den Mond achten. Wenn Sie jedoch öfter Großeinkäufe vornehmen, kann es durchaus sinnvoll sein, sich dabei vom Mond ein wenig unterstützen zu lassen.

Wenn wir von Lebensmitteln bis zum Küchengerät alles an einem Tag einkaufen, ist es wohl am sinnvollsten, auf eine gute allgemeine Verfassung zu achten: Unsere Wahrnehmung sollte wach sein, unser Kreislauf stabil und unsere Beine belastbar.

Jungfrautage eignen sich nicht, weil wir dann zu nervös sind; an Fischetagen sind unsere Füße empfindlicher, und an Löwemondtagen sollten wir unseren Kreislauf nicht überlasten. Am günstigsten sind Zwillinge- und Krebsmondtage.

Wenn Sie hauptsächlich Lebensmittel einkaufen, die Sie einfrieren oder lagern wollen, ist es sinnvoll, die Zeit des abnehmenden Mondes (außer wenn der Mond in der Jungfrau steht) zu wählen. Kaufen Sie dagegen frisches Obst und Gemüse, das Sie alsbald verzehren wollen, sollten Sie wissen, daß diese wertvollen Lebensmittel in der Zeit des zunehmenden Mondes am saftigsten und gesündesten sind – allerdings sind sie dann auch am wenigsten haltbar.

Feste feiern

»Feste soll man feiern, wie sie fallen«, heißt es. Daran ist sicherlich viel Wahres. Überhaupt sollten wir in unserem Leben der Spontaneität viel mehr Raum geben.

Doch *wenn* wir ohnehin ein Fest planen, schadet es nichts, wenn wir für sein Gelingen auch die Mondkräfte nutzen.

Für harmonische Stimmung eignen sich Waagetage am besten, während Löwetage für ausgelassene Feste besser sind. Wenn es vor allem um gute Kommunikation geht, sind Zwillinge- und Stiertage ideal.

Wenn sich der Mond in der Jungfrau befindet, besteht die Gefahr, daß das Fest zum Fiasko wird, denn wir reagieren an diesen Tagen nervöser und gereizter als sonst.

Zwei ganz unterschiedliche Tips zum Schluß:

- Setzen Sie einmal ein Vollmondfest an, wenn Sie Lust auf übersprudelnde Stimmung und Gefühle haben!
- Wenn Sie Ihre Feier in die Zeit des abnehmenden Mondes legen, tun Sie sich danach mit dem Putzen und Abwaschen leichter!

Reisen und Ausflüge

Bei Reisen ist es vor allem der Termin der Abreise, bei dem wir auf den Mondstand achten sollten: Voll- und Neumondtage sollten wir möglichst meiden, an Zwillinge-, Waage- und Wassermannmondtagen werden Reisen dagegen als besonders angenehm empfunden.

Auf jeden Fall, ganz besonders aber bei Reisen, ist es hilfreich, etwas über die vom Mond beeinflußte Tagesqualität zu wissen.

In dem Kapitel über Gartenpflege mit dem Mond werden Sie die Zuordnung der Tierkreiszeichen zu den vier »Elementen« noch genauer kennenlernen. Diese »Elemente« kennzeichnen auch die Tagesqualität:

- **Feuerzeichen** (Widder, Löwe, Schütze): Diese Tage werden als besonders warm empfunden; zum Reisen im Sommer sind sie also wenig geeignet; hitzeempfindliche Menschen sollten sich während dieser Zeit auch nicht in die pralle Sonne legen. Zum Ausruhen, Spazierengehen und Schwimmen sind Feuertage dagegen sehr gut geeignet.
- **Luftzeichen** (Zwillinge, Waage, Wassermann): An diesen Tagen ist das Reisen angenehm und wird nicht so leicht »stressig«. Auch für Wanderungen und Sport eignet sich diese Zeit. Nur lichtempfindliche Menschen haben dann möglicherweise Probleme mit ihren Augen und sollten daher die Sonnenbrille nicht vergessen.
- **Erdzeichen** (Stier, Jungfrau, Steinbock): Diese Tage haben eine kühle Qualität; Bewegung tut deshalb besonders gut. Es passiert während dieser Periode nicht selten, daß wir die Temperatur überschätzen – wenn wir das wissen, denken wir vielleicht das nächste Mal daran, an Erdtagen vorsichtshalber ein Kleidungsstück »zuviel« mitzunehmen.
- **Wasserzeichen** (Krebs, Skorpion, Fische): Diese Tage fallen nicht selten ins Wasser; Niederschläge sind häufiger und vor allem »wirkungsvoller«, denn unsere Kleidung nimmt die Nässe leichter auf. Wenn wir das wissen und uns entsprechend kleiden, können wir aber auch diese Zeit problemlos genießen. An sonnigen Wassertagen macht das Baden und Schwimmen besonders Spaß.

Feld und Garten im Zeichen des Mondes

Schon seit Jahrtausenden wendet die Menschheit das Wissen von dem richtigen Umgang mit den Mondregeln nicht nur für das eigene Wohlbefinden, sondern auch in bezug auf die Arbeit im Garten, in der Landwirtschaft und bei der Aufzucht der Tiere an. Zweifellos gehören die Zusammenhänge, die zwischen Mond und Natur herrschen, zu den frühesten, die der Mensch erkennen und auch wirklich empfinden konnte, da sich die Kraft des Mondes hier am deutlichsten und mit dem größten Nutzen für das Überleben des Menschen zeigt. Dieses Wissen wurde mündlich von Generation zu Generation überliefert und dabei im Laufe der Jahrtausende immer mehr verfeinert und verbessert. Die Eltern vermittelten ihren Kindern das, was sie schon von ihren Eltern gelernt hatten, angereichert mit ihren eigenen Erfahrungen. Die Kinder konnten dieses überlieferte Wissen nun ihrerseits ausweiten.

Erst durch die allmählich fortschreitende Entfremdung des Menschen von der Natur und ihren Prinzipien, also im Zuge der Industrialisierung und Technisierung der Landwirtschaft seit dem 18. Jahrhundert, ist das Wissen über das Pflanzen, Ernten und Säen unter Berücksichtigung der Mondrhythmen etwas in Vergessenheit geraten und die mündliche Weitergabe der Mondregeln immer spärlicher erfolgt. Und doch sind diese Regeln in vielen ländlichen Regionen, auch in Europa, noch heute als Pflanz-, Gieß- und Düngeregeln eine Selbstverständlichkeit. Allerdings verbergen sie sich oft in Sprichwörtern, Merksätzen oder Bauernregeln.

Diese Mondregeln wurden und werden immer wieder in schriftlicher Form festgehalten. Darin drückt sich sicher sowohl die Faszination, die sie ausüben, als auch ihre tiefe Wahrheit aus. In der abendländischen Kultur reichen diese Erwähnungen von den alten Griechen bis in das 20. Jahrhundert zu Rudolf Steiner. Aus dem alten Griechenland ist uns ein Gedicht von Hesiod überliefert worden, in dem »Alles über die Mondphasen« beschrieben wurde. Aber auch schon bei Homer fanden sich Theorien über die beste Brutzeit bei Hennen oder den richtigen Zeitpunkt zum Anpflanzen bestimmter Obstbäume.

Im alten Rom hinterließen der Consul Cato und Plinius der Ältere genaue Angaben über Landwirtschaft in bezug auf den Mond, in denen sie den positiven Einfluß des Mondes auf das Wachstum der Pflanzen beschrieben. Dieses Wissen stammte wiederum vorwiegend aus dem uralten Wissensschatz der Kelten oder der vielen anderen vom römischen Reich eroberten Kulturen. In unserem Jahrhundert hat Rudolf Steiner dann die wohl genaueste und beste Abhandlung über Pflanzen und ihr Wachstum im Zusammenhang mit den Mondphasen und dem Tierkreis verfaßt.

Wenn Sie dieses Wissen für Ihren Garten oder Ihre Zimmer- und Balkonpflanzen nutzen wollen, müssen Sie nur das, was Sie bis jetzt schon über den Mond erfahren haben, noch ein bißchen mit den besonderen Mondregeln für Pflanzen kombinieren. Dann werden Sie den Erfolg sicher bald im wahrsten Sinne des Wortes sehen, aber auch riechen und vor allem schmecken können.

Grundsätzliche Mondregeln für das Wachstum der Pflanzen

Die vier Mondphasen

Diese Einteilung ermöglicht bereits ein sehr feines und genaues Erfassen der Mondimpulse für Ihre Pflanzen. Sie kann aber noch stärker differenziert werden. Wenn Sie die Kräfte des Mondes für Ihre Gartenarbeit nutzen wollen, sollten Sie zunächst mit den Regeln der vier Mondphasen beginnen, um die Verbesserungen auch erleben und empfinden zu können und um zunächst Erfahrungen im Zusammenspiel zwischen Mond und Wachstum zu sammeln.

Die noch genauere und umfangreichere Verfeinerung durch das Beachten des Mondstandes im Tierkreis ist für später gedacht, wenn Sie Ihre Intuition, die Sie in der Zwischenzeit in bezug auf Ihre Pflanzen entwickelt haben, noch besser nutzen wollen.

Der zunehmende Mond

Das erste Quartal des Mondmonats ist besonders geeignet für alle Pflanzen, deren Ertrag hauptsächlich über der Erde wächst, da die Nährstoffe nach oben steigen und das oberirdische Wachstum begünstigen. Bei Gemüse und Kräutern, also allen Blattpflanzen und Blattgemüsen, ist das der Fall. Aber auch die typischen Sommerblumen, die eine große Blütenpracht entfalten sollen – ganz besonders die Königin der Blumen, die Rose –, werden es Ihnen danken, wenn Sie sie zu diesem Zeitpunkt setzen, pflanzen oder säen.

Hier einige Beispiele, um die Einordnung zu erleichtern: Glockenblume, Kornblume, Kamille und Klatschmohn, alle Arten von Rosen und andere Sommerblumen mit großen und vielen Blüten gehören zu dieser Gruppe.

Zum Blattgemüse zählen jede Sorte Salat, Spinat, Wirsing, Mangold, Blumenkohl, Fenchel, Kohlrabi, Lauch, Weißkohl, Blattpetersilie und alle anderen Blattkräuter.

Das zweite Quartal ist günstig für alle Pflanzen, die Früchte oder Samen über der Erde tragen, da sich die inzwischen aufgestiegenen Nährstoffe mit der Kraft der Sonne, die die Früchte reifen läßt, vermischen konnten. Obst und Gemüse werden in dieser Zeit besonders saftig und fruchtig. In diese Kategorie gehören die meisten Nachtschattengewächse wie Tomaten oder Paprika, aber auch Kürbisse, Auberginen, Bohnen, Erbsen, Erdbeeren, Getreide, Gurken, Mais und Zucchini. Auch Beerensträucher wie Stachel- und Johannisbeere, Obstbäume wie Pflaume, Apfel und Kirsche sowie einjährige Sommerblumen wie die Sonnenblume und andere samentragende Pflanzen, gedeihen jetzt besonders gut.

Der Vollmond

Während der kurzen Zeit des Vollmondes ist ein erster Wende- und Höhepunkt im Mondrhythmus erreicht. Der Mondimpuls des Aufsteigens ist also dann am stärksten. Da dieser Impuls aber auch ein Extrem darstellt, also auch ein bißchen »zuviel des Guten« ist, sollte man in dieser Zeit nicht im Garten arbeiten. Günstig ist der Vollmond jedoch zum Pilze- und Kräutersammeln.

Der abnehmende Mond

Das dritte Quartal des Mondmonats eignet sich für den Anbau aller Pflanzen, die ihre Früchte unter der Erde tragen. Die Nährstoffe fließen wieder nach unten, vermischt mit der Wärme der Sonne. Das ist besonders gut für alle Wurzelgemüse und Wurzeln wie Kartoffeln, Karotten, Zwiebeln, Knoblauch, Radieschen, Rettich, Sellerie und Rote Bete. Blumen sollte man in dieser Phase überhaupt nicht säen, da sie sonst nicht schön und kräftig blühen würden.

Im letzten Quartal des Mondrhythmus sollte man dem Boden und den Pflanzen eine Zeit der Erholung und Regenerierung lassen. Schädlingsbekämpfung und Bodenkultivierung wie Düngen sind nun sehr sinnvoll, da sich die Nährstoffe neu bilden, um den vorher beschriebenen Kreislauf wiederaufzunehmen.

Der Neumond

Auch beim Übergang vom abnehmenden zum zunehmenden Mond geht ein besonderer Impuls vom Mond aus, der es sinnvoll erscheinen läßt, an den Tagen, an denen der Mond nicht sichtbar ist (also sowohl kurz vor als auch kurz nach dem Neumondtag), die Gartenarbeit weitgehend ruhen zu lassen. Nicht von ungefähr hieß der Neumond früher auch »Brachmond« oder gar »Totmond«.

Der Tierkreis und die Pflanzen

Nach einiger Übung werden Sie sicher Ihre eigene Sensibilität für den Mond, das Pflanzenwachstum und den Kreislauf der Nährstoffe entwickelt haben. Obwohl vielen Menschen die bisher beschriebene Methode und ihre eigene Intuition ausreichen werden, sind andere jetzt wohl noch stärker daran interessiert, die Natur, den Mond und seine besondere Wirkung im Tierkreis zu ergründen. Der Mond im Tierkreis läßt einen Einfluß auf die verschiedenen Teile der Pflanzen erkennen – ähnlich, wie wir es bereits im Kapitel über die Gesundheit erfahren haben. Jeder Tag des Monats wird vom Stand des Mondes im Tierkreis beeinflußt, und damit wird der jeweilige Mondimpuls von der Kraft des Tierkreiszeichens »eingefärbt«.

Feuer-, Erde-, Luft- und Wasserzeichen

Der Tierkreis wurde schon vor langer Zeit in vier Gruppen gegliedert: in Feuer-, Luft-, Erd- und Wasserzeichen – diese Einteilung entspricht den vier Elementen, aus denen unsere Welt besteht. Die vier Elemente sind den vier Hauptbestandteilen der Pflanze zugeordnet. Samen und Früchte werden durch das Feuerzeichen, die Blüten durch das Luftzeichen, Blätter und Stiel durch das Wasserzeichen und die Wurzeln durch das Erdzeichen repräsentiert.

Feuerzeichen

Widder, Löwe, Schütze

Steht der Mond in diesen Zeichen, färben sich seine Impulse feurig ein und unterstützen die Frucht- und Samenbildung. Das wirkt sich günstig auf alle Obstsorten und Hülsenfrüchte wie Bohnen, Linsen und Erbsen aus. Aber auch Tomaten, Gurken, Mais, Zucchini und fast alle Getreidearten brauchen den Einfluß des Feuers.

Wasserzeichen

Krebs, Skorpion, Fische

Diese Zeichen färben die Mondkraft wäßrig ein, sie wirken deshalb besonders stärkend auf das Blatt- und Stielwachstum, da sich in den Blättern und im Stengel die Nährstoffe stark verteilen und ausbreiten müssen. Steht der Mond in einem Wasserzeichen, wirkt er sich also günstig auf Blattkräuter, Salate, Kohl, Spinat, aber auch auf Spargel und Lauch sowie alle Futterpflanzen für Weidetiere aus.

Luftzeichen

Zwillinge, Waage, Wassermann

In diesen Zeichen wird die Kraft des Mondes luftig und wirkt sich deshalb positiv auf alle Blütenpflanzen aus, weil sich die Nährstoffe darin in ihrer feinsten und flüchtigsten Form aufhalten. Dazu gehören alle Gartenblumen, Brokkoli, viele Heilkräuter und Ölpflanzen wie Raps, Lein und Sonnenblumen.

Erdzeichen
Stier, Jungfrau, Steinbock
Durch sie wird die Mondkraft erdig gefärbt, die Nährstoffe in den unterirdischen Pflanzenteilen werden günstig beeinflußt. Das macht sich besonders bemerkbar bei Kartoffeln, Karotten, Rettich, Radieschen, Rote Beete, Sellerie, Zuckerrüben und Zwiebeln.

Absteigender und Aufsteigender Mond

Eine weitere schon sehr alte und tradierte Einteilung des Mondmonats ergibt sich aus seinem Lauf durch den Tierkreis. Ist der Mond absteigend, hält er sich in den Sternzeichen Zwillinge, Krebs, Löwe, Jungfrau, Waage und Skorpion auf. Diese Zeit nennt man den *Pflanzmond*, da sich dabei ähnliche Kräfte entfalten wie während des abnehmenden Mondes. Die Nährstoffe fließen abwärts und konzentrieren sich in den unterirdischen Pflanzenteilen.

Steigt der Mond auf, durchläuft er Schütze, Steinbock, Wassermann, Fische, Widder und Stier. Jetzt spricht man vom *Erntemond*, da die Nährstoffe sich wieder nach oben orientieren und Blätter und Blüten füllen. Der Einfluß des Mondes auf die Pflanzen während dieser Zeit ähnelt seiner Wirkung, wenn er im Zunehmen begriffen ist.

Wie Sie sehen, ermöglicht der Tierkreis Ihnen eine immer umfassendere Ordnung der Gartenarbeit und kann Ihr Wissen um die Natur und das Wachstum erweitern. Wir werden auf der nächsten Seite zeigen, daß die Wirkung des Mondes auf das Wachstum der einzelnen Pflanzenteile von speziellen Eigenschaften der Tierkreiszeichen abhängt.

Wenn es nun vielleicht den Anschein hat, daß die Dinge etwas komplizierter und unübersichtlicher werden, sollten Sie trotzdem nicht gleich aufgeben, denn Sie werden sicher schon bald feststellen, daß diese Eigenschaften immer den Prinzipien der vier Elemente folgen, jeweils kombiniert mit den speziellen Eigenschaften des jeweiligen Tierkreiszeichens. Das heißt, daß Sie sich eigentlich immer nur die vorangegangen Kurzbeschreibungen der Feuer-, Wasser-, Luft- und Erdzeichen verinnerlichen müssen.

Einige weitere astrologische Prinzipien sind ebenfalls sehr nützlich und können uns oft dabei helfen, die spezielle Färbung der Mondimpulse zu verstehen.

Die folgende Beschreibung ist absichtlich ausführlich gehalten, damit Sie bei Problemen oder Unklarheiten genau nachlesen können.

Tag- und Nachtzeichen

Der Tierkreis ist auch unterteilt in Tag- und Nachtzeichen, die einander abwechseln.

Tagzeichen besitzen die Eigenschaften männlich, aktiv und trocken. Das sind:

Widder, Zwillinge, Löwe, Waage, Schütze, Wassermann.

Nachtzeichen besitzen genau die gegenteiligen Eigenschaften: weiblich, passiv, feucht und fruchtbar. Dazu gehören:

Stier, Krebs, Jungfrau, Skorpion, Steinbock, Fische.

Kardinal, fix, labil

Eine weitere Einordnung hängt mit den Jahreszeiten zusammen. Alle Zeichen, die am Beginn einer Jahreszeit stehen, bezeichnet man als *Kardinalzeichen.* Sie bewirken »Verfestigung«. Kardinalzeichen für den *Frühling* ist der *Widder*, für den *Sommer* der *Krebs*, für den *Herbst* die *Waage* und für den *Winter* der *Steinbock.*

Die *fixen Zeichen* folgen auf die Kardinalzeichen und festigen deren Wirkung. Fixe Zeichen stehen also für Beharrlichkeit, Verfestigung und Erhaltung. Diese Eigenschaften besitzen die Zeichen *Stier, Löwe, Skorpion* und *Wassermann.*

Labile Zeichen stehen am Ende der Jahreszeit und lösen die durch die vorangegangenen Zeichen bewirkte »Verfestigung« wieder auf. Sie stehen für Wandlung, Veränderung, Loslösung und Unbeständigkeit. Zu den labilen Zeichen zählt man *Zwillinge, Jungfrau, Schütze* und *Fische.*

Zeichen		auf/abst.	kard./fix/labil	Element	m/w	Pflanzenteil
Widder	♈	↑	kardinal	Feuer	m	Frucht
Stier	♉	↑	fix	Erde	w	Wurzel
Zwillinge	♊	↓	labil	Luft	m	Blüte
Krebs	♋	↓	kardinal	Wasser	w	Blatt
Löwe	♌	↓	fix	Feuer	m	Frucht
Jungfrau	♍	↓	labil	Erde	w	Wurzel
Waage	♎	↓	kardinal	Luft	m	Blüte
Skorpion	♏	↓	fix	Wasser	w	Blatt
Schütze	♐	↑	labil	Feuer	m	Frucht
Steinbock	♑	↑	kardinal	Erde	w	Wurzel
Wasser-mann	♒	↑	fix	Luft	m	Blüte
Fische	♓	↓	labil	Wasser	w	Blatt

Mond im Widder

Der Widder ist ein Feuer-, ein Tag- und ein Kardinalzeichen.

Widdertage sind eher unfruchtbar und trocken und daher nicht zum Säen und Pflanzen geeignet. Aber da es den Widdermond in unseren Breiten nur im Vorfrühling, also von Januar bis März gibt, kann sich sein Einfluß nur auf Pflanzen im Gewächshaus und in Frühbeeten auswirken.

Als Feuerzeichen wirkt der Widdermond positiv auf die Reifung von Früchten und Samen und auf die Ernte. Er begünstigt aber auch die Wirkung des Umgrabens, Unkrautjätens und Hackens, da er kardinal ist und alles positiv beeinflußt, was einem kleinen Neuanfang entspricht.

Mond im Stier

Der Stier ist ein fixes Erd- und Nachtzeichen.

Der Stiermond steht für eine sehr feuchte Zeit und bringt starke Fruchtbarkeitsimpulse mit sich. Man sollte jetzt pflanzen und säen, besonders alle Gemüse, die unter der Erde ihre Frucht entwickeln, also Wurzeln und Knollen. Aber auch das Wachstum von Blattgemüse wie Salat und Kohl wird durch den Stiermond begünstigt. Besonders gut ist es jetzt, Schößlinge und Keimlinge umzupflanzen, da sie mühelos anwachsen und sich zu eher kleineren, aber robusten Pflanzen entwickeln werden.

Mond in den Zwillingen

Der Zwillingemond begünstigt Unfruchtbarkeit und Trockenheit, da die Zwillinge ein Luftzeichen sind und alle Kräfte der vorangegangen Zeichen auflösen; die Zeit des Mondes in den Zwillingen ist labil und veränderlich.

Säen sollte man jetzt nur alle Arten von Ranken und Kletterpflanzen, da dieser Mondimpuls den Drang, lang und dünn nach oben zu wachsen, unterstützt – allerdings werden diese Pflanzen, wenn sie nicht sehr gut gepflegt werden, langsam und etwas kraftlos wachsen.

Bodenpflege und Ernte stehen nun auch unter einem guten Stern. Sie sollten Ihren Rasen in diesem Zeichen mähen, da der Zwillingemond ihn langsamer nachwachsen lassen wird und Sie ihn daher nicht so oft mähen müssen.

Mond im Krebs

Der Krebs ist ein kardinales, weibliches Wasserzeichen, in dem der Mond eine besondere Kraft entfaltet. Sie können sich sicher schon denken, daß diese Zeit ideal zum Pflanzen und Säen ist. Die Saat keimt schnell und kräftig, die jungen Pflänzchen entwickeln viele Blätter und Stiele und werden schnell groß. Der Krebsmond ist auch sehr gut geeignet zum Gießen und Düngen, da die Pflanzen und der Boden besonders aufnahmefähig sind. Wasser und Dünger werden in dieser Zeit auch besonders gut verwertet und in Nährstoffe umgesetzt. Das bedeutet, wenn Sie jetzt gießen und düngen, hält die Wirkung lange an. (Denken Sie aber *immer* auch an die Mondphasen, deren Energien in der Regel stärker sind als die Kräfte, die vom Mondstand im Tierkreis ausgehen!)

Mond im Löwen

Der Löwe ist ein Feuerzeichen, fix und männlich.

In ihm wirkt der Mond am unfruchtbarsten im ganzen Tierkreis, so daß diese Zeit absolut ungeeignet zum Pflanzen und Säen ist. Insgesamt gilt dieser negative Einfluß für alle Tätigkeiten im Garten, die etwas erhalten oder pflegen sollen. Der Mond zeigt aber eine positive Wirkung auf alle Tätigkeiten, die etwas entfernen sollen, wie Unkrautjäten, alte Wurzeln oder Sträucher entfernen und ausreißen. Wenn Sie das auch noch an einem Löwetag im August tun, sind Sie alle unerwünschten Pflanzen bestimmt für längere Zeit los. In dieser Zeit ist es sogar noch besser, den Rasen zu mähen, da er noch langsamer nachwachsen wird als im Zwillingemond.

Mond in der Jungfrau

Die Jungfrau ist zwar ein Erd- und Nachtzeichen, der Mond in ihr übt jedoch eher unfruchtbare Impulse aus.

Sie sollten nun möglichst kein Gemüse pflanzen, sondern einjährige Sommerblumen und Rank- und Kletterpflanzen, da der Jungfraumond diese sehr schön wachsen läßt. Klematis, Kletterrosen und Geißblatt werden jetzt jede häßliche Mauer und jeden leeren Fleck in Ihrem Garten innerhalb kürzester Zeit verschwinden lassen. Aber auch Unkrautjäten und Bodenpflege sind sehr sinnvoll. Guten Erfolg haben Sie im abnehmenden Jungfraumond auch bei der Bekämpfung von Blattläusen, Schnecken und anderen Schädlingen.

Mond in der Waage

Die Waage ist ein kardinales Luftzeichen.

Die Waagemondzeit ist relativ fruchtbar und zum Säen und Pflanzen geeignet. Ganz besonders gut wirkt der Waagemond auf alle Blüten- und

Blumenpflanzen, da er den feinsten Zustand der Nährstoffe in den Blütenblättern begünstigt. Erfahrene Mondgärtner pflanzen jetzt vor allem Rosen. Diese werden wunderschön und blühen lange und kräftig. Gemüse, das über der Erde trägt, profitiert auch von diesem Mondimpuls.

Mond im Skorpion

Der Skorpion ist ein fixes Wasserzeichen.

In ihm wirkt der Mond am fruchtbarsten, da der Skorpion auch Nachtzeichen ist. Pflanzen Sie während dieser Zeit Gemüse und Obst an und säen Sie Blumen, wird alles wunderbar wachsen und gedeihen. Der Skorpionmond fördert besonders stark die Widerstandskräfte der Pflanzen. Wenn Sie also an einem Skorpiontag mehrjährige Pflanzen und Sträucher setzen, werden diese besonders robust. Auch Pflanzen, bei denen man sich nicht ganz sicher ist, ob sie in unserem doch eher kühlen Klima den Winter überleben, werden von diesem Mondimpuls unterstützt.

Mond im Schützen

Da der Schütze ein Feuer- und Tagzeichen ist, sorgt der Mond in ihm eher für Unfruchtbarkeit und Trockenheit.

Er wirkt sich aber gut auf die Gartenpflege und Ernte und bei Obstbäumen auf die Fruchtbildung aus. Es ist sicher lohnenswert, wenn Sie nun Apfel- und Birnbäume sowie andere Obstbäume einsetzen. Aber auch Wurzelgemüse wird gedeihen, wenn Sie darauf achten, daß gleichzeitig abnehmender Mond ist.

Mond im Steinbock

Der Steinbock ist zwar ein Erd- und Nachtzeichen, aber trotzdem wirkt sich die Stellung des Mondes in ihm nur mittelmäßig auf die Fruchtbarkeit aus.

Diese Zeit ist geeignet zum Pflanzen von allem Wurzelgemüse, aber besonders Sträucher, Zierbäumchen, Büsche und Bäume gedeihen unter diesem Mondimpuls gut, da der Steinbockmond einen positiven Einfluß auf Stamm und Rinde hat. Blumen sollten Sie an Steinbocktagen allerdings auf keinen Fall säen.

Mond im Wassermann

Der Wassermannmond als fixes, männliches Luftzeichen begünstigt Trockenheit und Durchlüftung.

Es ist nicht sinnvoll, jetzt zu pflanzen oder zu säen, aber Gartenarbeiten wie Jäten, Graben und Schädlingsbekämpfung werden gut gelingen. Von den Pflanzen erfreuen sich nur Zwiebeln und Kiefern an diesem Mondimpuls.

Mond in den Fischen

Der Fischemond wirkt, da er in einem weiblichen Wasserzeichen steht, begünstigend auf Feuchte und viel Fruchtbarkeit.

Fischemondtage sind fast so gut zum Pflanzen geeignet wie Krebs- und Skorpionmondtage. Besonders positiv wirkt sich der von ihnen ausgehende Impuls auf alle Blumen und Blüten aus, die aus Zwiebeln und Knollen keimen. Aber auch Stauden, Sträucher und Büsche, die in eher unfruchtbarem Boden wurzeln sollen, werden Ihnen, wenn Sie sie an Fischetagen anpflanzen, Freude machen.

Boden- und Gartenpflege im Mondrhythmus

Warum muß man den Boden überhaupt pflegen und kultivieren? Warum wachsen die Pflanzen nicht einfach mit Hilfe des Regens, der Nährstoffe im Boden, der Wärme der Sonne und mit dem Mond?

Weil wir viel mehr erwarten als das, was uns die Natur schenken kann – ganz besonders in unserem kühlen westeuropäischen Klima. Deshalb müssen wir uns um unseren Garten kümmern und unsere Pflanzen hegen und pflegen, um ernten zu können – am besten natürlich im Einklang mit den natürlichen Rhythmen unserer Umwelt.

Das grundlegende Problem im Garten ist meistens die Bodenbeschaffenheit; oder besser gesagt, wir möchten etwas anpflanzen, das einen anderen Boden benötigt als den, den wir in unserem Garten vorfinden. Entweder die Erde ist zu schwer oder zu leicht, der Boden ist zu sauer oder zu kalkhaltig, oder es gibt nur eine sehr dünne Humusschicht.

Sie werden sich jetzt vielleicht denken: »Wie soll ich denn bloß herausfinden, welches Problem mein Boden hat?«

Erfahrene »Gartler« erkennen es leicht daran, welche Pflanzen dort wie wachsen. Aber es gibt auch in den meisten Gartencentern Bodentests, mit denen Sie leicht die Beschaffenheit Ihres Gartenbodens objektiv ermitteln können. Wenn Sie wissen, woran es Ihrem Boden mangelt, ist es gar nicht mehr so schwer, etwas dagegen zu tun.

Bodenbeschaffenheit

Zu schwere Böden sollte man mit etwas Sand auflockern, einen zu leichten Boden kann man mit Tonerde oder Tonmehl etwas festigen. Einem zu sauren Boden sollte man Kalk untermischen und einen zu kalkhaltigen Boden mit frischem Stallmist behandeln. Um diese Bodenverbesserer einzuarbeiten, ist grundsätzlich der *abnehmende Mond* der beste Zeitpunkt, weil jetzt, wie Sie schon wissen, das Wasser und die Nährstoffe unter der Erde sind und die Erde Stoffe und Substanzen von außen am besten aufnimmt und verarbeitet.

Aber die Pflanzen entziehen dem Boden während ihres Wachstums ständig Nährstoffe, die Sie ihm wieder zurückgeben müssen. Am wirkungsvollsten, umweltverträglichsten und natürlichsten ist es, mit dem eigenen Komposthaufen zu düngen. Damit geben wir der Erde das zurück, was wir ihr mit der Ernte genommen haben. Sie können auch noch ein bißchen Kosten sparen, weil Sie keine Gebühren bei der Müllentsorgung für organische Abfälle entrichten müssen, da inzwischen die meisten Städte und Kommunen Mülltrennung durchführen.

Nach diesen allgemeinen Informationen über Boden und Düngen werden wir Ihnen im folgenden einige Einzelheiten erläutern. Da es aber immer spezielle Problemfälle gibt und die Kunst des Gärtnerns sehr umfangreich ist, sollten Sie sich eventuell Gartenfachbücher zulegen, da eine ausführliche Beschreibung leider den Umfang dieses Kapitels sprengen würde. Es soll hier vor allem gezeigt werden, wie der Mond Ihnen dabei helfen kann, einen schönen, prachtvollen und üppigen Garten zu erhalten.

Die richtige Fruchtfolge

Um dem Boden Nährstoffe zu erhalten und wieder zurückzugeben, sind nicht nur Art und Beschaffenheit des Bodens entscheidend, sondern auch die Pflanzendüngung während der Wachstumsphase und die richtige Fruchtfolge.

Die Zuordnung der verschiedenen Pflanzen zu den Gattungen Wurzel-, Blatt-, Blüten- und Fruchtpflanzen geht darauf zurück, daß Pflanzen, die einer Gruppe zugehören, auch einen ähnlichen Nährstoffbedarf haben. Deshalb ist es sehr empfehlenswert, den Nährstoffhaushalt des Bodens im Gleichgewicht zu halten, also die Fruchtfolge abzuwechseln, um den Nährstoffkreislauf des Mondes zu unterstützen.

Am erfolgreichsten hat sich hier die biologisch-dynamische Anbauweise des vierjährigen Wechsels erwiesen. Auch wenn Sie nicht vorhaben, völlig biologisch-dynamisch zu gärtnern, lohnt es sich immer wieder – und es erfordert auch keinen großen Aufwand, auf ein paar Grundprinzipien zu achten.

Für das Nährstoffgleichgewicht und den vom Mond gelenkten Nährstoffkreislauf sollten Sie daher im vierjährigen Rhythmus Wurzel-, Frucht-, Blüten- und Blattgewächse im Wechsel anpflanzen.

Im ersten Jahr: Wurzelgemüse, z. B. Karotten
Im zweiten Jahr: Fruchtpflanzen, z. B. Tomaten
Im dritten Jahr: Blütengewächse, z. B. Rosenkohl
Im vierten Jahr: Blattgemüse, z. B. Mangold

Aber die Pflanzen beeinflussen sich auch gegenseitig durch ihre jeweiligen Eigenarten des Nährstoffbedarfs, ihre Wurzeltiefe, ihre Anfälligkeiten für Schädlinge und ihren Sonnenbedarf.

Am günstigsten ist es, wenn Pflanzen, die nebeneinander stehen und einen unterschiedlichen Bedarf an Nährstoffen haben, verschieden tief wurzeln und sich gegenseitig vor Schädlingen und zu starker Sonneneinstrahlung schützen. Ungünstig ist es, wenn sie die gleichen Nährstoffe brauchen oder sich gegenseitig das Sonnenlicht nehmen.

Der Komposthaufen

Es ist heute sehr einfach, sich einen eigenen Kompost anzulegen. Sie brauchen nur einen Ort in Ihrem Garten, der im Halbschatten liegt und für Sie erreichbar ist, da Sie sich sonst immer ärgern, wenn Sie ihre Küchenabfälle hinbringen müssen. Einen Kompostbehälter können Sie inzwischen in allen Variationen im Gartencenter kaufen. Es ist wichtig, daß er viele Luftlöcher und einen direkten Kontakt zum Boden hat, alles andere bleibt Ihren individuellen Vorlieben überlassen.

Beginnen sollten Sie in der Zeit des abnehmenden Mondes im Frühjahr, am besten nach der zweiten Hälfte dieser Phase. Wenn Sie auch noch darauf achten, das an einem Krebs-, Skorpion- oder Fischetag zu tun, wird die Komposterde besonders nährstoffhaltig.

Bevor Sie anfangen, sollten Sie schon etwas organische Abfälle gesammelt haben, da Sie mit einer 20 bis 30 cm hohen Schicht dieser Abfälle beginnen müssen. Darauf streuen Sie dann eine Schicht Stallmist, Steinmehl oder Hornmehl, um die Zersetzung und Verrottung zu beschleunigen. Sie können den Nährstoffgehalt auch durch Kalk oder andere Zusätze erhöhen, am besten an einem Jungfraumondtag.

Sollte das Ganze zu trocken sein, also zu krümelig oder staubig, gießen Sie Wasser nach, bis der Haufen wie ein vollgesogener Schwamm wirkt. *Gießen* sollten Sie allerdings nur bei *zunehmendem Mond*, damit das Wasser nicht in den darunterliegenden Boden verschwindet. Danach streuen Sie noch eine dünne Schicht Gartenerde über alles und können nun wieder mit den organischen Abfällen und der nächsten Schicht Stallmist fortfahren. In etwa einem halbem Jahr haben Sie dann Ihre erste eigene Komposterde. Sollten Sie den Kompost an eine andere Stelle setzen wollen, empfiehlt es sich, das an einem Steinbocktag durchzuführen. Ihr Komposthaufen wird sicher ein voller Erfolg, wenn Sie im Einklang mit dem Mond vorgehen.

Düngen nach den Mondregeln

Mit Komposterde

Es gibt verschiedene Stoffe, die sich zum Düngen eignen. Zum einen natürlich Komposterde. Sie sollten diese Erde bei *abnehmendem Mond* dünn auf den Beeten verteilen und vorsichtig einharken. Komposterde hat einen sehr hohen Nährstoffgehalt und ist deshalb unvermischt und rein nicht für frische Saat oder zum Anpflanzen junger Pflänzchen geeignet. Blumen- und Gemüsebeete, Obstbäume, Beerensträucher und den Rasen sollten Sie am besten im Herbst mit Komposterde düngen. Alle anderen Pflanzen nehmen die Nährsubstanzen des Kompostes besser im Frühjahr auf.

Die günstigsten Impulse zur Bodenkultivierung gehen vom Zwillinge-, Jungfrau- und Wassermannmond aus.

Mit Gründünger

Gründüngen ist eine gute Methode, um ausgelaugten und verbrauchten Böden wieder Kraft zu geben. Diesen Böden mangelt es meistens an Stickstoff, den man am schonendsten über lebende Pflanzen wieder der Erde zurückgibt.

Düngen Sie bei *abnehmendem* Krebs-, Skorpion- oder Fischemond mit natürlichen Stickstofflieferanten.

Gut geeignet sind dafür Klee, Erbsen, Lupinien und Luzerne; diese müssen Sie kurz vor der Blüte abmähen und in die Erde einarbeiten. Das Einarbeiten des Gründüngers sollte auch wieder bei *abnehmendem Mond*, im vierten Quartal und an Wassertagen stattfinden.

Mit mineralischem Dünger oder anderen Stoffen

Im allgemeinen düngen wir unsere Gärten mit mineralischem oder chemischem Dünger viel zu oft. Leider schadet diese Überdüngung sogar doppelt und dreifach. Zum einen den Pflanzen, da ihre Wurzelbildung zurückgeht und sie ihre Kraft verlieren, wenn sie nicht mehr mit den Wurzeln nach den Nährstoffen tiefer im Boden suchen können. Zweitens dem Gleichgewicht des Nährstoffhaushaltes der Erde, da deren natürliche Zusammensetzung und biologisches Gleichgewicht gestört wird. Und schließlich auch der Umwelt, da die überschüssigen mineralischen Stoffe vom Regenwasser in Bäche und Seen gespült werden und dort ein ungesundes und zum Teil explosionsartiges Wachstum von Algen und anderen Wasserpflanzen hervorrufen. Diese sind unter anderem auch ein Grund für das Umkippen von Gewässern, was sich leider in den letzten Jahren immer wieder ereignet hat.

Auf diese Dünger sollten wir also – in jeder Mondphase – verzichten.

Umgraben

Das erste Umgraben, bevor Sie das Saatgut und kleine Pflänzchen in die Erde geben können, ist eine Vorbereitung der Erde für die folgende Wachstumsperiode. Es sollte deshalb vorsichtig und mit viel Sorgfalt im zeitigen Frühjahr erfolgen. Am besten bei *zunehmendem Mond* an einem Löwetag. Der Mondimpuls des Löwen regt nämlich die Unkrautsamen zum Keimen an, und das hilft Ihnen später sehr bei der Bekämpfung genau dieser Unkräuter. Sie müssen dann aber unbedingt die Erde ein zweites Mal lockern. Suchen Sie sich dafür einen Termin während des abnehmenden Mondes an einem Steinbocktag. Durch diese Methode können Sie die meisten unliebsamen Gäste in Ihren Beeten für den Rest des Jahres beseitigen. Wenn Sie nun noch ein drittes Mal umgraben möchten, um zu düngen oder die Erde zu lockern, sollten Sie wieder einen Tag während des abnehmenden Mondes wählen, um den Nährstoffkreislauf nicht zu stark zu stören.

Säen und Pflanzen nach dem Mond

Sie sollten mit der Aussaat nicht zu früh beginnen, da es in unseren Breiten immer wieder überraschend zu nächtlichem Bodenfrost kommt. Am besten ist es, wirklich bis zu den Eisheiligen zu warten oder sich an eine alte Bauernregel zu halten, die rät, erst dann zu pflanzen und zu säen, wenn die Erde nicht mehr an den Schuhen klebenbleibt.

Die Mondregeln für den Garten machen keinen Unterschied zwischen Saat- oder Pflanzterminen, was manchmal zu Unsicherheiten in bezug auf schon gekaufte Knollen oder Pflanzen führt, die Sie einsetzen möchten. Verlassen Sie sich hier am besten auf Ihre Sensibilität in bezug auf den Mondrhythmus und später auf Ihre Erfahrung. Sie werden lernen, welche Pflanzen einer besonderen Behandlung bedürfen.

Im ersten Teil haben Sie die Grundprinzipien der Mondgärtnerei kennengelernt. Diese Prinzipien werden aber immer von Ausnahmen durchbrochen, die im Laufe der Zeit durch Erfahrung entstanden sind. Seien Sie also nicht erstaunt, wenn Sie nun im zweiten, praktischen Teil

Regeln finden, die nicht mit den Grundprinzipien übereinstimmen, wie z. B. eine Pflanzempfehlung für die Tage des Löwemondes, die ja grundsätzlich sehr unfruchtbar sind. Wir wissen schon einiges über den Mond, aber seine Wirkungsweise und Kraft bergen immer noch viele Geheimnisse.

Es folgen nun einige Tips und Ratschläge, um Ihnen den Einstieg zu erleichtern.

Säen und Pflanzen bei abnehmendem Mond

Pflanzen, deren hauptsächliche Wachstumskraft unter der Erde liegt, sollen immer bei abnehmendem Mond gesät oder gepflanzt werden.

Bei Wurzelgemüse ist es sehr günstig, einen Erdtag (Stier, Jungfrau, Steinbock) zu wählen. Ferner bei zweijährigen Pflanzen wie Blumensorten, die im ersten Jahr im Frühling gesät werden, aber erst im nächsten Jahr im Sommer blühen, wie Stockrose, Goldlack und Bartnelke. Das gleiche gilt für mehrjährige und langlebige Stauden, z. B. Eisenhut, Glockenblume, Rittersporn und Margeriten.

Kartoffeln und Salat bestätigen als Ausnahmen die Regel. Kartoffeln sollte man bei abnehmendem Mond schon kurz nach Vollmond pflanzen. Kopfsalat, obwohl er zum Blattgemüse zählt, auch bei abnehmendem Mond, weil er sonst sehr leicht »schießt« und keine Köpfe bildet.

Säen und Pflanzen bei zunehmendem Mond

Alle Pflanzen, die ihre Früchte über der Erde tragen, sollen bei zunehmendem Mond gesät oder gepflanzt werden. Da die meisten Kulturpflanzen in unseren Breiten dazugehören, ist eine erste Faustregel, bei zunehmendem Mond zu säen bzw. zu pflanzen, außer es handelt sich um Wurzelgemüse.

Bei einjährigen Sommerblumen sollte man auch auf den Tierkreis achten: Krebs-, Jungfrau- oder Fischemond erhöhen die Blütenfülle. Der Waagemond steigert die Schönheit, der Skorpionmond die Haltbarkeit und der Stiermond die Widerstandskraft. Reine Frucht- und Samenpflanzen sollte man während der Zeit, in der der Mond in einem gemäßigten Feuerzeichen wie Widder und Schütze steht, säen, Blumen im allgemeinen an Lufttagen der Zeichen Zwillinge, Waage und Wassermann. Rasen wächst am schnellsten und dichtesten, wenn man ihn bei zunehmendem Mond im Löwe- oder Jungfrauzeichen aussät.

Obst, Bäume und Sträucher

Alle Sträucher und Bäume, deren Früchte Sie ernten wollen, sollten Sie bei zunehmendem Mond während eines fruchtbaren Zeichens, also Krebs-, Skorpion- oder Fischemond, anpflanzen. Für Kletterpflanzen wie Himbeeren, Brombeeren und Wein ist auch der zunehmende Mond der beste Pflanztermin. Allerdings sollten Sie diese Pflanzen nicht während des Krebsmondes setzen, weil sie sonst schnell einen ungebremsten Wachstumsdrang entwickeln könnten und dann wieder zu einem Problem würden. Hier eignet sich auch der Löwemond, wenn einem kleinere Mengen an Beeren, die dann aber sicher besonders süß sind, reichen.

Zierbäumchen und Sträucher werden besonders schön und gerade wachsen, wenn Sie sie an einem Steinbock- oder Jungfrautag anpflanzen, an Steinbocktagen allerdings nur, wenn es sich um immergrüne Pflanzen handelt wie Eiben oder Tannen.

Kräuter

Bei Heilkräutern gelten die gleichen Prinzipien wie bei allen anderen Pflanzen.

Wenn hauptsächlich die Blätter verwendet werden, pflanzen Sie sie an Wassertagen (Krebs, Skorpion und Fische) bei zunehmendem Mond. Blattheilkräuter sind z. B. Melisse, Salbei, Pfefferminze und Thymian.

Brauchen Sie die Blüten, sollten Sie an Lufttagen (Zwillinge, Waage und Wassermann) z. B. Ringelblume oder Kamille pflanzen.

Wenn Sie die Samen weiterverwenden wollen, empfiehlt es sich, bei zunehmendem Mond, kurz vor Vollmond während eines Feuerzeichens (Widder, Löwe und Schütze) zu säen. Zu solchen Pflanzen zählen die Hagebutte und der Lein.

Wurzelkräuter wie Baldrian sollten Sie bei Vollmond, Neumond oder abnehmendem Mond während eines Erdzeichens (Stier, Jungfrau und Steinbock) in die Erde bringen.

Gartenpflege im Mondrhythmus

Gießen und Wässern

Leider wird im allgemeinen für unsere Klimaverhältnisse zuviel gegossen und bewässert. Die Ansicht, daß Wasser nie schaden könnte, ist absolut falsch. Zuviel Wasser schwächt die Widerstandskraft der Pflanzen, da sie ihre Wurzeln nicht nach unten, Richtung Grundwasser, entwickeln müssen. Die Nährstoffe werden aus den oberen Humusschichten ausgeschwemmt und verdünnt. Reichliches Gießen fördert auch den Schädlings- und Pilzbefall, außerdem verschlechtert es den Geschmack und erschwert die Lagerung der Ernte.

Bitte halten Sie sich also zurück und gießen und bewässern Sie nur, wenn es länger nicht geregnet hat und die Erde in den Beeten auch in 8 bis 10 Zentimeter Tiefe trocken ist. Sie sollten mit einer neuen Gießmethode aber unbedingt erst am Anfang eines Pflanzjahres beginnen, damit sich Ihr Garten daran gewöhnen kann. Mehrjährige Pflanzen sollten Sie auf jeden Fall angsam umgewöhnen: Gießen Sie sie regelmäßig, aber mit immer weniger Wasser und in immer größeren Abständen.

Wenn es doch nötig ist, sollten Sie nur an Wassertagen (Krebs, Skorpion, Fische) bei abnehmendem Mond oder Neumond gießen. Die Pflanzen können in diesen Tagen das Wasser besonders gut speichern.

An Lufttagen sollten Sie jedes Bewässern vermeiden, weil sich dann mit großer Wahrscheinlichkeit Schädlinge breitmachen werden.

Schädlingsbekämpfung

Brennesseljauche, die nach den Mondregeln hergestellt wurde, kann man fast als ein Wundermittel für den Garten bezeichnen. Sie wirkt nicht nur gegen fast jedes Ungeziefer, sondern stärkt junge Pflänzchen und regt ihr Wachstum an.

Stellen Sie ein Ton-, Holz- oder Kunstoff-Faß an einen schattigen Ort. Füllen Sie es während des Widdermondes zu zwei Dritteln mit frischen Brennesseln, die noch nicht geblüht haben. Danach müssen Sie das Faß mit Wasser bis zum Rand auffüllen und etwas organischen Dünger untermischen. Legen Sie am besten ein Fliegengitter über das Faß, damit keine Tiere hineinfallen können. Rühren Sie jeden Tag kräftig um, damit der Gärungsprozeß beginnen kann. Nach ein paar Tagen schäumt die Mischung und fängt fürchterlich zu stinken an. Wenn Sie jeden Tag etwas Steinmehl hinzugeben, können Sie den Geruch mildern und reichern die Jauche auch noch mit wichtigen Mineralstoffen an. Nach etwa zwei Wochen ist die Jauche fertig zur Anwendung. Entfernen Sie die noch verbliebenen Pflanzenreste, und legen Sie einen Deckel auf das Faß. Nun können Sie dem Ungeziefer wirksam und umweltschonend zu Leibe rücken.

Mischen Sie die Jauche stets im Verhältnis von 1 zu 9 mit Wasser, z. B. 1 Liter Jauche und 9 Liter Wasser. Verteilen Sie diese Mischung immer bei *abnehmendem Mond* während des *Krebs-, Skorpion-* und *Fischemondes.* Ihr Garten wird so gesund werden wie nie zuvor!

Mit dieser Methode haben Sie eigentlich schon das beste Mittel gegen Schädlinge in der Hand, nämlich die Vorbeugung gegen zu viele unbeliebte Gäste. Dadurch, daß Sie sich an die «Mondregeln« beim Pflanzen, Säen, Düngen und Gießen und bei der Herstellung und Verteilung der Brennesseljauche halten, werden Sie bestimmt nicht unter massivem Befall zu leiden haben.

Ungeziefer in normaler Menge ist übrigens wichtig für das ökologische Gleichgewicht in Ihrem Garten. Sollten Sie doch einmal durch extreme Witterungsverhältnisse oder massenhaftes Auftreten zur Anwendung anderer Mittel gezwungen werden, halten Sie sich am besten an folgende Regeln, um den Erfolg zu sichern und die Natur zu schonen:

Ungeziefer soll immer bei abnehmendem Mond bekämpft werden. Schädlinge, die über der Erde ihr Unwesen treiben, vernichtet man immer im Krebs-, Zwillinge- und Schützemond. Schädlinge, die unter der Erde wirken, z. B. jene, die Wurzeln befallen, wird man am besten an Erdtagen *(Stier, Jungfrau, Steinbock)* los.

Unkraut

Bitte versuchen Sie in bezug auf Unkraut in Ihrem Garten ein bißchen umzudenken. Man muß nicht jedes einzelne Hälmchen rigoros entfernen, um einen gesunden und schönen Garten zu erhalten – im Gegenteil, es gibt Unkräuter, die Ihre Pflanzen sogar vor Schädlingen oder anderen Unkräutern schützen. Außerdem sind einige dieser wilden Pflanzen wichtige und wirksame Heilkräuter. Sollte Ihr Garten doch unter stärkerem Befall leiden, also immer dann, wenn das Unkraut Ihren Pflanzen Licht, Platz und Nahrung wegnimmt, entfernen Sie es am besten und wirkungsvollsten nach den Mondregeln.

Jäten Sie Ihr Unkraut möglichst bei abnehmendem Mond, wenn dieser im Widder, Löwen oder Schützen steht.

Bei zunehmendem Mond sollten Sie darauf achten, daß er im Zeichen Jungfrau oder Wassermann steht.

Wie Sie sehen, eignen sich viele verschiedene Termine gut; Sie sollten alle ausprobieren, um zu erkennen, welche Methode an welchen Terminen für Ihren Garten die richtige ist.

Schon seit längerer Zeit brachliegenden Boden können Sie schnell und nachhaltig von Unkraut befreien, wenn Sie einen Trick anwenden: Jäten Sie das erste Mal an einem Wassertag, also wenn der Mond im Krebs, Skorpion oder in den Fischen steht. Damit locken Sie das Unkraut regelrecht hervor – alle noch im Boden befindlichen Unkrautsamen werden sprießen. Das zweite Mal jäten Sie dann an einem Steinbocktag. Mit dieser Methode kann alles Unkraut beseitigt werden.

Umpflanzen und Veredeln

Diese wichtigen und risikoreichen Tätigkeiten erledigen Sie grundsätzlich am besten im Frühling oder Herbst bei zunehmendem Mond. Es gibt auch noch ein paar spezielle Mondtips, die Ihnen die Arbeit bestimmt erleichtern.

- Für das Umpflanzen von älteren Sträuchern oder Stauden eignet sich ein Jungfrautag bei abnehmendem Mond besonders gut.
- Wenn Sie Stecklinge ziehen wollen, wählen Sie am besten einen Jungfrautag bei zunehmendem Mond.
- Das Veredeln von Obstbäumen ist noch gefährlicher. Meistens wird mehr Schaden angerichtet als Nutzen. Wollen Sie aber dennoch Ihre Obstbäume zu einer vermehrten Fruchtspießbildung anregen, gehen Sie nach den Mondregeln vor – damit können Sie sicher sein, daß, wenn es gelingt, der Nutzen groß ist, und wenn nicht, der Schaden begrenzt bleibt.
- Wenn Sie die Fruchtspieße reduzieren wollen, sollten Sie sie kurz nach Vollmond schneiden. Sind Ihre Bäume jedoch noch nicht so alt oder etwas klein und eher schwächlich, tragen aber zuviel, sollten Sie sie bei abnehmendem Mond während eines Wassermann- oder Schützetages schneiden.
- Bei Bäumen, deren Fruchtspieße zu zahlreich sind und die deswegen keine richtig süßen Früchte mehr tragen, empfiehlt sich ein Feuertag wie Widder, Löwe oder Schütze bei zunehmendem Mond.

Beschneiden

Beim Beschneiden von Pflanzen liegt das Hauptaugenmerk darauf, das Wachstum der Pflanze zu verlangsamen und einzuschränken. Hier unterstützt Sie der abnehmende Mond besonders gut, da er die Nährstoffe wieder absteigen läßt.

Jeden zweiten Sonntag den Rasen mähen gehört für Sie der Vergangenheit an, wenn Sie das Rasenmähen im Einklang mit den Mondkräften vornehmen. Das Gras wächst langsamer nach, wenn Sie bei abnehmendem Mond während eines Löwe-, Jungfrau- oder Zwillingetages zum Rasenmäher greifen. Ist Ihr Rasen noch jung oder schlecht gewachsen, können Sie ihn stärken, indem Sie bei zunehmendem Mond mähen, wenn dieser in einem Wasserzeichen, Krebs, Skorpion, Fische steht.

Von Bäumen müssen Sie immer wieder krankes und schwaches Holz entfernen. Der beste Zeitpunkt dazu ist der abnehmende Mond. Das In-Form-Schneiden sollte man grundsätzlich unterlassen, außer der Lichteinfall ist beeinträchtigt. Diese schwierige Aufgabe erledigt man am besten während des abnehmenden Mondes oder kurz vor Neumond an einem Wassermann- oder Schützemondtag.

Rosen sollten Sie jedes Jahr schneiden, um viele und gesunde Blüten zu erhalten. Schneiden Sie mit einer scharfen Gartenschere bei abnehmendem Mond kurz oberhalb einer Knospe. Buschrosen werden am dichtesten, wenn Sie sie im Frühjahr, kurz bevor die ersten Triebe kommen, von totem Holz und schwachen Ästen befreien. Stutzen Sie alle Äste bei abnehmendem Mond auf die gleiche Länge herunter.

Hecken sind des Gärtners Freund und Feind. Sie schützen den Garten vor fremden Blicken und die Pflanzen vor zu extremen Witterungseinflüssen wie Sturm und Böen. Aber sie benötigen einen regelmäßigen Pflanzschnitt, der viel Zeit und Mühe kostet. Um eine richtig schöne, dichte Hecke zu erhalten, müssen Sie dafür sorgen, daß sie möglichst viele und kräftige Triebe entwickelt. Das gelingt am besten, wenn Sie immergrüne Hecken zweimal pro Jahr im Frühling schneiden, wenn der abnehmende Mond in einem Feuerzeichen steht. Im Herbst sollten Sie damit beginnen, wenn der zunehmende Mond in einem Wasserzeichen steht.

Hecken, die vor Ende Juni blühen, sollten Sie direkt nach der Blüte vorsichtig während des abnehmenden Mondes in der Waage stutzen.

Hecken, die später im Sommer blühen, werden am besten im zeitigen Frühjahr geschnitten. Hier gilt, wenn Sie eine größere Blütenfülle erreichen wollen, immer: bei abnehmendem Mond in der Jungfrau stutzen.

Ernten, Lagern und Konservieren mit dem Mond

Die Kräuterernte

Um die Heilkräfte der Kräuter optimal nutzen zu können, ist es sehr wichtig, daß Sie sich ganz genau an die Mondregeln halten. Es gibt eine sehr enge Verbindung zwischen den Mondimpulsen und der Heilkraft der Pflanzen. Das gilt nicht nur im medizinischen Sinn, sondern auch in bezug auf die Entfaltung dieser Kräfte bei Kräutern.

Sie können in Ihrem Garten eine richtige kleine Kräuterapotheke einrichten, die Ihnen viele wertvolle Stoffe liefert, um alltägliche Beschwerden ohne die chemische Keule zu lindern. Kaufen Sie sich ein übersichtliches und ausführliches Kräuterhandbuch und pflanzen und ernten Sie nach den allgemeinen Mondregeln.

Kräuter, deren Blätter der wirksame Pflanzenteil sind, ernten Sie an Wassertagen (Krebs, Skorpion und Fische) bei zunehmendem Mond. Die richtige Tageszeit zum Sammeln ist der späte Vormittag, weil die Blätter dann taufrei sind und besser trocknen.

Blütenkräuter ernten Sie am besten bei Vollmond an einem Lufttag (Zwillinge, Waage, Wassermann). Die beste Sammelzeit ist hier kurz vor Mittag an einem sonnigen Tag, wenn der Tau völlig getrocknet ist.

Früchte und samentragende Kräuter werden an Feuertagen geerntet. Wenn Sie die Früchte oder Samen sofort verwenden möchten, sammeln Sie bei zunehmendem Mond. Wenn Sie sie trocknen wollen, wählen Sie die Zeit des abnehmenden Mondes. Ernten Sie jedoch nie in der vollen Mittagshitze, sondern davor oder danach.

Wurzelkräuter sollten Sie bei Vollmond, Neumond oder abnehmendem Mond, wenn er in einem Erdzeichen (Stier, Jungfrau und Steinbock) steht, ausgraben. Die beste Erntezeit ist kurz vor Sonnenaufgang oder kurz nach Sonnenuntergang.

Nützliche Tips zur Verarbeitung von Heilkräutern

Wenn Sie Ihre Kräuter nicht sofort anwenden möchten, ist das Trocknen die mildeste und sinnvollste Art der Konservierung. Am besten gelingt das, wenn Sie die Pflanzen an einem warmen und schattigen Ort ausbreiten können. Die Trocknung sollten Sie bei abnehmendem Mond beenden. Die getrockneten Pflanzen füllen Sie am besten in Keramik- oder Glasbehälter ab.

Beschriften nicht vergessen! Am Anfang ist es auch sehr hilfreich, die Wirkungsweise in kurzer Form mit auf das Etikett zu schreiben, um die Anwendung zu erleichtern.

Es gibt auch »spezielle Mondregeln«, nach denen Sie z. B. Kräutertees herstellen können. Die Heilstoffe wirken besonders gut, wenn die Pflanzen zu ganz bestimmten Terminen gesammelt, verarbeitet und angewendet werden. Diese Termine hängen davon ab, für welche Körperregion Sie z. B. den Tee verwenden möchten.

Name	**Körper**	**Mondimpuls**
Akelei	Kopf, Hals, Lippen	Widder
Baldrian	Magen, Darm, Nerven	Krebs, Löwe, Jungfrau
Basilikum	Bronchien	Stier, Krebs
Beifuß	Magen, Darm	Krebs, Jungfrau
Brennessel	Niere, Blase, Haut, Gelenke	Waage, Steinbock
Dill	Gelenke, Magen	Krebs, Steinbock
Fenchel	Magen, Darm	Krebs, Jungfrau
Kamille	Blut, Nerven, Magen	Krebs, Steinbock
Knoblauch	Atemwege, Leber, Galle	Krebs, Steinbock
Liebstöckel	Schilddrüse, Magen	Stier, Jungfrau
Melisse	Depression, allg. Abwehr	Löwe
Ringelblume	Magen	Krebs, Steinbock
Salbei	Blase, Galle, Leber	Waage, Krebs
Schafgarbe	Gebärmutter	Löwe, Skorpion
Ysop	Nieren, Blut	Krebs, Waage, Löwe

Lesen Sie zu dem Thema auch das Kapitel über die Gesundheit im Zeichen des Mondes!

Gemüse und Obst

Ernten sollten Sie, wenn Sie die Früchte sofort verbrauchen können, immer erst, wenn die volle Reife erreicht ist. Während des zunehmenden Mondes sind frische Früchte am saftigsten, wohlschmeckendsten und gesündesten.

Wenn Sie Obst und Gemüse jedoch lieber lagern und konservieren möchten, sollten Sie sich an folgende Regeln halten, um keine bösen Überraschungen zu erleben, damit z. B. die Äpfel zu Weihnachten noch knackig und nicht verschrumpelt und saftlos sind.

Sie sollten prinzipiell bei abnehmendem Mond während der Widder-, Löwe- und Schützetage ernten. Zur Not taugen auch noch die Lufttage wie Zwillinge und Wassermann. Vermeiden Sie die Fischetage, weil sonst Fäulnisgefahr besteht. Wurzelgemüse hält am längsten, wenn Sie es an einem Jungfrautag ausgraben.

Besondere Regeln

Es gibt für bestimmte Pflanzen jahrhundertealte Erntetips die sich immer noch bewähren:

- Saatkartoffeln und Pilze immer direkt bei Vollmond ernten.
- Weintrauben zur Weinherstellung kurz vor Vollmond; wenn Sie sie trocknen möchten, bei abnehmendem Mond ernten.
- Kartoffeln, die Sie lagern wollen, bei abnehmendem Mond einlagern und niemals bei zunehmendem Mond umlagern (außer zum Verzehr).
- Blumen halten sich länger, wenn sie bei abnehmendem Mond geschnitten werden.
- Alle Hülsenfrüchte, Bohnen und Früchte, die zum Trocknen bestimmt sind, immer bei abnehmendem Mond pflücken.
- Die Haltbarkeit bei allen in Alkohol eingelegten Früchten erhöht sich sehr, wenn Sie sie bei abnehmendem Mond verarbeiten. Für die Marmeladen- und Geleeherstellung eignen sich besonders die Tage des Stier-, Skorpion- und Wassermannmondes.
- Obst und Gemüse sollten Sie auch bei abnehmendem Mond einlegen, aber am besten an Krebs-, Skorpion- und Fischetagen.
- Wenn Sie Obst, Gemüse und Pilze (aber auch alle anderen Nahrungsmittel) einfrieren wollen, so ist dafür ebenfalls die Zeit des abnehmenden Mondes am besten geeignet.

Wege, Bauten, Holzarbeiten

Wege und Zäune

Wege im Garten anlegen, die Garagenauffahrt pflastern, Steinplatten verlegen und ähnliche Arbeiten werden am besten bei abnehmendem Mond, insbesondere an Steinbocktagen, ausgeführt.

Alle Bodenbeläge halten fester und bleiben länger stabil.

Das gleiche gilt für das Aufstellen von Zäunen. Während des abnehmenden Mondes, noch besser wenn er sich in einem absteigenden Zeichen befindet, halten Pfosten besser in der Erde und Nägel besser im Holz.

Wasserarbeiten

Zuallererst die wichtigste Regel: Nie an einer Quelle (aber auch an Wasserhähnen) an Neumond arbeiten! Es kann sonst passieren, daß sich das Quellwasser einen anderen Weg sucht oder die Dichtung oder das Gewinde des Wasserhahns beschädigt wird und der Hahn von da an ständig tropft.

Wenn Sie an einer Quelle mit möglichst großem Nutzen arbeiten wollen, oder wenn Sie eine neue Quelle suchen, sind Vollmondtage in den Fischen ideal, aber nur, wenn der Mond noch nicht seinen Höhepunkt überschritten hat.

Bei abnehmendem Mond und/oder in einem absteigenden Zeichen an einer Quelle zu arbeiten oder nach Wasser zu suchen, bleibt in der Regel erfolglos oder richtet auf Dauer sogar Schäden an.

Für alle Arbeiten, die mit Wasser zu tun haben, eignet sich also nur der zunehmende Mond ab dem dritten Tag nach Neumond. Er sollte möglichst in einem aufsteigenden Zeichen (Widder, Stier, Schütze, Steinbock, Wassermann, Fische) stehen.

Der rechte Umgang mit Holz

Feuerholz wird am besten nur im Herbst geschlagen. Zusätzlich gibt es dafür zwei scheinbar widersprüchliche, sich aber in Wahrheit ergänzende Mondregeln:

Das beste Brennholz wird in den ersten drei Tagen nach der ersten Neumondphase nach der Wintersonnwende geschlagen.

Abgesehen von dieser Ausnahme sollte Brennholz immer im abnehmenden Mond nach der Wintersonnwende geschlagen werden.

Außerhalb dieser Zeit sollten Sie kein Brennholz schlagen. Wenn es aber unbedingt sein muß, wählen Sie einen Tag, der zwei Tage vor Neumond liegt – außer im März.

Dagegen eignet sich dieser Termin, zwei Tage vor Neumond im März, sehr gut, wenn Sie besonders feuersicheres Holz haben wollen. Außerdem eignen sich auch der Tag vor einem Dezemberneumond und andere Neumondtage, wenn der Mond in der Waage steht.

Für Bauholz ist wichtig, daß es sich gut schneiden läßt und nicht von Schädlingen befallen wird. Diese Eigenschaften hat Holz, das zwischen September und März geschlagen wurde, während der zunehmende Mond im Zeichen Fische steht.

Weihnachtsbäume sollten möglichst an den drei Tagen vor dem elften Vollmond des Jahres, im November oder Dezember, gefällt werden. Wenn Sie den Baum bis Weihnachten kühl halten, wird er seine Nadeln erstaunlich lange behalten – manchmal bleiben die Nadeln dann sogar noch am Baum, nachdem er völlig ausgetrocknet ist.

TEIL IV

Sieben kleine Experimente mit dem Mond

1. Wirken Ortsveränderungen und Berührungen in jeder Mondphase unterschiedlich?

Auch kleine Ereignisse können große Wirkungen zeitigen, wenn der Mond »mitarbeitet«. Daß die Zeitpunkte der Aussaat und der Ernte von Pflanzen wichtig sind, leuchtet wohl den meisten Menschen ein. Wie aber ist es zu erklären, daß bereits eine geringe Ortsveränderung oder sogar nur eine Berührung während der verschiedenen Phasen des Mondlaufes eine ganz unterschiedliche Auswirkung haben kann? Wir können auch nicht sagen, weshalb das so ist, aber die Erfahrung belegt diese Tatsache.

Einige Menschen, die sich intensiv mit dem Mond befassen, sind sogar der Ansicht, daß der Zeitpunkt der Berührung – eines Gegenstandes, einer Pflanze, eines Nahrungsmittels, eines Medikamentes oder eines anderen Menschen – eine entscheidende Rolle spielt.

Es ist so, als ob sich jeder Gegenstand, jede Pflanze und jedes andere Lebewesen durch eine Berührung oder Ortsveränderung noch einmal »am Mond orientiert«.

Um diese Mondwirkung selbst zu beobachten, können Sie ein sehr einfaches Experiment machen. Nehmen Sie 10 Kartoffeln oder 10 Zwiebeln und teilen Sie sie in zwei gleich große Haufen zu je fünf Stück. Legen Sie beide Haufen nebeneinander (am besten im Freien, aber natürlich so, daß sie nicht von Tieren gefressen werden können). Drei Tage vor dem nächsten Vollmond schichten Sie den einen Haufen um, drei Tage nach dem Vollmond den anderen. Beobachten Sie, ob und wie sich die Kartoffeln (Zwiebeln) in der folgenden Zeit verändern. (Unsere Erfahrung: Der Haufen, der vor Vollmond umgeschichtet wurde, hält sich besser.)

Eine andere interessante Variante des Experimentes, die den Vorteil hat, daß keine Nahrungsmittel vergeudet werden, besteht darin, die Kartoffeln (Zwiebeln) einige Tage nach dem zweiten Umlagern zu verzehren und auf Geschmacksunterschiede zu achten.

2. Beschleunigt der Vollmond tatsächlich Fäulnisvorgänge und Zerfallserscheinungen?

Bei Vollmond, so heißt es, soll die Milch sauer werden. Ist das nur ein Aberglaube, oder steckt eine Wahrheit dahinter? In der heutigen Zeit der Kühlschränke und der homogenisierten Milch ist das Phänomen in der Tat kaum zu beobachten (d. h. man müßte längere Testreihen durchführen, um festzustellen, ob sich auch homogenisierte und gekühlte Milch bei Vollmond stärker verändert als sonst – aber wer will schon monatelang Schälchen mit sauer werdender Milch im Kühlschrank haben?).

Bei Vorzugsmilch hingegen ist der Effekt deutlicher, aber auch hier ist der Mond nicht der allesbestimmende Faktor, sondern nur einer (wenn auch ein besonders wichtiger) unter vielen. Ob Milch sauer wird, hängt selbstverständlich nicht nur vom Mond ab, sondern auch von der Luftfeuchtigkeit, der Temperatur, dem Alter der Milch und vielem anderen.

Um so erstaunlicher ist es, daß man diese Mondwirkung mit wenig Aufwand gut beobachten kann.

Probieren Sie es aus: Stellen Sie an einem Vollmondabend ein Glas mit etwas Milch (Vorzugsmilch) außerhalb des Kühlschrankes hin. Stülpen Sie eine Untertasse über das Glas, damit kein Staub, keine Insekten und auch nicht Ihre Katze an die Milch kommen. Am nächsten Morgen kosten Sie die Milch oder riechen daran. In etwa 50% aller Fälle ist die Milch sauer geworden. Zum Vergleich stellen Sie am nächsten Abend wieder etwas Milch (aus derselben Flasche wie bei der ersten Probe!) auf und kosten am folgenden Tag – obwohl die Milch nun schon zwei Tage älter ist, wird sie wahrscheinlich nicht sauer geworden sein!

3. Was ist wichtiger: die Mondphase oder die Leistung des Staubsaugers?

Machen wir uns nichts vor – der Mond allein wird es wohl kaum schaffen, die Unterhosen von Onkel Eduard wieder blütenrein zu bekommen. Doch eine kluge Hausfrau/ein kluger Hausmann sollte die Kraft des Mondes nicht unterschätzen: Bei abnehmendem Mond werden alle Reinigungsarbeiten effektiver sein. In der Regel kann das jeder, der regelmäßig Hausarbeit macht und auf den Mond achtet, gut spüren.

Wenn wir es nun aber genauer wissen wollen, wird es etwas schwieriger. Wir können ja nicht gut die nach dem Saugen liegengebliebenen Staubkörnchen zählen oder die Kraftanstrengung der Armmuskulatur beim Abspülen messen.

Wir haben folgenden Test gemacht: Zwei gleich große Stücke wurden aus einem alten weißen T-Shirt ausgeschnitten. Dann, zu Beginn des zweiten Quartals des Mondes (also etwa 7 Tage nach Neumond), wurde das eine

Stück mit je einem halben Teelöffelchen Marmelade, Nutella und Ketchup sowie mit etwas Nähmaschinenöl und Zigarettenasche »behandelt«. Nach einer Stunde »Einwirkzeit« kam es dann in die Waschmaschine.

Zwei Wochen später (zu Beginn des vierten Quartals, etwa 7 Tage nach Vollmond) wiederholten wir die Prozedur mit dem zweiten Stück Stoff.

Das Ergebnis zeigte, daß beim zweitenmal, als der Mond abnahm, die Reinigungswirkung ganz offensichtlich stärker war.

4. Haben die Mondphasen einen Einfluß auf unseren körperlichen Zustand?

Nach allem, was wir in diesem Buch nun schon über den Mond gesagt haben, erübrigt sich die Frage wohl: Natürlich wirkt sich der Mond auf unseren Körper aus! Einige Beziehungen zwischen körperlichen Vorgängen und dem Lauf des Mondes wurden auch schon von Medizinern und anderen Heilkundigen untersucht. Meist erfordern solche Untersuchungen jedoch einen langen Zeitraum und / oder eine Unzahl von Testpersonen, damit sie wissenschaftliche Gültigkeit beanspruchen können.

Wir können die Wirkung des Mondes auf unseren körperlichen Zustand aber durchaus an uns selbst messen; dazu benötigen wir nur eine Uhr mit Sekundenzeiger, ein Blatt Papier und einen Bleistift. Der »Test« ist ganz einfach. Wir messen unseren Puls, machen ein Paar Liegestütze, Kniebeugen oder Luftsprünge und messen dann den Puls nochmals.

Auf dem Blatt Papier tragen Sie die gemessenen Werte und die Mondphase ein (im Anhang finden Sie einen Mondkalender von 1996–2005). Dann sollten Sie sich auch unbedingt notieren, wie viele Kniebeugen (oder sonstige Übungen) es waren und um welche Uhrzeit Sie den Test gemacht hatten). Machen Sie den Test immer wieder einmal – möglichst um die gleiche Uhrzeit und mit der gleichen Anzahl an Übungen – und schreiben Sie sich die Zahlen auf. Dabei ist es überhaupt nicht wichtig, daß Sie den Test regelmäßig machen. Im Laufe der Zeit werden Sie Werte für alle Mondphasen besitzen. Können Sie ein Muster erkennen? (Ein Tip: Zeichnen Sie die Werte in ein Diagramm ein!)

5. Kann der Mond das Wachstum von bestimmten Körperzellen beschleunigen oder verlangsamen?

Im Kapitel über Schönheit haben Sie schon einiges über die Möglichkeiten erfahren, mit Hilfe der Mondregeln Haare und Fingernägel zu kräftigen, sie schneller oder langsamer wachsen zu lassen. Aber wenn Sie die Wirkung des Mondes wirklich sehen wollen, ist das mit Schwierigkeiten verbunden – Sie sehen zwar, daß Ihre Haare oder Fingernägel kräftiger sind als früher, doch wissen Sie nicht, ob die Veränderung nicht auch ohne den Mondeinfluß zustande gekommen wäre, oder ob Sie Ihre Erinnerung trügt.

Wenn wir so skeptisch sind, müssen wir uns eben etwas einfallen lassen. Ein Experiment ist verhältnismäßig einfach durchzuführen (wenn Sie nicht darauf angewiesen sind, immer ganz kurze Fingernägel zu haben). Vier Tage vor Neumond schneiden Sie den Kleinfingernagel Ihrer rechten Hand kurz, vier Tage später den Kleinfingernagel der linken Hand – und zwar so, daß jetzt beide Fingernägel gleich lang sind.

Sie werden in den nächsten zwei Wochen (wenn Sie Ihre Fingernägel so lange nicht schneiden) feststellen, daß einer der beiden Nägel eindeutig schneller wächst. Der rechte oder der linke? Finden Sie es heraus!

Um mögliche andere Ursachen auszuschließen, können Sie dieses Experiment noch einige Male mit etwas veränderten Bedingungen durchführen: Schneiden Sie die Nägel vor und nach *Voll*mond (diesmal wird also bei zunehmendem Mond der erste Nagel geschnitten) und prüfen Sie, ob vielleicht weniger der Mond, sondern die Körperseite für das stärkere Wachstum eines Nagels verantwortlich ist.

6. Wie wirkt sich der Mond auf die Heilung von Verletzungen aus?

Keine Angst – wir werden Ihnen hier nicht vorschlagen, sich selbst, Ihren Angehörigen oder Haustieren Verletzungen zuzufügen. Es gibt aber dennoch einige Möglichkeiten, sich mit kleinen Experimenten die Kraft des Mondes vor Augen zu führen.

Bei unserem ersten Versuch müßten Sie sich allerdings überwinden, an einer Ihrer Zimmerpflanzen einige Blätter mit kleinen Schnitten zu verletzen. Schneiden Sie bei einem Blatt die Spitze während des zunehmenden, bei einem anderen während des abnehmenden Mondes ab. Beobachten Sie, wie das Blatt reagiert und wie die Verletzung heilt. Damit Sie die unterschiedlichen Entwicklungen vergleichen können, müssen Sie Ihre Beobachtungen mit Zeitangaben natürlich aufzeichnen. Das Ergebnis ist oft wirklich erstaunlich, und es lohnt sich, dieses Experiment einmal selbst auszuprobieren. (Falls Sie keine Lust dazu haben, aber dennoch wissen wollen, was passiert: Das Blatt, das bei zunehmendem Mond verletzt wurde, fällt mit großer Wahrscheinlichkeit ab, während das andere oft schnell heilt und danach manchmal sogar besser wächst als vorher.)

Hätten Sie gedacht, daß auch »Verletzungen« von Gegenständen »heilen« können? Und das auch noch in Abhängigkeit von den Mondphasen? Nun können wir natürlich kaum erwarten, daß sich eine zerbrochene Vase wieder selbsttätig zusammenfügt, selbst wenn der Mond noch so günstig steht. Kleinere Wirkungen können wir dagegen leicht beobachten. Sie benötigen für dieses Experiment zwei neue Rasierklingen und eine Lupe (falls Sie gerade kein Elektronenmikroskop zur Verfügung haben). Nehmen Sie zwei Tage vor Neumond eine der Rasierklingen und zerbrechen Sie sie; zwei Tage vor dem folgenden Vollmond zerbrechen Sie die andere Klinge. Vergleichen Sie nun die Bruchstellen. Sie werden vermutlich feststellen, daß die Bruchstellen bei der ersten Klinge glatter sind. Wenn Sie eine Woche später die Klingen noch einmal vergleichen, wird sich das Ergebnis wahrscheinlich umgekehrt haben – die zweite Klinge war einem stärkeren »Heilimpuls« ausgesetzt!

7. Welchen Einfluß hat der Mond auf unsere intellektuellen Leistungen?

Die Wirkungen des Mondes auf Seele und Geist sind für jeden, der genau beobachtet, deutlich zu erkennen. Aber können wir diese Wirkungen irgendwie »messen«? Sicherlich fallen Ihnen selbst viele Möglichkeiten ein, Experimente zu entwerfen, die zeigen, wie sich Ihr Gefühlsleben, Ihr Wohlbefinden und Ihre Wahrnehmung im Lauf des Mondmonats verändern – Sie müssen ja nicht einmal Experimente im engeren Sinne durchführen, sondern lediglich regelmäßige Aufzeichnungen über Ihr Befinden oder Ihre Stimmung machen.

Vielleicht wollen Sie aber dennoch ein kleines Experiment durchführen, bei dem Sie einigermaßen objektive »Daten« bekommen? Auch das ist möglich. Bei unseren Gefühlen oder unserem Allgemeinbefinden ist das wohl schwierig, bei Denkleistungen dagegen können wir, wenn auch nicht ihre Qualität, so aber doch immerhin ihre Geschwindigkeit messen.

Unser »Experiment« ist wirklich einfach – Sie benötigen lediglich eine Uhr mit Sekundenzeiger. Kommt Ihnen das aus dem vierten Experiment her bekannt vor? Tatsächlich sind die beiden Versuche sehr ähnlich: Auch diesmal werden wir Kniebeugen machen – allerdings nur geistige.

Dazu zählen Sie in Dreierschritten von 100 rückwärts bis 1 (also: 100, 97, 94, ...) und messen die Zeit, die Sie dafür benötigen. Wenn Sie nun diese Zeit zusammen mit der Mondphase notieren und den Versuch öfters einmal wiederholen, haben Sie schon bald eine Liste mit konkreten Zahlen, anhand derer Sie sehen können, wie und ob die Mondphasen Ihre Rechenkünste beeinflussen. (Bei diesem und ähnlichen Experimenten genügt es natürlich nicht, nur eine »Messung« für eine Mondphase zu haben, denn es gibt ja auch immer andere Faktoren, die unser Leben beeinflussen.)

Um den Geheimnissen des Mondes näherzukommen, wollen wir möglichst viele Ergebnisse solcher Experimente sammeln. Wir freuen uns daher über jede Zuschrift, die über eigene Erfahrungen berichtet.
Wir möchten uns an dieser Stelle für jeden Brief bedanken, den uns unsere Leser schreiben. Bitte haben Sie jedoch Verständnis dafür, daß wir nur in Ausnahmefällen Briefe beantworten können, da uns einfach zu viele Zuschriften erreichen, um auf jede Frage einzugehen.
Wenn Sie uns dennoch schreiben wollen, schicken Sie Ihren Brief bitte an die Adresse des Verlages, der alle Leserzuschriften an uns weiterleitet.

Literaturhinweise

Wir haben im folgenden einige Bücher aufgeführt, die Ihnen dabei helfen können, neuen Anregungen oder Fragen, die unser Mondbuch vielleicht bei Ihnen ausgelöst hat, weiter nachzugehen. Damit Sie sich besser zurechtfinden, haben wir die Literaturempfehlungen thematisch geordnet.

Zum Thema »Mond«

Bauer, Erich; Conrad, Barbara: Das Mondphasen-Kochbuch. Gesunde Ernährung im Einklang mit dem Mond. München, 1996
Föger, Helga: Mond und Natur. München, 1996
Graf, Claudia: Gärtnern mit dem Mond. Mit Aussaatkalender bis ins Jahr 2000. München, 1994
Graf, Claudia: Leben mit dem Mond. Günstige Tage erfolgreich nutzen – in der Liebe, im Haushalt, für Schönheit und Gesundheit. München, 1995
Hammerle, Beatrix: Mond und Garten. Frankfurt am Main, 1996
Linditsch, Jörg: Das Mond-ABC. Tips und Tricks für den Alltag. München, 1996
Paungger, Johanna: Aus eigener Kraft. München, 1996
York, Ute: Mondzeit. Ein praktischer Ratgeber zur Nutzung der geheimnisvollen Kräfte des Mondes. München, 1995

Zum Thema »Astrologie«

Appel, Walter A.: Mond-Astrologie. 144 Persönlichkeiten im Zeichen des Mondes. München, 1996
Heinrich, Hanna: Der Mond ist eine Frau. Eine weibliche Astrologie. Niederhausen, 1996
Jehle, Markus: Wenn der Mond im siebten Hause steht ... Kreative Astrologie für Einsteiger. Freiburg, 1993
Lau, Theodora: Das große Buch der chinesischen Astrologie. Wie der Mond Charakter und Schicksal in den verschiedenen Tierkreiszeichen prägt. München, 1983
Mocco, Fulvio: Sonne, Mond. Die Polarität des Seins. Mössingen, 1996
Roscher, Michael: Der Mond. Astrologisch-psychologische Entwicklungszyklen. Eine Einführung in die Transpersonale Astrologie. München, 1990
Xin Shu: Das chinesische Horoskop. München, 1996

Zum Thema »Astronomie«

Block, Detlev: Astronomie als Hobby. Niederhausen, 1990
Knaurs moderne Astronomie. München, 1992
Michell, John: Sonne, Mond und Steine. Löhrbach, 1993
Mulder, Elisabeth: Sonne, Mond und Sterne. Stuttgart, 1994
Ptolemäus, Claudius: Tetra Biblos. Mössingen, 1995
Zimmermann, Helmut: ABC Astronomie. Heidelberg, 1995

Zum Thema »Ganzheitliche Gesundheit«

Broszath, Roswitha; Stiens, Rita: Die Lebenskraft des Mondes. Wie der Mond unser Leben, unsere Gefühle und die Gesundheit beeinflußt. Südwest, 1994

Graf, Claudia: Kochen mit dem Mond. Jeden Tag gesund essen und schlank bleiben. München, 1996

Macbeth, Jessica: Mond-Meditationen. Die neue Schule der Meditation. München, 1996

Sanders, Katharina: Die heilende Kraft von Sonne und Mond nach der Hl. Hildegard. München, 1995

Schwarz A. A., Schweppe R. P.: Von der Heilkraft der Schokolade – Genießen ist gesund!, München, 1997

Schwarz A. A., Schweppe R. P.: Das Buch vom Bauch. München, 1997

Schwarz A. A., Schweppe R. P.: Reflexzonenmassage an Fuß, Hand und Ohr. Reinbek, 1995

Schwarz A. A., Schweppe R. P.: Shiatsu easy. München 1995

Schwarz A. A., Schweppe R. P.: Heilen mit Gewürzen. München, 1996

Schwarz A. A., Schweppe R. P.: Hildegard-Medizin. München 1995

York, Ute: Kräuter, Herrsching, 1992

Sonstiges

Baginski, Bodo; Sharamon, Shalila: Kosmobiologische Geburtenkontrolle. Airtrang, 1991

Calvin, William H.: Wie der Schamane den Mond stahl. Auf der Suche nach dem Wissen der Steinzeit. München, 1996

Francia, Luisa: Mond, Tanz, Magie. München, 1996

Gray, Miranda: Roter Mond. Von der Kraft des weiblichen Zyklus. München, 1996

Hämmerling, Elisabeth: Mondgöttin Inanna. Stuttgart, 1990

Anhang

Anhand der folgenden Tabellen können Sie die Mondphase, die zum Zeitpunkt Ihrer Geburt herrschte, herausfinden. Zunächst suchen Sie die Tabelle Ihres Geburtsjahres und die Zeile Ihres Geburtsmonats.

In der Zeile finden Sie einige Zahlen; dies sind die Daten, an denen die Mondphase wechselte. In welche Mondphase der Mond an einem bestimmten Datum trat, sehen sie in der ersten Zeile, und zwar in derselben Spalte (also über dem betreffenden Datum der Tabelle).

Beispiel:

Nehmen wir an, Sie seien am 14. März 1931 geboren.
Die zweite Mondphasentabelle (S. 222) beinhaltet die Daten für 1931.
In der vierten Zeile sehen Sie vier Zahlen: 4, 11, 19 und 27.
Ihr Geburtstag liegt zwischen dem 11. und dem 19.
Sie sind also am 10. Tag nach Vollmond, im vierten Quartal (Letztes Viertel), geboren.

Die Jahreszeiten 1930–2005

Frühlingsanfang:	21. 3. 1930	09.29
Sommeranfang:	22. 6. 1930	04.51
Herbstanfang:	23. 9. 1930	19.37
Winteranfang:	22. 12. 1930	14.40

Frühlingsanfang:	21. 3. 1931	15.09
Sommeranfang:	22. 6. 1931	10.28
Herbstanfang:	24. 9. 1931	01.25
Winteranfang:	22. 12. 1931	20.29

Frühlingsanfang:	20. 3. 1932	20.56
Sommeranfang:	21. 6. 1932	16.22
Herbstanfang:	23. 9. 1932	07.16
Winteranfang:	22. 12. 1932	02.12

Frühlingsanfang:	21. 3. 1933	02.43
Sommeranfang:	21. 6. 1933	22.11
Herbstanfang:	23. 9. 1933	13.00
Winteranfang:	22. 12. 1933	07.57

Frühlingsanfang:	21. 3. 1934	08.26
Sommeranfang:	22. 6. 1934	03.49
Herbstanfang:	23. 9. 1934	18.45
Winteranfang:	22. 12. 1934	13.52

Frühlingsanfang:	21. 3. 1935	14.18
Sommeranfang:	22. 6. 1935	09.40
Herbstanfang:	24. 9. 1935	00.39
Winteranfang:	22. 12. 1935	19.40

Frühlingsanfang:	20. 3. 1936	19.59
Sommeranfang:	21. 6. 1936	15.23
Herbstanfang:	23. 9. 1936	06.27
Winteranfang:	22. 12. 1936	01.28

Frühlingsanfang:	21. 3. 1937	01.48
Sommeranfang:	21. 6. 1937	21.11
Herbstanfang:	23. 9. 1937	12.13
Winteranfang:	22. 12. 1937	07.21

Frühlingsanfang:	21. 3. 1938	07.46
Sommeranfang:	22. 6. 1938	03.04
Herbstanfang:	23. 9. 1938	18.02
Winteranfang:	22. 12. 1938	13.14

Frühlingsanfang:	21. 3. 1939	13.32
Sommeranfang:	22. 6. 1939	08.42
Herbstanfang:	23. 9. 1939	23.51
Winteranfang:	22. 12. 1939	19.06

Frühlingsanfang:	20. 3. 1940	19.24
Sommeranfang:	21. 6. 1940	14.39
Herbstanfang:	23. 9. 1940	05.44
Winteranfang:	22. 12. 1940	00.55

Frühlingsanfang:	21. 3. 1941	01.19
Sommeranfang:	21. 6. 1941	20.35
Herbstanfang:	23. 9. 1941	11.31
Winteranfang:	22. 12. 1941	06.44

Frühlingsanfang:	21. 3. 1942	07.09
Sommeranfang:	22. 6. 1942	02.17
Herbstanfang:	23. 9. 1942	17.17
Winteranfang:	22. 12. 1942	12.39

Frühlingsanfang:	21. 3. 1943	13.04
Sommeranfang:	22. 6. 1943	08.15
Herbstanfang:	23. 9. 1943	23.15
Winteranfang:	22. 12. 1943	18.28

Frühlingsanfang:	20. 3. 1944	18.49
Sommeranfang:	21. 6. 1944	14.03
Herbstanfang:	23. 9. 1944	05.04
Winteranfang:	22. 12. 1944	00.14

Frühlingsanfang:	21. 3. 1945	00.36
Sommeranfang:	21. 6. 1945	19.52
Herbstanfang:	23. 9. 1945	10.52
Winteranfang:	22. 12. 1945	06.05

Frühlingsanfang:	21. 3. 1946	06.32
Sommeranfang:	22. 6. 1946	01.46
Herbstanfang:	23. 9. 1946	16.44
Winteranfang:	22. 12. 1946	11.57

Frühlingsanfang:	21. 3. 1947	12.14
Sommeranfang:	22. 6. 1947	07.21
Herbstanfang:	23. 9. 1947	22.31
Winteranfang:	22. 12. 1947	17.47

Frühlingsanfang:	20. 3. 1948	17.59
Sommeranfang:	21. 6. 1948	13.11
Herbstanfang:	23. 9. 1948	04.22
Winteranfang:	21. 12. 1948	23.34

Frühlingsanfang:	20. 3. 1949	23.50
Sommeranfang:	21. 6. 1949	19.02
Herbstanfang:	23. 9. 1949	10.06
Winteranfang:	22. 12. 1949	05.22

Frühlingsanfang:	21. 3. 1950	05.36
Sommeranfang:	22. 6. 1950	00.36
Herbstanfang:	23. 9. 1950	15.45
Winteranfang:	22. 12. 1950	11.13

Frühlingsanfang:	21. 3. 1951	11.27
Sommeranfang:	22. 6. 1951	06.26
Herbstanfang:	23. 9. 1951	21.38
Winteranfang:	22. 12. 1951	17.02

Frühlingsanfang:	20. 3. 1952	17.12
Sommeranfang:	21. 6. 1952	12.12
Herbstanfang:	23. 9. 1952	03.22
Winteranfang:	21. 12. 1952	22.44

Frühlingsanfang:	20. 3. 1953	22.59
Sommeranfang:	21. 6. 1953	17.58
Herbstanfang:	23. 9. 1953	09.03
Winteranfang:	22. 12. 1953	04.32

Frühlingsanfang:	21. 3. 1954	04.54
Sommeranfang:	21. 6. 1954	23.52
Herbstanfang:	23. 9. 1954	14.54
Winteranfang:	22. 12. 1954	10.23

Frühlingsanfang:	21. 3. 1955	10.38
Sommeranfang:	22. 6. 1955	05.32
Herbstanfang:	23. 9. 1955	20.41
Winteranfang:	22. 12. 1955	16.10

Frühlingsanfang:	20. 3. 1956	16.24
Sommeranfang:	21. 6. 1956	11.25
Herbstanfang:	23. 9. 1956	02.35
Winteranfang:	21. 12. 1956	21.58

Frühlingsanfang:	20. 3. 1957	22.16
Sommeranfang:	21. 6. 1957	17.22
Herbstanfang:	23. 9. 1957	08.26
Winteranfang:	22. 12. 1957	03.49

Frühlingsanfang:	21. 3. 1958	04.05
Sommeranfang:	21. 6. 1958	23.01
Herbstanfang:	23. 9. 1958	14.11
Winteranfang:	22. 12. 1958	09.43

Frühlingsanfang:	21. 3. 1959	09.56
Sommeranfang:	22. 6. 1959	04.54
Herbstanfang:	23. 9. 1959	20.11
Winteranfang:	22. 12. 1959	15.38

Frühlingsanfang:	20. 3. 1960	15.44
Sommeranfang:	21. 6. 1960	10.45
Herbstanfang:	23. 9. 1960	02.02
Winteranfang:	21. 12. 1960	21.27

Frühlingsanfang:	20. 3. 1961	21.34
Sommeranfang:	21. 6. 1961	16.30
Herbstanfang:	23. 9. 1961	07.45
Winteranfang:	22. 12. 1961	03.19

Frühlingsanfang:	21. 3. 1962	03.32
Sommeranfang:	21. 6. 1962	22.25
Herbstanfang:	23. 9. 1962	13.40
Winteranfang:	22. 12. 1962	09.16

Frühlingsanfang:	21. 3. 1963	09.22
Sommeranfang:	22. 6. 1963	04.06
Herbstanfang:	23. 9. 1963	19.25
Winteranfang:	22. 12. 1963	15.04

Frühlingsanfang:	20. 3. 1964	15.09
Sommeranfang:	21. 6. 1964	09.57
Herbstanfang:	23. 9. 1964	01.15
Winteranfang:	21. 12. 1964	20.50

Frühlingsanfang:	20. 3. 1965	21.02
Sommeranfang:	21. 6. 1965	15.54
Herbstanfang:	23. 9. 1965	07.03
Winteranfang:	22. 12. 1965	02.40

Frühlingsanfang:	21. 3. 1966	02.52
Sommeranfang:	21. 6. 1966	21.32
Herbstanfang:	23. 9. 1966	12.42
Winteranfang:	22. 12. 1966	08.27

Frühlingsanfang:	21. 3. 1967	08.38
Sommeranfang:	22. 6. 1967	03.22
Herbstanfang:	23. 9. 1967	18.38
Winteranfang:	22. 12. 1967	14.15

Frühlingsanfang:	20. 3. 1968	14.22
Sommeranfang:	21. 6. 1968	09.13
Herbstanfang:	23. 9. 1968	00.26
Winteranfang:	21. 12. 1968	19.59

Frühlingsanfang:	20. 3. 1969	20.07
Sommeranfang:	21. 6. 1969	14.54
Herbstanfang:	23. 9. 1969	06.06
Winteranfang:	22. 12. 1969	01.44

Frühlingsanfang:	21. 3. 1970	01.56
Sommeranfang:	21. 6. 1970	20.44
Herbstanfang:	23. 9. 1970	12.00
Winteranfang:	22. 12. 1970	07.39

Frühlingsanfang:	21. 3. 1971	07.41
Sommeranfang:	22. 6. 1971	02.23
Herbstanfang:	23. 9. 1971	17.45
Winteranfang:	22. 12. 1971	13.26

Frühlingsanfang:	20. 3. 1972	13.24
Sommeranfang:	21. 6. 1972	08.08
Herbstanfang:	22. 9. 1972	23.33
Winteranfang:	21. 12. 1972	19.12

Frühlingsanfang:	20. 3. 1973	19.15
Sommeranfang:	21. 6. 1973	14.03
Herbstanfang:	23. 9. 1973	05.23
Winteranfang:	22. 12. 1973	01.06

Frühlingsanfang:	21. 3. 1974	01.08
Sommeranfang:	21. 6. 1974	19.40
Herbstanfang:	23. 9. 1974	11.02
Winteranfang:	22. 12. 1974	06.56

Frühlingsanfang:	21. 3. 1975	06.57
Sommeranfang:	22. 6. 1975	01.30
Herbstanfang:	23. 9. 1975	16.58
Winteranfang:	22. 12. 1975	12.48

Frühlingsanfang:	20. 3. 1976	12.47
Sommeranfang:	21. 6. 1976	07.25
Herbstanfang:	22. 9. 1976	22.49
Winteranfang:	21. 12. 1976	18.36

Frühlingsanfang:	20. 3. 1977	18.39
Sommeranfang:	21. 6. 1977	13.12
Herbstanfang:	23. 9. 1977	04.29
Winteranfang:	22. 12. 1977	00.23

Frühlingsanfang:	21. 3. 1978	00.34
Sommeranfang:	21. 6. 1978	19.08
Herbstanfang:	23. 9. 1978	10.27
Winteranfang:	22. 12. 1978	06.21

Frühlingsanfang:	21. 3. 1979	06.24
Sommeranfang:	22. 6. 1979	00.55
Herbstanfang:	23. 9. 1979	16.17
Winteranfang:	22. 12. 1979	12.09

Frühlingsanfang:	20. 3. 1980	12.10
Sommeranfang:	21. 6. 1980	06.46
Herbstanfang:	22. 9. 1980	22.08
Winteranfang:	21. 12. 1980	17.55

Frühlingsanfang:	20. 3. 1981	18.00
Sommeranfang:	21. 6. 1981	12.43
Herbstanfang:	23. 9. 1981	04.02
Winteranfang:	21. 12. 1981	23.50

Frühlingsanfang:	20. 3. 1982	23.53
Sommeranfang:	21. 6. 1982	18.23
Herbstanfang:	23. 9. 1982	09.45
Winteranfang:	22. 12. 1982	05.40

Frühlingsanfang:	21. 3. 1983	05.38
Sommeranfang:	22. 6. 1983	00.09
Herbstanfang:	23. 9. 1983	15.41
Winteranfang:	22. 12. 1983	11.31

Frühlingsanfang:	20. 3. 1984	11.24
Sommeranfang:	21. 6. 1984	06.01
Herbstanfang:	22. 9. 1984	21.32
Winteranfang:	21. 12. 1984	17.21

Frühlingsanfang:	20. 3. 1985	17.15
Sommeranfang:	21. 6. 1985	11.42
Herbstanfang:	23. 9. 1985	03.07
Winteranfang:	21. 12. 1985	23.06

Frühlingsanfang:	20. 3. 1986	23.05
Sommeranfang:	21. 6. 1986	17.29
Herbstanfang:	23. 9. 1986	08.59
Winteranfang:	22. 12. 1986	05.01

Frühlingsanfang:	21. 3. 1987	04.53
Sommeranfang:	21. 6. 1987	23.12
Herbstanfang:	23. 9. 1987	14.44
Winteranfang:	22. 12. 1987	10.47

Frühlingsanfang:	20. 3. 1988	10.38
Sommeranfang:	21. 6. 1988	04.57
Herbstanfang:	22. 9. 1988	20.26
Winteranfang:	21. 12. 1988	16.26

Frühlingsanfang:	20. 3. 1989	16.26
Sommeranfang:	21. 6. 1989	10.52
Herbstanfang:	23. 9. 1989	02.16
Winteranfang:	21. 12. 1989	22.19

Frühlingsanfang:	20. 3. 1990	22.18
Sommeranfang:	21. 6. 1990	16.33
Herbstanfang:	23. 9. 1990	07.56
Winteranfang:	22. 12. 1990	04.04

Frühlingsanfang:	21. 3. 1991	04.02
Sommeranfang:	21. 6. 1991	22.19
Herbstanfang:	23. 9. 1991	13.49
Winteranfang:	22. 12. 1991	09.51

Frühlingsanfang:	20. 3. 1992	09.46
Sommeranfang:	21. 6. 1992	04.14
Herbstanfang:	22. 9. 1992	19.44
Winteranfang:	21. 12. 1992	15.42

Frühlingsanfang:	20. 3. 1993	15.38
Sommeranfang:	21. 6. 1993	09.59
Herbstanfang:	23. 9. 1993	01.23
Winteranfang:	21. 12. 1993	21.27

Frühlingsanfang:	20. 3. 1994	21.26
Sommeranfang:	21. 6. 1994	15.48
Herbstanfang:	23. 9. 1994	07.20
Winteranfang:	22. 12. 1994	03.26

Frühlingsanfang:	21. 3. 1995	03.16
Sommeranfang:	21. 6. 1995	21.35
Herbstanfang:	23. 9. 1995	13.13
Winteranfang:	22. 12. 1995	09.19

Frühlingsanfang:	20. 3. 1996	09.05
Sommeranfang:	21. 6. 1996	03.22
Herbstanfang:	22. 9. 1996	18.59
Winteranfang:	21. 12. 1996	15.04

Frühlingsanfang:	20. 3. 1997	14.56
Sommeranfang:	21. 6. 1997	09.18
Herbstanfang:	23. 9. 1997	00.54
Winteranfang:	21. 12. 1997	21.04

Frühlingsanfang:	20. 3. 1998	20.54
Sommeranfang:	21. 6. 1998	15.02
Herbstanfang:	23. 9. 1998	06.37
Winteranfang:	22. 12. 1998	02.55

Frühlingsanfang:	21. 3. 1999	02.43
Sommeranfang:	21. 6. 1999	20.49
Herbstanfang:	23. 9. 1999	12.29
Winteranfang:	22. 12. 1999	08.44

Frühlingsanfang:	20. 3. 2000	08.31
Sommeranfang:	21. 6. 2000	02.46
Herbstanfang:	22. 9. 2000	18.24
Winteranfang:	21. 12. 2000	14.36

Frühlingsanfang:	20. 3. 2001	14.27
Sommeranfang:	21. 6. 2001	08.34
Herbstanfang:	23. 9. 2001	00.01
Winteranfang:	21. 12. 2001	20.19

Frühlingsanfang:	20. 3. 2002	20.16
Sommeranfang:	21. 6. 2002	14.22
Herbstanfang:	23. 9. 2002	05.54
Winteranfang:	22. 12. 2002	02.12

Frühlingsanfang:	21. 3. 2003	02.02
Sommeranfang:	21. 6. 2003	20.10
Herbstanfang:	23. 9. 2003	11.47
Winteranfang:	22. 12. 2003	08.01

Frühlingsanfang:	20. 3. 2004	07.48
Sommeranfang:	21. 6. 2004	01.56
Herbstanfang:	22. 9. 2004	17.29
Winteranfang:	21. 12. 2004	13.39

Frühlingsanfang:	20. 3. 2005	13.31
Sommeranfang:	21. 6. 2005	07.47
Herbstanfang:	22. 9. 2005	23.21
Winteranfang:	21. 12. 2005	19.35

Mondphasen 1930–1995

1930	2. Quartal	3. Quartal	4. Quartal	1. Quartal	2. Quartal	3.Quartal
Januar	8	14	21	29		
Februar	6	13	20	28		
März	8	14	22	30		
April	6	13	20	28		
Mai	5	12	21	28		
Juni	3	11	19	26		
Juli	3	10	19	25		
August	1	9	17	24	31	
September		8	15	22	29	
Oktober		7	15	21	29	
November		6	13	20	28	
Dezember		6	12	20	28	

1931	3. Quartal	4. Quartal	1. Quartal	2. Quartal	3. Quartal	4. Quartal
Januar	4	11	18	27		
Februar	3	9	17	25		
März	4	11	19	27		
April	2	9	18	25		
Mai	2	9	17	24	31	
Juni		8	16	23	30	
Juli		7	15	22	30	
August		6	13	20	28	
September		5	12	18	26	
Oktober		4	11	18	26	
November		3	10	17	25	
Dezember		2	9	17	25	

1932	4. Quartal	1. Quartal	2. Quartal	3. Quartal	4. Quartal	1. Quartal
Januar	1	8	15	23	30	
Februar		6	14	22	28	
März		7	15	22	29	
April		6	14	20	27	
Mai		5	13	20	27	
Juni		4	11	18	25	
Juli		3	11	17	25	
August		2	9	16	24	31
September			7	14	23	30
Oktober			7	14	22	29
November			5	13	21	28
Dezember			4	13	20	27

1933	2. Quartal	3. Quartal	4. Quartal	1. Quartal	2. Quartal	3. Quartal
Januar	3	11	19	26		
Februar	2	10	17	24		
März	4	12	18	26		
April	3	10	17	24		
Mai	2	9	16	24		
Juni	1	8	15	23	30	
Juli		7	14	22	30	
August		5	13	21	28	
September		4	11	19	26	
Oktober		3	11	19	25	
November		2	10	17	24	
Dezember		2	10	17	23	31

1934	3. Quartal	4. Quartal	1. Quartal	2. Quartal	3. Quartal	4. Quartal
Januar		8	15	22	30	
Februar		7	14	21		
März	1	8	15	23	31	
April		7	14	21	29	
Mai		6	13	21	28	
Juni		4	12	20	27	
Juli		3	11	19	26	
August		2	10	18	24	31
September			9	16	23	30
Oktober			8	15	22	30
November			7	14	21	29
Dezember			6	13	20	29

1935	1. Quartal	2. Quartal	3. Quartal	4. Quartal	1. Quartal	2. Quartal
Januar	5	11	19	27		
Februar	3	10	18	26		
März	5	12	20	27		
April	3	10	18	26		
Mai	2	10	18	25		
Juni	1	9	16	22	30	
Juli		8	16	22	30	
August		7	14	21	29	
September		6	12	19	27	
Oktober		5	12	19	27	
November		4	10	18	26	
Dezember		3	10	17	25	

1936	2. Quartal	3. Quartal	4. Quartal	1. Quartal	2. Quartal	3. Quartal
Januar	1	8	16	24	31	
Februar		7	15	22	29	
März		8	16	23	29	
April		6	14	21	28	
Mai		6	14	20	28	
Juni		5	12	19	26	
Juli		4	11	18	26	
August		3	9	17	25	
September		1	8	15	23	30
Oktober			7	15	23	30
November			6	14	22	28
Dezember			5	14	21	28

1937	4. Quartal	1. Quartal	2. Quartal	3. Quartal	4. Quartal	1. Quartal
Januar	4	12	19	26		
Februar	3	11	18	25		
März	5	12	19	27		
April	4	11	17	25		
Mai	3	10	17	25		
Juni	2	8	15	24		
Juli	1	8	15	23	30	
August		6	14	22	29	
September		4	12	20	27	
Oktober		4	12	19	26	
November		3	11	18	25	
Dezember		3	11	17	24	

1938	1. Quartal	2. Quartal	3. Quartal	4. Quartal	1. Quartal	2. Quartal
Januar	1	9	16	23	31	
Februar		8	14	22		
März	2	9	16	24	31	
April		7	14	22	30	
Mai		6	14	22	29	
Juni		5	13	21	27	
Juli		4	12	20	27	
August		3	11	18	25	
September		1	9	17	23	
Oktober		1	9	16	23	31
November			7	14	22	30
Dezember			7	14	21	29

1939	3. Quartal	4. Quartal	1. Quartal	2. Quartal	3. Quartal	4. Quartal
Januar	5	12	20	28		
Februar	4	11	19	27		
März	5	12	21	28		
April	4	11	19	26		
Mai	3	11	19	26		
Juni	2	10	17	24		
Juli	1	9	16	23	31	
August		8	15	21	29	
September		6	13	20	28	
Oktober		6	12	20	28	
November		4	11	19	26	
Dezember		3	10	18	26	

1940	4. Quartal	1. Quartal	2. Quartal	3. Quartal	4. Quartal	1. Quartal
Januar	2	9	17	25	31	
Februar		8	16	23		
März	1	9	17	23	30	
April		7	15	22	29	
Mai		7	14	21	29	
Juni		6	13	20	27	
Juli		5	12	19	27	
August		3	10	18	26	
September		2	8	16	24	
Oktober		1	8	16	24	30
November			6	15	22	29
Dezember			6	14	22	28

1941	2. Quartal	3. Quartal	4. Quartal	1. Quartal	2. Quartal	3. Quartal
Januar	5	13	20	27		
Februar	4	12	18	26		
März	6	13	20	27		
April	5	11	18	26		
Mai	4	11	18	26		
Juni	2	9	16	24		
Juli	2	8	16	24	31	
August		7	15	22	29	
September		5	13	21	27	
Oktober		5	13	20	27	
November		4	12	19	25	
Dezember		3	11	18	25	

1942	3. Quartal	4. Quartal	1. Quartal	2. Quartal	3. Quartal	4. Quartal
Januar	2	10	16	24		
Februar	1	8	15	23		
März	3	9	17	25		
April	1	8	15	23	30	
Mai		7	15	23	30	
Juni		5	13	21	28	
Juli		5	13	21	27	
August		4	12	19	26	
September		2	10	17	24	
Oktober		2	10	17	24	
November		1	8	15	22	
Dezember		1	8	14	22	30

1943	1. Quartal	2. Quartal	3. Quartal	4. Quartal	1. Quartal	2. Quartal
Januar	6	13	21	29		
Februar	5	12	20	27		
März	6	13	21	29		
April	4	12	20	27		
Mai	4	12	19	26		
Juni	2	11	18	24		
Juli	2	10	17	24		
August	1	9	15	22	30	
September		7	14	21	29	
Oktober		6	13	21	29	
November		5	12	19	27	
Dezember		4	11	19	27	

1944	3. Quartal	4. Quartal	1. Quartal	2. Quartal	3. Quartal	4. Quartal
Januar	2	10	18	25		
Februar	1	9	17	24		
März	1	10	17	24	31	
April		8	16	22	30	
Mai		8	15	22	30	
Juni		6	13	20	28	
Juli		6	12	20	28	
August		4	11	18	27	
September		2	9	17	25	
Oktober		2	9	17	24	31
November			7	15	23	30
Dezember			7	15	22	29

1945	4. Quartal	1. Quartal	2. Quartal	3. Quartal	4. Quartal	1. Quartal
Januar	6	14	21	28		
Februar	5	12	19	27		
März	7	14	20	28		
April	5	12	19	27		
Mai	5	11	18	27		
Juni	3	10	17	25		
Juli	2	9	17	25	31	
August		8	16	23	30	
September		6	14	21	28	
Oktober		6	14	21	27	
November		5	13	19	26	
Dezember		4	12	19	26	

1946	1. Quartal	2. Quartal	3. Quartal	4. Quartal	1. Quartal	2. Quartal
Januar	3	10	17	25		
Februar	2	9	16	24		
März	3	10	17	25		
April	2	8	16	24		
Mai	1	8	16	24	30	
Juni		6	14	22	29	
Juli		6	14	21	28	
August		4	12	20	26	
September		3	11	18	25	
Oktober		3	10	17	25	
November		2	9	15	23	
Dezember		1	8	15	23	31

1947	3. Quartal	4. Quartal	1. Quartal	2. Quartal	3. Quartal	4. Quartal
Januar	7	14	22	30		
Februar	5	12	21	28		
März	7	14	22	29		
April	5	13	21	27		
Mai	5	13	20	27		
Juni	3	12	18	25		
Juli	3	11	18	24		
August	2	9	16	23	31	
September		8	14	22	30	
Oktober		7	14	22	29	
November		5	12	20	28	
Dezember		5	12	20	27	

1948	4. Quartal	1. Quartal	2. Quartal	3. Quartal	4. Quartal	1. Quartal
Januar	3	11	19	26		
Februar	2	10	18	24		
März	2	10	18	25		
April	1	9	16	23		
Mai	1	9	16	23	30	
Juni		7	14	21	29	
Juli		6	13	21	29	
August		5	11	19	27	
September		3	10	18	26	
Oktober		2	9	18	25	
November		1	8	16	23	30
Dezember			8	16	23	30

1949	2. Quartal	3. Quartal	4. Quartal	1. Quartal	2. Quartal	3. Quartal
Januar	7	14	21	29		
Februar	6	13	20	27		
März	8	14	21	29		
April	6	13	20	28		
Mai	5	12	19	27		
Juni	4	10	18	26		
Juli	3	10	18	25		
August	1	8	17	24	30	
September		7	15	22	29	
Oktober		7	15	21	28	
November		5	13	20	27	
Dezember		5	13	19	27	

1950	3. Quartal	4. Quartal	1. Quartal	2. Quartal	3. Quartal	4. Quartal
Januar	4	11	18	26		
Februar	2	9	16	25		
März	4	11	18	26		
April	2	9	17	25		
Mai	2	8	17	24	31	
Juni		7	15	23	29	
Juli		7	15	22	29	
August		5	13	20	27	
September		4	12	18	26	
Oktober		4	11	18	25	
November		3	11	18	25	
Dezember		2	9	16	24	

1951	4. Quartal	1. Quartal	2. Quartal	3. Quartal	4. Quartal	1. Quartal
Januar	1	7	15	23	30	
Februar		6	13	21	29	
März		7	15	23	30	
April		6	14	21	28	
Mai		6	14	21	27	
Juni		4	12	19	26	
Juli		4	12	18	25	
August		2	10	17	24	
September		1	8	15	23	
Oktober		1	9	15	24	30
November			6	13	21	29
Dezember			5	13	21	28

1952	2. Quartal	3. Quartal	4. Quartal	1. Quartal	2. Quartal	3. Quartal
Januar	4	12	20	26		
Februar	2	11	18	25		
März	3	11	19	25		
April	2	10	17	24		
Mai	2	9	16	23	31	
Juni		8	14	22	30	
Juli		7	14	22	30	
August		5	12	20	28	
September		4	11	19	26	
Oktober		3	10	18	26	
November		2	9	17	24	
Dezember		1	9	17	23	31

1953	4. Quartal	1. Quartal	2. Quartal	3. Quartal	4. Quartal	1. Quartal
Januar	8	15	22	30		
Februar	7	14	20	28		
März	8	15	22	30		
April	7	13	21	29		
Mai	6	13	20	28		
Juni	4	11	19	27		
Juli	3	11	19	26		
August	2	9	17	24	31	
September		8	16	23	29	
Oktober		8	15	22	29	
November		6	14	21	28	
Dezember		6	13	20	28	

1954	1. Quartal	2. Quartal	3. Quartal	4. Quartal	1. Quartal	2. Quartal
Januar	5	12	19	27		
Februar	3	10	17	26		
März	5	11	19	27		
April	3	10	18	26		
Mai	2	9	17	25		
Juni	1	8	16	23	30	
Juli		8	16	23	29	
August		6	14	21	28	
September		5	12	19	27	
Oktober		5	12	18	26	
November		3	10	17	25	
Dezember		3	10	17	25	

1955	2. Quartal	3. Quartal	4. Quartal	1. Quartal	2. Quartal	3.Quartal
Januar	1	8	15	24	31	
Februar		7	14	22		
März	1	8	16	24	30	
April		7	15	22	29	
Mai		6	15	21	28	
Juni		5	13	20	27	
Juli		5	12	19	26	
August		3	11	17	25	
September		2	9	16	24	
Oktober		1	8	15	24	31
November			6	14	22	29
Dezember			6	14	22	29

1956	4. Quartal	1. Quartal	2. Quartal	3. Quartal	4. Quartal	1. Quartal
Januar	4	13	20	27		
Februar	3	11	19	26		
März	4	12	19	26		
April	3	11	18	25		
Mai	3	10	17	24		
Juni	1	8	15	23		
Juli	1	8	14	22	30	
August		6	13	21	29	
September		4	12	20	27	
Oktober		4	11	19	26	
November		2	10	18	25	
Dezember		2	10	17	24	

1957	1. Quartal	2. Quartal	3. Quartal	4. Quartal	1. Quartal	2. Quartal
Januar	1	9	16	22	30	
Februar		8	14	21		
März	1	9	16	23	31	
April		7	14	22	30	
Mai		7	13	21	29	
Juni		5	12	20	27	
Juli		4	11	20	27	
August		2	10	18	25	
September		1	9	17	23	30
Oktober			8	16	23	30
November			7	14	21	29
Dezember			7	14	21	29

1958	3. Quartal	4. Quartal	1. Quartal	2. Quartal	3. Quartal	4. Quartal
Januar	5	13	19	28		
Februar	4	11	18	26		
März	5	12	20	28		
April	4	11	19	26		
Mai	3	10	18	26		
Juni	1	9	17	24		
Juli	1	9	16	23	30	
August		7	15	21	29	
September		6	13	20	27	
Oktober		6	12	19	27	
November		4	11	18	26	
Dezember		4	10	18	26	

1959	4. Quartal	1. Quartal	2. Quartal	3. Quartal	4. Quartal	1. Quartal
Januar	2	9	16	24	31	
Februar		7	15	23		
März	2	9	17	24	31	
April		8	16	23	29	
Mai		7	15	22	29	
Juni		6	14	20	27	
Juli		6	13	20	27	
August		4	11	18	26	
September		3	9	17	25	
Oktober		2	9	16	24	31
November			7	15	23	30
Dezember			7	15	23	29

1960	2. Quartal	3. Quartal	4. Quartal	1. Quartal	2. Quartal	3. Quartal
Januar	5	14	21	28		
Februar	4	12	20	26		
März	5	13	20	27		
April	4	11	18	25		
Mai	4	11	17	25		
Juni	2	9	16	24		
Juli	2	8	15	23	31	
August		7	14	22	29	
September		5	12	21	28	
Oktober		4	12	20	27	
November		3	11	19	25	
Dezember		3	11	18	25	

1961	3. Quartal	4. Quartal	1. Quartal	2. Quartal	3. Quartal	4. Quartal
Januar	2	10	16	23	31	
Februar		8	15	22		
März	2	10	16	24		
April	1	8	15	22	30	
Mai		7	14	22	30	
Juni		5	13	21	28	
Juli		5	12	21	27	
August		3	11	19	26	
September		2	10	17	24	
Oktober		1	9	17	24	31
November			8	15	22	30
Dezember			8	14	22	30

1962	1. Quartal	2. Quartal	3. Quartal	4. Quartal	1. Quartal	2. Quartal
Januar	6	13	20	29		
Februar	5	11	19	27		
März	6	13	21	29		
April	4	11	20	27		
Mai	4	11	19	26		
Juni	2	10	18	25		
Juli	2	10	17	24	31	
August		8	15	22	30	
September		7	14	20	26	
Oktober		6	13	20	26	
November		5	11	19	27	
Dezember		4	11	18	27	

1963	2. Quartal	3. Quartal	4. Quartal	1. Quartal	2. Quartal	3. Quartal
Januar	3	10	17	25		
Februar	1	8	16	24		
März	2	10	18	25		
April	1	9	17	23	30	
Mai		8	16	23	30	
Juni		7	14	21	28	
Juli		6	14	20	28	
August		5	12	19	27	
September		3	10	17	26	
Oktober		3	9	17	25	
November		1	8	16	24	
Dezember		1	7	16	23	30

1964	4. Quartal	1. Quartal	2. Quartal	3. Quartal	4. Quartal	1. Quartal
Januar	6	14	22	29		
Februar	5	13	20	27		
März	6	14	20	28		
April	5	12	19	26		
Mai	4	11	18	26		
Juni	3	10	16	25		
Juli	2	9	16	24		
August	1	7	15	23	30	
September		6	13	21	28	
Oktober		5	13	21	27	
November		4	12	19	26	
Dezember		4	12	19	25	

1965	1. Quartal	2. Quartal	3. Quartal	4. Quartal	1. Quartal	2. Quartal
Januar	2	10	17	24		
Februar	1	9	16	23		
März	3	10	17	25		
April	2	9	16	23		
Mai	1	8	15	23	30	
Juni		6	14	22	29	
Juli		5	13	21	28	
August		4	12	20	26	
September		2	11	18	25	
Oktober		2	10	17	24	
November		1	9	16	23	
Dezember		1	8	15	22	31

1966	3. Quartal	4. Quartal	1. Quartal	2. Quartal	3. Quartal	4. Quartal
Januar	7	13	21	29		
Februar	5	12	20	28		
März	7	14	22	29		
April	5	12	20	28		
Mai	4	12	20	27		
Juni	3	11	18	25		
Juli	2	10	18	24		
August	1	9	16	23	31	
September		8	14	21	29	
Oktober		7	14	21	29	
November		5	12	20	28	
Dezember		5	12	19	27	

1967	4. Quartal	1. Quartal	2. Quartal	3. Quartal	4. Quartal	1. Quartal
Januar	3	10	18	26		
Februar	2	9	17	24		
März	3	11	19	26		
April	1	9	17	24		
Mai	1	9	17	23	31	
Juni		8	15	22	29	
Juli		7	14	21	29	
August		6	12	20	28	
September		4	11	18	26	
Oktober		3	10	18	26	
November		2	9	17	25	
Dezember		1	8	17	24	31

1968	2. Quartal	3. Quartal	4. Quartal	1. Quartal	2. Quartal	3. Quartal
Januar	7	15	22	29		
Februar	6	14	21	28		
März	7	14	21	28		
April	6	13	19	27		
Mai	5	12	19	27		
Juni	4	10	17	25		
Juli	3	10	17	25		
August	1	8	16	24	31	
September		6	14	22	29	
Oktober		6	14	21	28	
November		5	13	20	27	
Dezember		5	13	19	26	

1969	3. Quartal	4. Quartal	1. Quartal	2. Quartal	3. Quartal	4. Quartal
Januar	3	11	18	25		
Februar	2	10	16	24		
März	4	11	18	26		
April	2	9	16	24		
Mai	2	8	16	24	31	
Juni		7	15	23	29	
Juli		6	14	22	29	
August		5	13	20	27	
September		3	11	19	25	
Oktober		3	11	18	25	
November		2	9	16	24	
Dezember		2	9	16	23	31

1970	4. Quartal	1. Quartal	2. Quartal	3. Quartal	4. Quartal	1. Quartal
Januar		7	14	22	30	
Februar		6	13	21		
März	1	7	14	23	30	
April		6	13	21	28	
Mai		5	13	21	27	
Juni		4	12	19	26	
Juli		3	11	18	25	
August		2	10	17	23	31
September			8	15	22	30
Oktober			8	14	22	30
November			6	13	20	28
Dezember			5	12	20	28

1971	2. Quartal	3. Quartal	4. Quartal	1. Quartal	2. Quartal	3. Quartal
Januar	4	11	19	26		
Februar	2	10	18	25		
März	4	12	20	26		
April	2	10	18	25		
Mai	2	10	17	24		
Juni	1	9	16	22	30	
Juli		8	15	22	30	
August		6	13	20	29	
September		5	11	19	27	
Oktober		4	11	19	27	
November		2	9	18	25	
Dezember		2	9	17	25	31

1972	4. Quartal	1. Quartal	2. Quartal	3. Quartal	4. Quartal	1. Quartal
Januar	8	16	23	30		
Februar	7	15	21	29		
März	8	15	22	29		
April	7	13	20	28		
Mai	6	13	20	28		
Juni	4	11	18	26		
Juli	4	10	18	26		
August	2	9	17	24	31	
September		7	15	23	29	
Oktober		7	15	22	29	
November		6	14	21	27	
Dezember		5	13	20	27	

1973	1. Quartal	2. Quartal	3. Quartal	4. Quartal	1. Quartal	2. Quartal
Januar	4	12	18	26		
Februar	3	10	17	25		
März	5	11	19	27		
April	3	10	17	25		
Mai	2	9	17	25		
Juni	1	7	15	23	30	
Juli		7	15	23	29	
August		5	14	21	28	
September		4	12	19	26	
Oktober		4	12	18	26	
November		3	10	17	24	
Dezember		3	10	16	24	

1974	2. Quartal	3. Quartal	4. Quartal	1. Quartal	2. Quartal	3.Quartal
Januar	1	8	15	23	31	
Februar		7	14	22		
März	1	8	15	23	31	
April		6	14	22	29	
Mai		6	14	21	28	
Juni		4	13	20	26	
Juli		4	12	19	26	
August		3	11	17	24	
September		1	9	16	23	
Oktober		1	8	15	23	31
November			7	14	21	29
Dezember			6	13	21	29

1975	4. Quartal	1. Quartal	2. Quartal	3. Quartal	4. Quartal	1. Quartal
Januar	4	12	20	27		
Februar	3	11	19	26		
März	4	12	20	27		
April	3	11	19	25		
Mai	3	11	18	25		
Juni	2	9	16	23		
Juli	1	9	15	23	31	
August		7	14	21	30	
September		5	12	20	28	
Oktober		5	12	20	27	
November		3	10	18	26	
Dezember		3	10	18	26	

1976	1. Quartal	2. Quartal	3. Quartal	4. Quartal	1. Quartal	2. Quartal
Januar	1	9	17	24	31	
Februar		8	15	22		
März	1	9	16	22	30	
April		7	14	21	29	
Mai		7	13	20	29	
Juni		5	12	19	27	
Juli		4	11	19	27	
August		2	10	18	25	
September		1	8	16	23	30
Oktober			8	16	23	29
November			7	14	21	28
Dezember			6	14	21	28

1977	3. Quartal	4. Quartal	1. Quartal	2. Quartal	3. Quartal	4. Quartal
Januar	5	12	19	27		
Februar	4	11	18	26		
März	5	12	19	27		
April	4	10	18	26		
Mai	3	10	18	26		
Juni	1	8	16	24		
Juli	1	8	16	23	30	
August		6	14	22	28	
September		5	13	20	27	
Oktober		5	12	19	27	
November		4	11	17	25	
Dezember		3	10	17	25	

1978	4. Quartal	1. Quartal	2. Quartal	3. Quartal	4. Quartal	1. Quartal
Januar	2	9	16	24		
Februar	1	7	14	23		
März	2	9	16	24	31	
April		7	15	23	29	
Mai		7	15	22	29	
Juni		5	13	20	27	
Juli		5	13	20	26	
August		4	11	18	25	
September		2	10	16	24	
Oktober		2	9	16	24	31
November			7	14	22	30
Dezember			7	14	22	29

1979	2. Quartal	3. Quartal	4. Quartal	1. Quartal	2. Quartal	3. Quartal
Januar	5	13	21	28		
Februar	4	12	20	26		
März	5	13	21	28		
April	4	12	19	26		
Mai	4	12	19	26		
Juni	2	10	17	24		
Juli	2	9	16	24		
August	1	8	14	22	30	
September		6	13	21	29	
Oktober		5	12	21	28	
November		4	11	19	26	
Dezember		3	11	19	26	

1980	3. Quartal	4. Quartal	1. Quartal	2. Quartal	3. Quartal	4. Quartal
Januar	2	10	17	24		
Februar	1	9	16	23		
März	1	9	16	23	31	
April		8	15	22	30	
Mai		7	14	21	29	
Juni		6	12	20	28	
Juli		5	12	20	27	
August		3	10	18	26	
September		1	9	17	24	
Oktober		1	9	17	23	30
November			7	15	22	29
Dezember			7	15	21	29

1981	1. Quartal	2. Quartal	3. Quartal	4. Quartal	1. Quartal	2. Quartal
Januar	6	13	20	28		
Februar	4	11	19	27		
März	6	13	20	28		
April	4	11	19	27		
Mai	4	10	19	26		
Juni	2	9	17	25		
Juli	1	9	17	24	31	
August		7	15	22	29	
September		6	14	20	28	
Oktober		6	13	20	27	
November		5	11	18	26	
Dezember		4	11	18	26	

1982	2. Quartal	3. Quartal	4. Quartal	1. Quartal	2. Quartal	3. Quartal
Januar	3	9	17	25		
Februar	1	8	15	23		
März	2	9	17	25		
April	1	8	16	23	30	
Mai		8	16	23	29	
Juni		6	14	21	28	
Juli		6	14	20	27	
August		4	12	19	26	
September		3	10	17	25	
Oktober		3	10	17	25	
November		1	8	15	23	
Dezember		1	7	15	23	30

1983	4. Quartal	1. Quartal	2. Quartal	3. Quartal	4. Quartal	1. Quartal
Januar	6	14	22	28		
Februar	4	13	20	27		
März	6	14	22	28		
April	5	12	20	27		
Mai	5	12	19	26		
Juni	3	11	17	25		
Juli	3	10	17	25		
August	2	8	15	23	31	
September		7	14	22	29	
Oktober		6	13	21	29	
November		4	12	20	27	
Dezember		4	12	20	26	

1984	1. Quartal	2. Quartal	3. Quartal	4. Quartal	1. Quartal	2. Quartal
Januar	3	11	18	25		
Februar	2	10	17	23		
März	2	10	17	24		
April	1	9	15	23		
Mai	1	8	15	22	30	
Juni		6	13	21	29	
Juli		5	13	21	28	
August		4	11	19	26	
September		2	10	18	25	
Oktober		1	10	17	24	31
November			8	16	23	30
Dezember			8	15	22	30

1985	3. Quartal	4. Quartal	1. Quartal	2. Quartal	3. Quartal	4. Quartal
Januar	7	14	21	29		
Februar	5	12	19	28		
März	7	13	21	29		
April	5	12	20	28		
Mai	4	11	19	27		
Juni	3	10	18	25		
Juli	2	10	18	25	31	
August		8	16	23	30	
September		7	14	21	29	
Oktober		7	14	20	28	
November		5	12	19	27	
Dezember		5	12	19	27	

1986	4. Quartal	1. Quartal	2. Quartal	3. Quartal	4. Quartal	1. Quartal
Januar	3	10	17	26		
Februar	2	9	16	24		
März	3	10	18	26		
April	1	9	17	24		
Mai	1	8	17	23	30	
Juni		7	15	22	29	
Juli		7	14	21	28	
August		4	13	19	27	
September		4	11	18	26	
Oktober		3	10	17	25	
November		2	8	16	24	
Dezember		1	8	16	24	31

1987	2. Quartal	3. Quartal	4. Quartal	1. Quartal	2. Quartal	3. Quartal
Januar	6	15	22	29		
Februar	5	13	21	28		
März	7	15	22	29		
April	6	14	20	28		
Mai	6	13	20	27		
Juni	4	11	18	26		
Juli	4	11	17	25		
August	2	9	16	24		
September	1	7	14	23	30	
Oktober		7	14	22	29	
November		5	13	21	28	
Dezember		5	13	20	27	

1988	3. Quartal	4. Quartal	1. Quartal	2. Quartal	3. Quartal	4. Quartal
Januar	4	12	19	25		
Februar	2	11	17	24		
März	3	11	18	25		
April	2	9	16	23		
Mai	2	9	15	23	31	
Juni		7	14	22	29	
Juli		6	13	22	29	
August		4	12	20	27	
September		3	11	19	25	
Oktober		2	10	18	25	
November		1	9	16	23	
Dezember		1	9	16	23	31

1989	1. Quartal	2. Quartal	3. Quartal	4. Quartal	1. Quartal	2. Quartal
Januar	7	14	21	30		
Februar	6	13	20	28		
März	7	14	22	30		
April	6	13	21	28		
Mai	5	12	20	28		
Juni	3	11	19	26		
Juli	3	11	18	25		
August	1	9	17	23	31	
September		8	15	22	29	
Oktober		8	14	21	29	
November		6	13	20	28	
Dezember		6	12	20	28	

1990	2. Quartal	3. Quartal	4. Quartal	1. Quartal	2. Quartal	3. Quartal
Januar	4	11	18	26		
Februar	2	9	17	25		
März	4	11	19	26		
April	2	10	18	25		
Mai	1	9	17	24	31	
Juni		8	16	22	29	
Juli		7	15	22	29	
August		6	13	20	28	
September		5	11	19	27	
Oktober		4	11	18	26	
November		2	9	17	25	
Dezember		2	9	17	25	31

1991	4. Quartal	1. Quartal	2. Quartal	3. Quartal	4. Quartal	1. Quartal
Januar	7	16	23	30		
Februar	6	14	21	28		
März	8	16	23	30		
April	7	14	21	28		
Mai	7	14	20	28		
Juni	5	12	19	27		
Juli	5	11	18	26		
August	3	10	17	25		
September	1	8	15	23		
Oktober	1	7	15	23	30	
November		6	14	21	28	
Dezember		6	14	21	28	

1992	1. Quartal	2. Quartal	3. Quartal	4. Quartal	1. Quartal	2. Quartal
Januar	5	13	19	26		
Februar	3	11	18	25		
März	4	12	18	26		
April	3	10	17	24		
Mai	2	9	16	24		
Juni	1	7	15	23	30	
Juli		7	14	22	29	
August		5	13	21	28	
September		3	12	19	26	
Oktober		3	11	19	25	
November		2	10	17	24	
Dezember		2	10	16	24	

1993	2. Quartal	3. Quartal	4. Quartal	1. Quartal	2. Quartal	3.Quartal
Januar	1	8	15	22	31	
Februar		7	13	21		
März	1	8	15	23	31	
April		6	13	22	29	
Mai		6	13	21	28	
Juni		4	12	20	26	
Juli		4	11	19	26	
August		2	10	17	24	
September		1	9	16	22	30
Oktober			8	15	22	30
November			7	13	21	29
Dezember			6	13	20	29

1994	4. Quartal	1. Quartal	2. Quartal	3. Quartal	4. Quartal	1. Quartal
Januar	5	12	19	27		
Februar	3	10	18	26		
März	4	12	20	27		
April	3	11	19	25		
Mai	2	10	18	25		
Juni	1	9	16	23	30	
Juli		8	16	22	30	
August		7	14	21	29	
September		5	12	19	28	
Oktober		5	11	19	27	
November		3	11	19	27	
Dezember		3	9	18	25	

1995	1. Quartal	2. Quartal	3. Quartal	4. Quartal	1. Quartal	2. Quartal
Januar	1	8	16	24	30	
Februar		7	15	22		
März	1	9	17	23	31	
April		8	15	22	29	
Mai		7	14	21	29	
Juni		6	13	19	28	
Juli		5	12	19	27	
August		4	10	18	26	
September		2	9	16	24	
Oktober		1	8	16	24	30
November			7	15	22	29
Dezember			7	15	22	28

Mondkalender 1996–2005

1996

T	JAN	FEB	MÄR	APR	MAI	JUN	JUL	AUG	SEP	OKT	NOV	DEZ
01	♉	♋		♍	♎	○	♑○	♓				
02			♌			♐			♉	♊		
03	♊			♎	♏○		♒	♈			♌☾	♍☾
04		♌○		○		♑			♊☾	♋☾		
05	♋○		♍ ○	♏			♓	♉			♍	♎
06		♍			♐	♒		☾	♋			
07			♎				♈☾			♌		
08	♌			♐	♑	♓☾		♊			♎	♏
09		♎	♏				♉		♌	♍		
10	♍			♑	♒☾	♈		♋			♏	♐●
11		♏		☾					♍		●	
12		☾	♐☾	♒	♓	♉	♊			♎●		♑
13	♎☾	♐						♌	●		♐	
14			♑	♓	♈		♋	●	♎	♏		♒
15	♏	♑				♊	●	♍			♑	
16			♒	♈	♉	●			♏	♐		♓
17	♐	♒		●	●	♋	♌	♎			♒	☽
18			♓	♉					♐	♑	☽	♈
19	♑	♓●	●		♊		♍			☽	♓	
20	●		♈			♌		♏	♑☽	♒		♉
21	♒	♈		♊	♋		♎				♈	
22			♉			♍		☽	♒			
23	♓	♉		♋			☽	♐		♓	♉	♊
24					♌	♎☽	♏		♓			○
25	♈		♊	☽	☽			♑		♈	○	♋
26		♊☽		♌	♍		♐		♈	○	♊	
27	♉☽		♋☽			♏		♒	○	♉		
28				♍	♎		♑	○	♉		♋	♌
29		♋				♐		♓		♊		
30	♊		♌		♏		♒○					♍
31								♈		♋	♌	

1997

T	JAN	FEB	MÄR	APR	MAI	JUN	JUL	AUG	SEP	OKT	NOV	DEZ
01	♎		♐		♓		♊		♍	♎●		♑
02	☾	♐	☾	♒		♉		♌	●		♐	
03	♏		♑		♈		♋	●	♎	♏		
04		♑		♓		♊	●	♍			♑	♒
05	♐		♒		♉	●				♐		
06		♒		♈	●	♋	♌		♏		♒	
07	♑	●	♓	●	♊			♎			☽	♓☽
08		♓		♉		♌	♍		♐	♑	♓	
09	♒●		♈●		♋					☽		♈
10		♈		♊				♏	☽	♒		
11	♓		♉		♌	♍	♎	☽	♑		♈	♉
12		♉		♋			☽	♐		♓		
13						♎☽	♏		♒		♉	♊
14	♈	♊☽	♊	☽	♍☽			♑		♈	○	○
15	☽			♌					♓		♊	♋
16	♉		♋☽		♎	♏	♐	♒	○	♉○		
17		♋		♍					♈		♋	♌
18	♊		♌		♏	♐	♑	♓○		♊		
19		♌							♉		♌	
20	♋			♎		♑○	♒○	♈		♋		♍
21			♍		♐				♊			☾
22		♍○		♏○	○	♒	♓	♉			♍☾	♎
23	♌○		♎		♑				♋☾	♌☾		
24		♎	○				♈	♊			♎	
25	♍			♐		♓		☾	♌	♍		♏
26			♏		♒		♉☾					
27		♏		♑		♈☾		♋			♏	♐
28	♎		♐		♓		♊		♍	♎		
29					☾	♉		♌			♐	●
30	♏			♒☾						♏	●	♑
31	☾		♑☾		♈		♋			●		

1998

T	JAN	FEB	MÄR	APR	MAI	JUN	JUL	AUG	SEP	OKT	NOV	DEZ
01	♒						♎☽			♒		♉
02		♉	♉	♋	♌	♍☽			♑		♈	
03	♓	☽		☽	☽			♐		♓		♊○
04						♎	♏		♒		♉○	
05	♈☽	♊	♊☽	♌	♍			♑		♈○		
06									○		♊	♋
07	♉	♋	♋	♍	♎	♏	♐	♒	♓	♉		
08								○				♌
09	♊	♌	♌				♑○		♈	♊	♋	
10				♎	♏	♐○		♓				♍☾
11		○		○	○		♒		♉		♌☾	
12	♋○	♍	♍			♑		♈		♋☾		
13			○	♏	♐				♊☾		♍	♎
14	♌	♎	♎			♒	♓	♉☾		♌		
15				♐	♑				♋			
16	♍	♏	♏				♈☾	♊		♍	♎	♏
17				♑	♒	♓☾			♌			
18							♉	♋				♐●
19	♎	♐☾	♐	♒☾	☾	♈			♍	♎	♏●	
20	☾				♓		♊	♌	●	●		♑
21	♏	♑	♑☾			♉					♐	
22				♓	♈		♋	♍●	♎	♏		♒
23		♒	♒			♊	●				♑	
24	♐			♈	♉	●	♌			♐		♓
25		♓	♓		●	♋		♎	♏		♒	
26	♑	●		♉●	♊		♍			♑		☽
27		♈	♈			♌			♐		♓☽	♈
28	♒●		●	♊	♋			♏	☽	☽		
29			♉			♍	♎		♑	♒	♈	♉
30	♓			♋	♌			♐☽				
31			♊				♏☽			♓		♊

1999

T	JAN	FEB	MÄR	APR	MAI	JUN	JUL	AUG	SEP	OKT	NOV	DEZ
01				♎			♒		♉			
02	♋○		♍○			♑		♈	☾	♋☾		♎
03		♍		♏	♐				♊		♍	
04	♌		♎			♒	♓	♉☾		♌		
05		♎			♑				♋		♎	♏
06			♏	♐			♈☾	♊		♍		
07	♍	♏			♒	♓☾			♌		♏	♐●
08		☾		♑	☾		♉	♋		♎	●	
09	♎☾		♐	☾		♈			♍●	●		
10		♐	☾	♒	♓		♊	♌			♐	♑
11	♏		♑			♉		●	♎	♏		
12		♑			♈		♋	♍				
13			♒	♓		♊●	●			♐	♑	♒
14	♐	♒			♉		♌	♎	♏			
15				♈	●	♋						♓☽
16	♑	●	♓	●	♊		♍		♐	♑	♒☽	
17	●	♓	●	♉		♌		♏	☽	☽		♈
18	♒		♈		♋		♎				♓	
19		♈		♊		♍		♐☽	♑	♒		♉
20			♉		♌	☽	☽				♈	
21	♓	♉		♋		♎	♏			♓		♊
22			♊	☽	♍☽			♑	♒		♉	○
23	♈	♊☽		♌			♐			♈	○	♋
24	☽		♋☽			♏			♓	○	♊	
25	♉	♋		♍	♎			♒	○	♉		♌
26						♐	♑		♈		♋	
27	♊		♌					♓○		♊		♍
28		♌		♎	♏	○	○		♉		♌	
29	♋		♍			♑	♒	♈		♋		☾
30				♏○	♐○				♊		♍☾	♎
31	♌○		○				♓			♌☾		

2000

T	JAN	FEB	MÄR	APR	MAI	JUN	JUL	AUG	SEP	OKT	NOV	DEZ
01	♏		♑				●		♎		♑	♒
02		♑		♓	♈	♊●	♋	♍		♐		
03	♐		♒						♏			
04				♈●	♉●	♋	♌				♒☽	♓☽
05		♒●	♓					♎	♐☽	♑☽		
06	♑●		●	♉	♊	♌	♍				♓	♈
07		♓	♈					♏☽		♒		
08				♊	♋	♍	♎☽		♑			♉
09	♒	♈	♉			☽		♐			♈	
10				♋	♌☽				♒	♓		
11	♓	♉	♊	☽		♎	♏				♉○	♊○
12				♌	♍			♑		♈		
13	♈	♊☽	♋☽			♏	♐		♓○	○	♊	♋
14	☽			♍				♒		♉		
15	♉	♋	♌		♎	♐		○	♈		♋	♌
16						○	♑○					
17	♊	♌	♍	♎	♏			♓	♉	♊	♌	♍
18				○	○	♑	♒				☾	☾
19	♋	♍○		♏				♈		♋	♍	♎
20			♎○		♐	♒			♊	☾		
21	♌○						♓	♉	☾	♌	♎	♏
22		♎	♏	♐				☾	♋			
23	♍				♑	♓	♈	♊		♍		♐
24		♏					☾		♌		♏	
25			♐	♑	♒	♈☾	♉	♋		♎		●
26	♎			☾	☾				♍		♐●	♑
27		♐☾		♒	♓		♊	♌	●	●		
28	♏☾		♑☾			♉			♎	♏		♒
29				♓	♈		♋	♍●			♑	
30			♒			♊			♏	♐		
31	♐				♉		♌●					♓

2001

T	JAN	FEB	MÄR	APR	MAI	JUN	JUL	AUG	SEP	OKT	NOV	DEZ
01		♉◡		♋◡	♌	♎		♑	♒		♉○	
02	♈◡								○	♈○		
03		♊	♊◡		♍	♏	♐	♒	♓		♊	♋
04	♉			♌				○		♉		
05		♋	♋			♐	♑○	♓	♈		♋	
06	♊			♍	♎	○				♊		♌
07					○	♑	♒	♈	♉			◠
08	♋	♌○	♌	○	♏					♋	♌◠	♍
09	○		○	♎		♒	♓	♉				
10	♌	♍	♍		♐				♊◠	♌◠	♍	
11				♏		♓	♈					♎
12					♑			♊◠	♋			
13	♍	♎	♎	♐		♈	♉◠			♍	♎	♏
14					♒	◠		♋				●
15	♎	♏◠	♏	♑◠	◠	♉			♌	♎	♏●	♐
16	◠		◠		♓		♊			●		
17	♏	♐	♐	♒				♌	♍●	♏	♐	♑
18					♈	♊	♋					
19		♑	♑	♓				●			♑	♒
20	♐				♉	♋	●	♍	♎	♐		
21		♒	♒	♈		●	♌				♒	♓
22	♑							♎		♑		◡
23		♓●	♓	♉●	♊●	♌			♏		♓◡	♈
24	●						♍		◡	◡		
25	♒	♈	♈●		♋	♍		♏◡	♐	♒	♈	♉
26				♊			♎					
27	♓	♉	♉			♎	◡	♐		♓	♉	♊
28				♋	♌	◡			♑			
29			♊		◡		♏					♋
30	♈			◡	♍	♏		♑	♓	♈	♊○	○
31												♌

2002

T	JAN	FEB	MÄR	APR	MAI	JUN	JUL	AUG	SEP	OKT	NOV	DEZ
01			♎		♑			♉☾				
02	♍	♎		♐		♓	♈☾		♋	♌		♏
03			♏			☾					♎	
04		♏☾		☾	♒☾	♈	♉	♊		♍	●	♐●
05	♎		♐	♑					♌		♏	
06	☾	♐	☾		♓	♉		♋		♎●		
07	♏			♒			♊		♍●		♐	♑
08			♑		♈			●		♏		
09	♐	♑		♓		♊	♋	♌	♎			♒
10			♒		♉		●			♐	♑	
11		♒		♈		●	♌	♍	♏		☽	♓☽
12	♑	●	♓	●	♊●	♋					♒	
13	●	♓		♉				♎	♐☽	♑☽		♈
14	♒		♈●			♌	♍				♓	
15		♈			♋			♏☽		♒		♉
16	♓		♉	♊		♍	♎		♑		♈	
17		♉					☽	♐		♓		♊
18	♈			♋	♌	♎☽	♏		♒		♉	
19			♊		☽					♈		♋○
20	♉	♊☽		☽	♍	♏	♐	♑	♓		♊○	
21	☽		♋	♌					○	♉○		
22		♋	☽		♎	♐		♒○	♈			♌
23	♊			♍			♑			♊	♋	
24			♌		♏	○	○	♓	♉			♍
25	♋	♌		♎		♑	♒				♌	
26			♍		♐○			♈	♊	♋		♎
27		♍○		♏○		♒	♓				♍☾	☾
28	♌○		♎○					♉		♌		♏
29				♐	♒	♓	♈		♋☾	☾	♎	
30	♍		♏					♊				
31								☾		♍		♐

2003

T	JAN	FEB	MÄR	APR	MAI	JUN	JUL	AUG	SEP	OKT	NOV	DEZ
01		♒●		♈●	♉●				♏	♐	♒☽	♓
02	♑●					♋	♌			☽		
03		♓	♓●					♎	♐☽	♑	♓	♈
04				♉	♊		♍					
05	♒	♈	♈			♌		♏☽	♑	♒	♈	♉
06					♋							
07	♓	♉	♉	♊		♍☽	♎☽	♐	♒	♓	♉	
08												♊○
09	♈	☽		♋	♌☽		♏	♑	♓	♈	○	
10	☽	♊	♊	☽		♎			○	○	♊	♋
11	♉		☽		♍		♐	♒	♈	♉		
12		♋	♋	♌		♏		○			♋	
13							♑○	♓	♉	♊		♌
14	♊			♍	♎	♐○						
15		♌	♌				♒	♈	♊		♌	♍
16	♋			○	♏○	♑				♋		☾
17		♍○	♍	♎			♓	♉			♍☾	
18	○		○		♐	♒			♋☾	♌☾		♎
19	♌	♎		♏			♈	♊			♎	
20			♎		♑	♓		☾	♌			♏
21	♍	♏		♐		☾	♉☾			♍	♏	
22			♏		♒	♈		♋				♐
23	♎	♐☾		♑☾	☾		♊		♍	♎	♐	●
24			♐		♓	♉		♌			●	♑
25	♏☾		☾	♒					♎	♏●		
26		♑	♑		♈	♊	♋		●		♑	♒
27	♐			♓				♍●		♐		
28		♒	♒		♉		♌		♏		♒	♓
29	♑			♈		♋●	●	♎		♑		
30			♓		♊						☽	♈☽
31					●		♍					

2004

T	JAN	FEB	MÄR	APR	MAI	JUN	JUL	AUG	SEP	OKT	NOV	DEZ
01			♋					♒	♈			
02	♉				♎		♑○				♋	♌
03		♋		♍		♐○		♓		♊		
04	♊		♌		♏○		♒		♉			♍
05				○		♑		♈		♋	♌☾	☾
06	♋	♌○	♍	♎	♐		♓		♊☾	☾		
07	○		○			♒		♉☾			♍	♎
08		♍		♏	♑		♈		♋	♌		
09	♌		♎			♓☾	☾					♏
10				♐	♒		♉	♊		♍	♎	
11	♍	♎	♏		☾	♈			♌			♐
12				♑☾	♓			♋			♏●	●
13		♏☾	♐☾			♉	♊		♍	♎		♑
14	♎			♒	♈				●	●	♐	
15	☾	♐	♑				♋	♌	♎	♏		♒
16	♏			♓	♉	♊		●			♑	
17		♑	♒			●	●	♍		♐		♓
18	♐			♈		♋	♌		♏		♒	☽
19		♒	♓	●	♊●			♎		♑	☽	♈
20	♑	●	●	♉			♍		♐	☽	♓	
21	●	♓	♈		♋	♌			☽	♒		♉
22	♒						♎	♏	♑		♈	
23		♈	♉	♊		♍		☽		♓		
24	♓				♌			♐	♒		♉	♊
25		♉		♋		♎☽	♏☽			♈		
26	♈		♊		♍			♑	♓		○	♋○
27				☽	☽		♐			♉	♊	
28	♉	♊☽	♋	♌	♎	♏		♒	♈○	○		♌
29	☽		☽				♑				♋	
30				♍		♐		♓○	♉	♊		
31	♊		♌		♏		○					♍

2005

T	JAN	FEB	MÄR	APR	MAI	JUN	JUL	AUG	SEP	OKT	NOV	DEZ
01			♏		♒☾				♌			♐●
02		♏☾		♑☾		♈		♋			♏●	
03	♎☾		♐☾		♓		♊		♍●	♎●		
04		♐		♒		♉					♐	♑
05	♏		♑				♋	♌●	♎	♏		
06		♑		♓	♈	♊●	●				♑	♒
07	♐		♒					♍	♏	♐		
08		♒●		♈●	♉●		♌					♓☽
09	♑		♓			♋		♎	♐	♑	♒☽	
10	●	♓	●				♍			☽		♈
11	♒			♉	♊			♏	♑☽	♒	♓	
12			♈			♌	♎					♉
13	♓	♈			♋			♐☽	♒	♓	♈	
14			♉	♊		♍	♏☽					♊
15		♉				☽		♑			♉	○
16	♈	☽		♋☽	♌☽	♎	♐		♓	♈	○	
17	☽		♊☽					♒		○	♊	♋
18	♉	♊			♍	♏	♑		♈○	♉		
19			♋	♌				○			♋	♌
20		♋			♎	♐	♒	♓	♉			
21	♊			♍			○			♊		♍
22			♌		♏	♑○		♈			♌	
23	♋	♌		♎	○		♓		♊	♋	☾	☾
24		○	♍	○	♐	♒		♉			♍	♎
25	○	♍	○	♏			♈		♋☾	☾		
26	♌				♑			☾		♌		♏
27		♎	♎	♐		♓	♉	♊	♌		♎	
28	♍				♒	☾	☾			♍		
29			♏	♑		♈		♋			♏	♐
30					☾		♊		♍			
31	♎		♐		♓	♉				♎		